생명교육총서 **7**

서양고전 속의 삶과 죽음

한림대학교 생사학연구소 홍경자 엮음

박문사

이 저서는 2012년정부(교육부)의 재원으로 한국연구재단의 지원을 받아 수행된 연구임
(NRF-2012S1A6A3A01033504)

인간이면 누구나 태어나서 자기의 삶을 살다가 병이나 사고로 죽거나 아니면 시간의 흐름에 따라 생체 구조와 기능이 점차 쇠퇴하여 생명을 다해 죽는다. 어느 쪽이든 인간은 필연적으로 '죽을 운명의 존재'이다. 다만 누구도 죽음이 언제 찾아올지 모를 뿐이다. 그래서 죽음은 라너(K. Rahner)의 말처럼 '어두운 운명이요, 밤에 찾아오는 도둑'인지도 모른다.

인류가 생긴 이래로 죽음에 대한 사유는 생명과 세계에 대한 사유와 더불어 가장 오래된 철학적 사유로 꼽힌다. 지금까지 서양철학에서 다루어져 왔던 죽음에 대한 철학적 논의를 살펴보면 크게 죽음은 능동적으로 성취하는 결말이자 수동적으로 당하는 생물학적 종말이라는 입장, 죽음은 하나의 '마디'에 지나지 않아 죽음 뒤에는 반드시 또 다른 사후세계가 존재하리라는 입장, 그리고 죽음은 인간의 본래적 실존을 가능하게 하는 '삶의 조건과 목적'이라는 입장 등 매우 다양한 방식으로 이해되어 오고 있다.

이러한 다양한 철학자들의 목소리를 담아낸 본 생명교육총서『서양 고전 속의 삶과 죽음』에서는 서양철학에서 다루어지는 삶과 죽음에 대해 살펴봄으로써 오늘을 사는 우리에게 죽음의 의미가 무엇이며, 그를 통해 획득되는 삶의 의미가 무엇인지 재조명하기 위한 토대를 제공하고자 한다. 이를 위해 이 총서의 1부에서는 '서양 고전의 생사관 해석'이라는 주제로「세네카에 있어서 죽음과 자아: 죽음을 준비하라」, 「나는 죽는가?: 후설의 현상학을 중심으로」, 「전통적 죽음관과 하이데거의 죽음 이해」, 「야스퍼스의 죽음과 불사」 등 네 편의 글을 실었다.

2부에서는 '삶과 죽음에 관한 서양고전의 가르침'이라는 주제로 죽음의 두려움을 극복하고 삶의 의미를 찾을 수 있는 철학의 실천적인 역할에 대해「칸트 3비판서의 철학사상: 칸트의 인간관」, 「자유로운 죽음의 방식: 헤겔의 자살론」, 「죽음을 알고 싶다면 삶을 보라: 의지의 철학자 니체의 죽음관」, 「라깡의 강박증 일상과 헤겔의 주인-노예 변증법:『에크리』와 『세미나 17권: 정신분석의 이면』에 나타난 죽음 및 지배와 종속의 개념을 중심으로」 등 네 편의 글을 실었다.

사실 이전에는 종교나 철학이 죽음의 공포를 극복하는 데 일정한 역할을 했지만, 지금은 현대의학이 그 자리를 대신하고 있다. 현대의학이 죽음의 공포를 일시적으로 잊게 해주는 처방은 내릴 수 있겠지만, 죽음의 공포를 극복하는 근본적인 대안을 제공하지는 못한다. 오히려 그 근본적인 대안은 철학에서 찾을 수 있는 건 아닐까? 죽음은 인간의 본래적 실존을 가능케 하는 계기로서 '죽음의 인간화'를 촉구하는 삶의 본질적이고 근본적인 요소이기 때문이다.

　본 생명교육총서『서양 고전 속의 삶과 죽음』은 한림대학교 생사학HK연구단에서 〈서양고전에 나타난 웰빙·웰다잉의 세계관〉이라는 주제로 2년간 수행해 온 시민인문강좌에서 삶과 죽음과 관련된 강의내용을 토대로 총서의 취지에 맞추어 저자들이 수정, 보완한 글들을 한데 엮었다. 본 총서가 서양의 생사관의 의미를 조명하고, 현대인이 공유하고 있는 죽음에 대한 서양철학적 논의를 살펴보는 데 좋은 지침이 될 수 있을 것으로 기대한다. 여러 번 글을 가다듬는 수고를 해주신 집필진 교수님들께 깊이 감사드린다.

2022년 4월 16일
한림대 생사학연구소 HK교수 홍경자

[1부]

서양고전의 생사관 해석

1부

서양고전의 생사관 해석

세네카에 있어서 죽음과 자아[*]
죽음을 준비하라

이창우

1. 죽음을 준비하라

　루키우스 안나이우스 세네카(Lucius Annaeus Seneca, 4 BC-65 AD)에게 있어서 죽음은 가장 중요한 화두였다. 어렸을 적에 천식으로 죽을 뻔한(그리고 성인이 되고서도 천식으로 건강의 위협을 받는) 세네카는 기원후 39년에 칼리굴라(Caligula, 재위 37-41)의 미움을 사 사형에 처할 뻔한 이후에도 끊임없이 죽음의 그림자를 경험하게 된다. 41년에 그의 외아들이 사망하고, 같은 해에 클라우디우스(Claudius, 재위 41-54)에 의해 또 사형에 처할 뻔하고, 49년 로마 황실에 들어 간 이후 수많은 죽음들(예컨대, 54년 클라우디우스, 55년 네로의 이복동생이자 사촌 브리타니쿠스, 59년 네로의 어머니 아그리피나, 62년 정치적 동반자 섹스투스 부루스, 65년 네로에 대항한 반란자 가이우스 피소)을 바로 옆에서 목도한다. 죽음의 그림자는 세네카를 늘 따라다녔고 세네카는 이를 늘 감지하고 있었다. 그의 예감대로 그 역시 65년 정치적 죽음(네로에 의한 사형, 즉 독배)을 맞이하게 된다.[1]

　로마 황실에서 폭력의 폭풍은 어디로 튈지 모른다. 세네카는 이를 늘 경험한다. 황제와 황제의 아들도 갑자기 친위대 병사들의 한 칼에[2] 혹은 독이든 한 잔의 포도주에[3] 쓰러진다. 변덕스럽기 짝이 없는 정치적 상황에서 자신과 자신의 가족들의 삶의 안전은 보장돼 있지 않음을 세네카는 절실하게 깨닫는다. 황제조차 보장돼 있지 않다. 낮에는 정치를 하고 밤에는 철학을 하는 세네카에게 죽음의 그림자는 항상 옆에 있다. 죽음은 철학자 세네카의 생각을 평생토록 지배한 핵심 화두였다. 세네카에게 있어서 철학 공부는 죽음을 준비하는 것과 다름이 아니다. 이 관점에서 세네카는 자신을 소크라테스의 계보를 정통으로 이어 받는 철학자로 생각한 것 같다. 세네카가 보기에 소크라테스 역시 죽음의 문제를 가장 중요한 화두로 삼은 철학자였다. 소크라테스도 세네카 자신처럼 정치적 처형에 의해 독배를 들고 죽음을 맞이한 철학자였다. 소크라테스는 독배를 들기 전 감옥에서 친구들과 방문객들에게 이렇게 말한다:

> 철학에 올바르게 헌신해 온 사람들이 다름 아닌 **죽음과 죽어있음을 연습**하고(epidêdeuein) 있다는 사실을 다른 사람들은 알아채지 못하고 있네. 자, 만일 이것이 참이라면, 철학자들이 전 생애동안 다름 아니라 오직 죽음 준비를 열망하면서도 정작 오랫동안 열망하고 연습해 온 죽음이 닥쳤을 때 그것에 불평을 터뜨리는 것은 정말이지 이상한 일이겠지.[4]

여기서 키워드는 '죽음 연습'이다. 세네카는 그의 『편지』 26.8-10에서 에피쿠로스를 인용하면서 다음과 같이 말한다.

> 에피쿠로스는 말한다: "죽음을 연습하라!"[5] 혹은, 이 말의 의미가 우리

에게 더 잘 전달되려면 이런 뜻일 것이다: "어떻게 죽을지를 배우는 것은 대단한 일이다."

단 한번만 사용하고 말 것을 배우는 일은 쓸모없다고 넌 생각하지도 모르겠다. 그런데 바로 이 점이 우리가 연습해야 할 이유다. 우리가 어떤 것을 아는지 모르는지 직접 테스트할 수 없다면 우리는 그것을 미리 항상 배워야한다.

"죽음을 연습하라": 이 말을 하는 사람은 우리가 우리의 자유(libertas)를 연습하기를 명령하는 것이다. 죽는 법을 배운 사람은 노예가 되는 버릇을 버린 사람이다. 죽음은 모든 다른 힘들 위에 있으니까. 감옥, 감시, 감금이 그런 자유인에게 뭐가 중요하겠는가? 그는 자유의 문(liberum ostium)을 가지고 있다. 우리를 묶는 사슬은 단 하나, 생명 유지에 대한 사랑(amor vitae). 우리는 이 사슬을 내던져버리지는 못하겠지만 그 힘을 약화시킬 수는 있다. 때가 되어 상황이 요구한다면, 우리가 언젠가는 해야 할 바를 즉시 실행할 준비를 함에 있어서 우리를 방해하는 것은 아무것도 없도록. 잘 지내기를![6]

세네카가 볼 때 살아간다는 것은 죽어간다는 것이다. 우리는 매일매일 사는 만큼 매일매일 죽어간다. 역으로, 우리는 매일매일 죽은 만큼, 바로 그만큼 삶을 살았다. 삶과 죽음은 동전의 앞뒷면과 같으니까. 죽음은 우리가 물리적으로 죽는 그 시점에서만 발생하는 사건이 아니다. 죽음은 사실 삶 전체에 걸쳐서 일어나는 현재진행형 사건이다. 죽음 경험은 시간 경험과 같이 일어난다. 우리가 시간의 흐름을 경험한다는 것은 곧 죽음을 경험하는 것이다. 이 논점은 다음 편지에서 잘 드러난다.

나는 네가 다음과 같은 생각을 한때 다루고 있었던 것을 기억하지. "우리는 어느 날 갑자기 죽음을 만나는 것이 아니다. 우리는 죽음을 향해 조금씩, 조금씩 전진한다." 우리는 매일 죽는 거야. 매일 삶의 한 부분이 우리로부터 앗기네. 우리가 성장할 때에도 우리의 삶은 줄어드네. 우리는 우리의 유아기를, 소년기를, 청년기를 상실했네. 시간의 흐름에 있는 모든 것은, 어제를 포함해서, 상실되었네. 우리가 보내고 있는 오늘 이 날도 우리는 죽음과 나누고 있네. 물시계를 텅 빈 것으로 만드는 것은 마지막 한 방울이 아니라 빠져나갔던 모든 물방울들이지. 마찬가지네. 우리 존재의 마지막 한 시간이 우리가 죽는 유일한 시간은 아니라네. 그 마지막 한 시간은 죽음을 완성하는 시간일 뿐이네. 그 시점에 우리가 마지막에 도달한 것은 맞지만 우리는 오랫동안 이리로 오고 있었네.[7]

죽음은 현재진행형 사건이다. 라틴어 명사 'mors'('death')에 상응하는 동사 '죽다'(morior, die)에는 두 가지 시제가 있다. 하나는 현재완료(죽었다, be dead)이고, 다른 하나는 현재진행형(죽어가고 있다, dying)이다. 그런데 현재완료형 '죽음'은 비(非) 실체적이다. '이미 죽어 있음'에 상응하는 경험주체는 존재하지 않기 때문이다. 그런 의미에서 현재완료형 '죽음'은 무의미한 말이다. 고로, 논리적으로 현재진행형 죽음만이 있다. '살아 있음'이라는 사태 그리고 이 밑에 깔린 시간 흐름을 경험하는 주체는 '죽어 감'도 경험한다. 우리는 시간 t1에서 t2까지를 살았다면 그리고 t1-t2의 시간 흐름을 경험했다면, 우리는 우리가 '죽은 지' t2-t1 시간이 지났음을 깨닫는다. 우리는 '산'만큼, 이미 그만큼동안 '죽은' 것이다. '살았음'과 '죽었음'은 동일한 사태에 대한 서로 다른 표현이다. '살았음'은 출발점(t1)에서 카운트해서 종료점(t2)까지의 과정적 사태를, '죽었음'은 종료점에서 카운트해서 출발점까지의 그 사태를 표현한다. 죽음은 삶의 역(逆) 과정이다.

2. 자신의 삶을 살기

세네카가 자신에게 그리고 자신의 친구들에게 던지는 메시는 간명하다. 죽음에 대한 두려움은 걷어치우고, 자기 자신의 시간, 자기 자신의 삶을 살라는 것이다. 이 메시지는 당대 로마인들의 삶의 방식과 로마 사회에 대한 비판이기도 하다. 로마인들은 권력, 돈, 쾌락과 같은 외적 선을 추구, 확보, 유지하는 데에 모든 시간과 정력을 쏟는다. 그들은 자신의 시간을 경험하지 못한다. 그들은 '자신의 삶'을 살고 있는 것이 아니다. 이 논점은 『짧은 인생』(de brevitate vitae) 3에서 잘 드러나다.

(3.1) 사람들은 자신의 땅이 다른 사람에 의해 점유당하는 것을 결코 용서하지 않습니다. 땅 경계를 놓고 사소한 다툼이 벌어지면 달려가서 돌과 무기를 집어 듭니다. 하지만 사람들은 자신의 삶에 누구가가 침범하는 것을 허락합니다. 심지어 사람들은 미래의 침범자들을 **자기 자신의 삶**을 소유하도록 스스로 불러들입니다. 자기 돈을 나누어주려는 사람은 아무도 없죠. 하지만 사람들 각자는 **자신의 삶**을 아주 많은 사람들에게 나누어줍니다. 사람들은 상속 유산을 지키는 데는 집착하지만 시간 소비에 관해서는 아주 낭비적입니다. 오직 시간 소비에 한해서만 자린고비 태도가 유덕함임에도 불구하고 말입니다.

(3.2) 따라서 나보다 더 나이가 많은 노인들 중 아무나 누구 한 사람 붙잡고 이렇게 물어볼 수 있겠죠. "제가 볼 때 당신은 인간에게 허락된 삶의 마지막 시간에 이르렀고, 거의 백세를 혹은 그 이상 살 것 같습니다. 자! 당신의 인생을 기억해보고 시간을 정산(精算) 해봅시다. 당신의 인생에서 채권자가 가져간 시간, 연인이 가져간 시간, 후견인이 가져간 시간, 피후견인이 가져간 시간, 부인과의 다툼에 들어간 시간, 노예 훈육에 들어간 시간, 비즈니스 하느라 도시들을 순회한 시간을 빼세요. 우리 자신의 잘못에 의해 야기된 질병으로 인한 시간도 그리고 멍 하니 보낸 시간도 빼세요. 그러면 당신이 처음 계산한 것보다는 적은 년(年)들을 당신은 가지고 있음을 볼 겁니다.

(3.3) 기억을 살려보세요. 당신이 당신의 계획에 있어서 흔들리지 않았던 시간들을. 당신의 결심대로 진행되었던 날들이 얼마나 되는지를. 당신이 언제 **당신 자신을 당신 뜻대로 사용했는지를.**[8] 당신의 얼굴이 가식 없이 가장 자연스러운 표정을 지은 때가 언제인지를. 당신 마음이 걱정으로 흔들리지 않았던 때가 언제인지를. 그토록 긴 인생에서 당신은 무슨 일을 했는지를. 얼마나 많은 사람들이, 당신 스스로 무엇을 상실하고 있는지 아무 감이 없음에도 불구하고, 당신의 삶을 찢어놓았는지를. 당신은 얼마나 많은 시간을 텅 빈 슬픔에, 멍청한 쾌락에, 탐욕스러운 욕심에, 사회적 교제의 재미에 시간을 빼앗겼는지를. 당신에게 남겨진 것이 얼마나 적은지를. 자, 당신은 알겁니다. 당신은 '익지도 않았는데' 죽어가고 있음을.[9]

권력, 돈, 쾌락과 같은 외적 선의 추구에 전념하는 삶은 결국 자신이 아니라 타인의 위한 삶을 살게 된다. 세네카는 이런 삶을 '사로잡힌 삶'(혹은 '분주한 삶')이라고 부른다. 전형적인 로마적 삶은 '사로잡힌 삶', 즉 포획된 삶이다. 같은 텍스트에서 세네카는 말한다.

(19.3) 모든 정신없이 사로잡힌(occupatus, 분주한) 사람들의 상태는 비참합니다. 이런 사람들 중에서도 가장 비참한 사람은 자기 자신의 분주한 일 때문이 아니라 타인의 분주한 일 때문에 애를 써야하는 사람들입니다. 이들은 타인의 잠자는 시간에 맞춰 잠을 자고 타인의 걸음에 자신의 걸음을 맞춰야 합니다.[10] 이들은 타인의 지시에 따라 사람을 사랑해야 하고 사람을 싫어해야 합니다. 사랑과 혐오는 **가장 개인적인 것**[11]임에도 불구하고 말이죠. 이들이 자신의 삶이 얼마나 짧은지를 알고자 한다면, 그들 자신의 것은 전체 분모[12]에 비해서 얼마나 작은 분량인지를 생각해보면 됩니다.

(20.1) 그러니, 누군가가 자주색 토가[13]를 걸친 것을 보더라도, 광장에서 이들의 이름이 환호를 받으면서 불리는 것을 듣더라도, 질투하지 마세요. 그 토가는 그 사람의 '삶'을 팔아서 구매한 것입니다. 그 한 해에 자신의 이름을 붙이려고[14] 그들은 모든 년(年)들을 소진합니다. 이런 사람들 중 일부는 야망의 정점에 진입하기 전에 첫 번째 투쟁을 할 때, 이들의 삶은 이들을 떠나버립니다. …

(20.2) 다른 한편으로, 전적으로 낯선 송사(訟事)꾼들을 위한 변론을 맡아서 그렇게 나이가 많음에도 불구하고 무식한 법정 군중의 환호를 이끌어내다가 숨을 멈춘 사람은 흉측합니다. 또, 자신의 노동이 아니라 자신의 삶의 방식으로 인해 지쳐서, 일하는 과정 중에 쓰러진 사람은 흉합니다. 또, 받아야 돈을 계산하다가 장부 위에서 죽은 사람 그리고 이를 바라보는, 감질나게 오래 기다렸던 상속자의 미소는 흉합니다.[15] ……

(20.5) 서로가 서로에게 시간을 뺏고 시간을 뺏기는 동안, 서로가 서로의 평화를 조각조각 부셔놓는 동안, 서로가 서로를 비참하게 만드는 동안,

삶은 아무 과실이 없고, 아무 즐거움이 없고, 아무 영혼의 진보[16)가 없습니다. 자신의 죽음을 자신의 시선에 두는 사람은 아무도 없습니다. 희망의 프로젝트 계획들을 접는 사람은 아무도 없습니다. 어떤 사람들은 심지어 삶 너머에 있는 계획들을 짜 놓습니다: 엄청난 규모의 무덤, 사자(死者)를 위해 국가가 바치는 공적(功績) 기념물, 장례식에 거행되는 검투사 경기, 화려한 장례 의례. 오, 맙소사! 그런 사람들의 장례는 횃불과 촛불 아래서 진행되어야합니다. 마치 아주 짧은 생을 살았다는 이유로.[17)

로마 시대에서는 어린 아이들이 죽게 되면 밤에 횃불과 촛불을 들고 장례를 치러준다. 슬픈 죽음, 드러내고 싶지 않은 죽음이기 때문이다. 그런데 세네카가 볼 때, 외적 선과 로마사회의 가치, 즉 '영광'(gloria)에 의해 지배된 인생을 산 사람—이런 사람의 장례식은 성대하기 짝이 없다!—은 사실 자신의 삶을 산 시간이 적기 때문에, 그 삶은 어린 아이의 삶과 같다. 로마적인 '영광적인' 삶은 어린 아이의 삶과 같다. 그런 삶을 산 사람은 자신의 삶을 산 사람이 아니다. 그런 사람은 '자기 자신을 뜻대로 사용한'(3.3) 적이 별로 없다. 그런 사람은 '가장 개인적인 것'(19.3)을 경험한 적이 별로 없다. 그런 사람은 자기 자신의 것을 경험하기도 전에 허망하게 물리적 죽음을 맞이하게 된다.

3. 내면화된 자아

'자기 자신을 뜻대로 사용하기' 그리고 '가장 개인적인 것'이라는 표현은 세네카가 자아(自我, self)의 아이디어를 가지고 있었음을 함축한다. 그런데 혹자는 이렇게 반문할 수 있을 것이다. 세네카가 자아 아이디어를 가지고 있었다고? 우리말 '자아' 혹은 영어의 'self' 혹은 'selfhood'를 번역할 수 있는 라틴어 명사는 없지 않은가? 일반적으로, 고대인들은 '나의 영혼'에 관한 아이디어만 가지고 있지 않았던가?

하지만 언어적 표현이 없다고 해서 그에 짝하는 아이디어도 없다고 단정할 수 없다. 세네카의 텍스트를 읽다보면 이 반문에 대항하는 증거들을 심심찮게 만날 수 있다. 아래는 그 증거들 중 하나이다.

그래서 나는 너에게 미리 답신을 주겠지만 저 유명한 키케로가 아티쿠스에게 지시했던 것을 행하지는 않겠네. 키케로는 아티쿠스에게 이렇게 지시했었지: "네가 편지에서 쓸게 없어도 머리 속에 들어오는 것은 무엇이든지 다 쓰라." 내가 키케로처럼 하지 않는 이유는, 내가 쓸 것은 항상 마련되어 있기 때문이지. 키케로가 편지에서 채워 넣었던 온갖 종류의 소식들을 난 쓰지 않고 그냥 지나칠 것이네. 즉 어떤 후보가 애를 쓰고 있는지, 누가 남의 돈으로 혹은 누가 자기 돈으로 선출 경쟁을 하고 있는지, 카이사르의 편에 서서 콘술이 되고자 나서는 이는 누구인지, 폼페이우스 편에 서 있는 콘술 후보는 누구인지, 혹은 누구 편이 아니라 자기 힘과 자기 돈을 믿고 콘술이 되고자 나서는 이는 누구인지, 또 이와 다른 소식으로서, 카이킬리우스라는 사람은—가까운 친구들조차 최소한 한 달에 1퍼센트의 이자가 아니면 그에게서 한 푼도 빌릴 수 없으니—얼마나 인색하기 짝이 없는 고리대금업자인지 하는 소식 말일세. 다른 사람의 문제가 아니라 자신의 문제(mala sua)를 생각하는 것이 더 낫네. 자신을 검토하는 것(se excutere), 자신이 얼마나 많은 쓸모없는 일들의 '후보'로 되어 있는지를 보는 것, 그렇지만 이것들 가운데 그 어떤 것에 대해서도 표를 던지지 않는 것 말일세. 사랑하는 루킬리우스, 바로 이것이 평화와 자유를 가져오는 탁월한 일일세. 그 어떤 것에 대해서도 '표를 얻기 위해 유세를 다니지' 않는 것 그리고 운명의 여신(fortuna)이 선출한 모든 결과들은 그냥 지나쳐 버리는 것. (『편지』 118.1-3)

이 편지의 논점은 다음과 같다. '표'는 포룸 로마눔(forum Romanum)이라는 외부 공간이 아니라 자신의 내적 공간으로 향해 던져야 한다는 점이다. 우리 모두는 각자 자신의 삶과 자기 자신의 시간을 돌봐야 한다. 우리 모두는 각자 자신의 자아를 돌봐야 한다.

사실 세네카의 『편지』는 첫머리부터 어떤 종류의 자아 관념을 함축하는 것으로 보인다. 세네카의 편지는 최초 이렇게 시작된다.

루킬리우스, 이렇게 행하라(fac). 너 자신을 위해 너 자신을 **요구하라** (vindica te tibi)! (『편지』 1.1)

나는 이 최초 첫 문장 안에 세네카가 『편지』 전체에서 말하고 싶은 많은 것이 담겨 있다고 생각한다. 세네카는 『편지』 118에서 자신이 자신에게 행하기로 선언한 것을 편지 파트너에게 행할 것을 요구하고 있다. 그것은 "자기 검토"를 넘어선다. 'vindicare'의 뜻은 '남의 손 안에 있는 것에 대해서 자신의 소유권을 주장하는 것'이다.[18] 또 이 동사의 다른 그러나 연관된 뜻은 '노예가 아닌데도 노예로 잘못 포획된 사람에 대해서 그가 자유로울 권리를 주장하는 것'이다.[19] 세네카는 첫 문장에서 루킬리우스에게, 루킬리우스 자신에 대한 자신의 소유권을 주장하고 요구할 것을 요구하고 있다. 그와 함께 노예로 잘못 포획되어 있는 상태를 무효화시켜 자기 자신을 다시 자유인으로 복귀시킬 것을 요구하고 있다. 물론 루킬리우스는 법적 혹은 제도적 의미에서 노예가 아니다. '소유권 주장'에 의해 대변되는 법률적 메타포가 뜻하는 바는 분명하다. 그것은, 운명의 여신이 굴리는 변덕스러운 정치적, 공적 삶의 수레바퀴에 예속된 것들에 대해서 소유권을 주장하지 말고 운명의 여신이 결코 예속할 수 없는 것, 즉 너 자신에 대해 소유권을 주장하라는 것이다. 이 때 '너 자신'이 온전한 신체 전체가 아니라는 것 또한 분명하다. 신체 역시 운명의 수레바퀴에 의해 물리적으로 구속될 수 있다. 세네카의 코르시카 유배 자체가 그렇다. 나아가, 정치적, 공적 삶에 의해 주어지는 선(善)들에 집중하는 사람이 노예이다. 외부적 선들에 의존된 삶이 노예적 삶이다. 반면에, 내면화된 세계, 즉 자아에 집중하면서 이를 가꾸는 자가 자유인이다. 로마 제도적으로는 자유인이지만, 심지어 황제(예컨대 네로)이지만 노예일 수 있고, 반대로 제도적으로는 노예이지만 자유인일 수 있다.

비슷한 취지의 글은 세네카의 우리가 방금 본 『짧은 인생』에도 있다.

내가 지금 누구의 딱한 처지에 관해 솔직히 말하고 있다고 너는 생각하는지? 그들의 번창한 삶을 보려고 몰려드는 사람들을 보아라! 사람들은 그들이 가진 것을 보고 숨이 막힐 지경이다. 그렇지만 재물은 얼마나 많은 이들에게 짐이 되는가! 얼마나 많은 이들이 그들의 연설적 재능 때문에 또 그런 재능을 과시하고자 하는 매일 매일의 유혹 때문에, 삶의 힘이 소진되는지! … 한마디로, 지위가 낮은 자이든 높은 자이든 간에, 이 모든 이들의 목록을 훑으나가며 살펴보아라. 어떤 이는 자기에게 변호인 역할을 맡겨주기를 원한다. 어떤 이는 도움 요청에 응한다. 어떤 이는 유죄 판결 위험에 처해 있다. 어떤 이는 그를 변호한다. 어떤 이는 판결을 내린다. 하지만 그 누구도 자신에게 자신을 요구하지 않는다. 누구라도 한 사람은 다른 한 사람을 위해 소모되고 있다. 이름을 외울 정도로 유명한 사람들에 관해 물어 보거라. 이들을 특징짓는 것은 다음과 같은 것임을 너는 아리라. A는 B를 돌보고, B는 C를 돌본다. 그 누구도 자신의 것이 아니다(suus nemo est.). (『짧은 인생』 2.4)

노예적인 삶은 자기가 자기 자신을 요구하지 않는, 그리하여 자기가 자신을 소유하지 않는 삶이다. 노예적인 삶 안에는 단선적인 관계만 있다. "A는 B를 돌보고, B는 C를 돌본다." 하지만 자유인의 삶 안에는 반성적 관계, 즉 자기 지시적 관계가 들어가 있어야 한다. 자기가 자신을 검토하고, 자기가 자신을 요구하고, 자기가 자신을 돌본다. "자신의 것"(suus)이라는 표현어는 자아 아이디어를 지시하는 것처럼 보인다.

세네카의 편지는, 자신의 내면을 관찰하고 검토하는 일에 집중함으로써 외부적 세계의 운명적, 우연적 변화에 흔들리지 않는 자아, 아도(P. Hadot)의 표현을 빌자면, '내면의 성채'(the inner citadel)[20]를 짓는 기획인 것처럼 보인다. 그렇다면 세네카가 가고자 하는 사유의 길은 어떤 의미에서 내면화의 길이라는 것은 분명해 보인다. 아래 글은 이를 방증한다.

모든 감각들은 튼튼해지도록 훈련받아야 한다. 감각들은 본성상 견뎌

낼 수 있는 것들이다. 우리 영혼이 이것들을 부패시키는 일을 그만둔다면 말이다. 우리 영혼은 매일 매일 그날의 일을 보고하도록 소환되어야 한다. 섹스티우스(Sextius)[21]는 이 습관을 가지고 있었다. 섹스티우스가 그 날 하루를 끝내고 밤에 잠자러 물러날 때 자신의 영혼에게 이렇게 물어보곤 했다. "너는 오늘, 너의 어떤 악을 치료했는지? 어떤 나쁜 점에 대해 너는 저항했는지? 어떤 점에서 너는 좋아졌는지?" 분노는 매일 재판관 앞에 나타나야 한다는 것을 스스로 알면, 온순해지고 사라지게 될 것이다. 하루 전체를 검토하는 습관보다 아름다운 것이 또 어디 있으랴! 자기 인식을 뒤따르는 수면은 또 어떤 것인가! 영혼이 자기 관찰자(speculator sui)나 사적인 감찰관(censor secretus)으로서 자신의 행동을 검토하고 스스로에게 칭찬하거나 충고할 때, 얼마나 평온하고 얼마나 깊고 얼마나 자유로운지! 나는 이 습관적 특권을 사용하며 매일 내 앞에서 나의 송사를 변론한다.

(『분노에 관하여』 3.36.1-3)

영혼은 자신을 스스로 관찰한다. 법률적 혹은 정치적 메타포는 다시 등장하며 역설적 힘을 발휘한다. 공적 혹은 정치적 삶 자체는 나의 사유 대상이 될 수 없지만 공적 혹은 정치적 삶을 표현하는 언어와 이 언어가 내표하는 관념은 나의 사유가 이루어지는 방식 자체를 구성한다. 나는 '재판관'으로서 나 자신을 검열한다. 나는 사적인 감찰관[22]으로서 나 자신을 관찰하고, 기록한다. 내가 나인 것은 내면화된 어떤 것이다.[23]

하지만 '내면화'라는 말을 우리가 쓴다하더라도 우리는 이 말 위에 과장된 내포를 얹어서는 안 된다. 우리는, 세네카의 자아가 내면화된 어떤 것이라 말할 수는 있어도 그것이 데카르트적 자아, 그러니까 사적인 자의식과 유사한 것이라고 이해해서는 안 된다. 세네카 안에서 데카르트적 코기토를 발견하는 것은 불가능하다. 우선, 나에 의한 나의 관찰 대상은 나의 생각과 느낌이라기보다는 내가 오늘 하루 행한 나쁜 행위들 그리고 이에 연루된 나의 나쁜 도덕적 속성이다. 나의 분노라는 감정이 관찰 대상으로 목록에 올라가기는 하지만, 분노 자체가 아니라 분노를 불러일으킨 인과적 행위 맥락이 관찰 대상이다. 요컨대 나의 사유 자체가 나의 사유 대상이 아니라 그날 하루의 나의 행위 그리고 나의 사람됨이 나의 사유 대상이다.

세네카적 자기 관찰은 타자 관찰을 전제로 하지만 이 자기 관찰 자체가 항상 대화적으로 구성되는 것은 아니다. 어떤 면에서 자기와의 대화보다는 자기에 대한 봄(videre)의 계기가 두드러진다. 때때로, 나는 나와 대화한다기보다는 나는 나를 지켜본다. 세네카에 있어서 의사소통을 하는 두 사람 간의 관계를 이해하는 방식은 소크라테스적 변증술 관념을 따르기도 하지만 때로는 아리스토텔레스적 우정 관념을 따르기도 한다.[24] 아리스토텔레스적 우정 관계에 의해 맺어진 두 친구는 함께 시간을 보내면서 서로가 서로를 눈으로 본다. 너와 내가 이 우정 관계를 맺고 있다면, 나는 너를 보고 있고 또 너는 나를 보고 있지만, 동시에 그리고 바로 이 사태를 매개해서 나는 너를 통하여 나 자신을 보고 있고 또 너는 나를 통하여 너 자신을 보고 있다. "친구는 또 다른 자기이니까."[25] 아리스토텔레스에 있어서 자기 인식은 타자 인식을 통해서 이루어진다. 세네카와 루킬리우스의 관계도 우정 관계이며 따라서 세네카의 자기 인식도 세네카의 루킬리우스 인식을 통해 이루어진다. 위 인용문에서 '자기 관찰자'의 '관찰자'에 해당하는 라틴어 'speculator'는 'speculum'(거울)에서 왔다. 아리스토텔레스적 관점을 따라 의미 부여를 하자면, 'speculator'는 '거울을 관찰하는 사람'일성 싶다. 나는 나 자체를 관찰하는 것이 아니라 거울에 미친 나를 관찰한다. 친구는 나를 비추는 거울 혹은 거울상(像)이다. 나는 너 안에 비춰진 나를 보고 너는 나 안에 비춰진 너를 본다.[26]

그러므로 세네카적 '나'는 그에 대한 접근이 오직 나에게만 허용되는, 그런 것이 아니다. 접근의 배타성을 주장하는 '나'는 이 세상에 없다. 위 인용문에서 '사적인 감사관'의 '사적'(secretus)의 뜻은 문자 그대로 '어떤 무엇과 분리된'의 뜻이다. 무엇과 '분리'된 것인가? 로마적 공적·정치적 삶과 '분리'된 것이다. 어떤 면에서 '사적'이라는 이 형용사는 '감사관'이 지시하는 관념을 원래 의미 영역에서 '따로 떼어내어'(secernere) 다른 영역으로 옮기겠다는 신호를 보내고 있는 것이지, 타자에 의한 접근의 불가능성을 주장하는 것은 아니다. 설사 이 형용사가 '다른 사람들과 분리된'의 뜻을 갖는다하더라도 자아 인식의 사적 배타성을 함축하는 정도까지는 아니다.

4. 수행적 자아

세네카가 열어 놓은 자아 내면화의 길이 데카르트적으로 이해되어서도 안 되지만 이전 플라톤주의적 전통에 따라 이해되어서도 곤란하다. 세네카의 저술에는 자아를 일종의 '내면적 공간'으로 보는듯한 언명들이 자주 보인다. 이에 따르면 나를 나답게 하는 것은 영혼이다. 그리고 영혼은 말하자면 '통속의 통'이다. 플라톤적 비유를 들자면, 영혼은 감옥 안에 갇힌 죄인이다.

우리 영혼은 자신의 통제 밑에 있고 자유롭게 거닐 수 있다. 그리하여 영혼은 자신을 가두고 있는 이 감옥이 아무리 방해를 하더라도 자기 자신의 근본요구를 사용함에 있어서 걸리는 게 없다. 혹은 영혼은 그런 방해에도 불구하고 위대한 목적들을 추구할 수 있고 천체 별들의 동반자가 되어 무한의 세계에로 달아날 수 있다. 운명의 여신이 주인에게 넘겨준 것은 이 신체이다. 주인이 팔거나 사는 대상은 이 신체이다. 내면의 부분은 넘겨줄 수 없고 노예화될 수 없다. (『선행에 관하여』 3.20.1)

그런데 중요한 것이 있다. 세네카의 신체-감옥 메타포는 신체와 영혼 사이의 존재론적 이분을 함축하지 않는다. 신체-영혼 관계에 관한 세네카의 입장은 정통 스토아적이다. 영혼도 하나의 신체, 즉 물체이며, 이 영혼 물체는 신체 물체와 완전히 동외연적(同外延的)이다(『편지』 102.1-2.). 마치 뻘겋게 달궈진 쇳덩어리에서 불은 쇳덩어리의 모든 부분들에 완전히 그리고 두루두루 관통해 있는 것처럼 그리고 그 역도 성립하는 것처럼, 영혼은 신체와 완전히 섞여 있다.[27] 정통 스토아에 있어서 영혼은 어떤 고정된 독립적 실체가 아니고, 또 그렇다고 해서 영혼은 어떤 신체적 기관으로 환원될 수 없듯이, 세네카의 자아는 어떤 고정된 실체가 아니다. 자아에 관한 세네카의 생각은 우리에게 익숙한 어떤 존재론적 범주로 파악되기를 거부한다. 이런 점에서, 세네카의 신체-영혼 사이의 이분은 존재론적이라기보다는 평가적 기능을 수행한다. 우연에 의해서 결정되는 가치와 우연에 의해서 결정될 수 없는 가치를 구분하고 그리고 이에 연동하여, 자유를 확보하는 진정한 가치와 확보해 줄 것처럼 보이는 의사(擬似) 가치를 구분하는 기능이 그것이다. 그리하여, 저 신체-영혼 이분은 윤리적 기능을 수행한다. 저 이분은 우리가 도덕적 마라톤의 대열에서 낙오되지 않도록 끊임없이 우리를 격려시키기 위한 장치다. 그것은 흔히 말하듯 "영혼의 인도자"[28] 역할을 한다.

필자의 주장은 이런 것이다. 세네카적 자아가 엄밀한 의미에서 사적인 것은 아니지만 그것은 여전히 개인적인 어떤 것이며 고유한 어떤 것이다. 이 점에서 세네카적 자아는 근대적인 개인적 자아의 '어떤' 측면을 지성사에서 처음으로 선취하는 것처럼 보인다. 세네카적 자아의 고유성은 그 **인지적 내용**에 있어서 고유성을 갖는 것이 아니다. 달리 말해서, 세네카적 자아의 고유성은 세상에서 유일하게 나만 속성 F로서 기술되며, F로서 기술될 수 있는 다른 사람들은 없다는 의미의 고유성이 아니다. 세네카가 그의 글 안에서 드러내고자 하는 관점에 따르면, 내가 나와 관계를 맺는 것은 반성적이지만 이 반성적 관계는 인지적 성격의 것이 아니다. 이 관계는 욕구적이다. 'vidicare'가 출현하는 인용문에 대한 분석에서 드러났듯이, 나는 나를 소유하고자 욕구한다. 혹은, 소유하려고 욕구해야 한다. 나는 나를 나 자신의 것으로서 가지기를 욕구하거나, 혹은 그렇게 욕구해야 한다. 내가 이 세상에서 고유한 존재인 것은 기술(記述)가능한 그리고 인식적 내용을 가지는 어떤 속성을 다른 사람들을 배제한 채 나만이 가지기 때문이 아니라, 여기 내 앞에 있는 오직 이 '나'만이 나에 의해서 즉각적으로 욕구(세네카 용어로, 소유)할만한(혹은 욕구되는) 대상이기 때문이다. 오직 나만이 다른 것들을 배제한 채 즉각적으로 욕구(소유)할만한 혹은 욕구되는 대상이다. '비 오는 주말만 되면 밤새도록 월광 소나타를 치는' 혹은 '사막 야영을 가장 사랑하는' 혹은 '비트겐슈타인을 좋아하나 철학교수를 가장 혐오하는'은 기술가능한 인식적 내용을 갖지만, '즉각적으로 욕구할만한(욕구되는)'은 그런 것을 가지지 않는다. 관찰자 위치의 우리는, '즉각적으로 욕구할만한(욕구되는) 것'에 의해 지칭되는 대상이 우리 눈앞에 놓이기 전까지는, 아니 설사 우리 눈앞에 놓인 후에도, 저 기술어(記述語)가 기술하는 인식적 내용을 파악하지 못한다. 왜 그런가? 사실, '즉각적으로 욕구할만한(되는)'은 처음부터—별스럽고 괴이한 취향을 가지는, 고유한 '나'를 포함하는—세계에 관한 객관적인 인식적 내용을 전달해 주는 용어가 아니다. 이 용어는 세계에 관해서 무엇을 말해준다기보다는, 어떤 1인칭 시점이 자신을 둘러싼 (자신을 포함하는) 세계에 **대해 맺는 태도**에 관해서 무언가를 말해 준다. 이 용어는 세계에 대한 그리고 세계 안의 나에 대한, '나'의 어떤 일종의 명제적 태도와 유사한 것이다. 이 용어는 세계에 관해서가 아니라 그리고 이 세계의 한 멤버로서의 나에 관해서가 아니라, 내가 이 세계와 **어떤 관계를 맺으려고 하는지**에 관해서 말해준다. 그것은 세계 인식 이전의 어떤 것을 말해주거나, 혹은 나와 세계(혹은 나) 사이의 원초적 관계에 관한 어떤 것을 말해준다. 따라서 세네카의 저술 안에서 발견되는 '자아'는, 1인칭 시점에 관한 어떤 인식적 내용의 고유성을 말하는 것이 아니라 1인칭 시점의 근본 가치적 고유성을 말해준다. 이런 고유성 때문에 "나는 이 세상에서—즉각적으로 욕구할만한—고유한 존재이다."라고 말할 수 있다. "내가 누군가?"라는 질문에 대한 세네카의 답변은 "여기 있는 바로 이 특정한 고유한 개체."가 될 것이다. 나는 나를 즉각적으로 욕구한다. 세네카적 자아는 이런 의미에서 특정하고 고유하다. "너 자신을 위해 너 자신을 요구하라!"라는 저 시작 문장은 이런 고유한 자아에 대한 계몽적 정언명법이다.

하지만 세네카적 자아는 보편성 및 규범성 측면도 가지고 있다. 세네카적 자아는 완성된 인간, 즉 현인을 닮고자 노력한다. 그리고 현인은, 현인이 나의 자아가 아직은 아니고 본보기로 남는 한, 보편적 용어들로 기술되는, 인식적 내용을 가지는 것이다. 궁극적으로 혹은 장기적으로 세네카적 자아는 이 현인을 자신의 것으로 취하기를, 즉 자신의 것으로 소유하기를 욕구한다. 만약 내가 만일 현인이라면, 나의 자아는 나 아닌 다른 현인―이런 존재가 있다면―의 자아와 동일할 것이다. 현인이 되어버린 나의 자아는, 혹은 내가 나의 것으로 소유하고자 욕구하는 상상 속의 자아는, 고유하지 않다. 그 자아는 모든 노력하는 인간적 자아들이 공유하고 있다는 점에서 보편적이다. 또 그 자아는, 모든 노력하는 인간적 자아뿐 아니라 심지어 도덕적 노력을 행하지 않는 사람들도 그것을 따라야 한다는 점에서 규범적이다.

이 규범성의 특징 때문에 세네카적 자아는 그 구성적 개념 요소가 인식이나 실체가 아니라 행위가 된다. 세네카적 자아는 존재론적 실체도 아니고 의식적 자아도 아니다. 그것은 말하자면 수행적(performative) 자아이다. 세네카의 이해를 따르면, 자아가 자아인 것은 자신에 대한 (소유)욕구적 내적 행위를 지치지 않고 행하기 때문이다. 또 자아가 자아인 것은 도덕적으로 완성된 자아에로 향해 자신을 끊임없이 형태변환시키기 때문이다.

5. 파편적 자아들

세네카의 『편지』에는, 한편으로 내가 지금 나인 것으로서 욕구되는 '나'와, 다른 한편으로 내가 앞으로 되고 싶은 것으로서 욕구되는 '나' 사이의 긴장이 항상 깔려 있다. 이 긴장은 그 자체로 문제가 된다. 두 자아, 즉 현재적[29] 자아와 규범적 자아[30] 사이의 분열이 빚어내는 불편함은 텍스트에서 감지된다. 어느 도시로 여행을 갔다가 어두운 터널을 지나가게 된 세네카는 자신의 마음속에서 겪었던 뭔가 새로운 느낌에 대해 루킬리우스에게 이야기한다. 이 느낌은 소위 전(前)-정념(pre-emotion)에 관한 이야기이다.

> 그렇지만 그 어두움은 나에게 생각해볼만한 어떤 소재를 주었네. 무슨 말인고 하니, 나는 마음의 어떤 자극, 마음의 어떤 변화, 익숙하지 않은 경험에서 오는 색다름과 불편함이 야기한 그러나 고통 없는 어떤 변화를 느낀 것이네. 물론 나는 자네에게 여기 있는 나에 관해(de me nunc) 이야기하는 것이 아니네. 나는 완전한 사람과도 거리가 한참 멀지만 심지어 어느 정도의 자질을 가진 사람과도 거리가 머네. 나는 운명의 여신(fortuna)에 의해서 지배되지 않는 사람에 관해 말하고 있네. (『편지』 57.3)

분명히 어떤 느낌과 변화를 겪은 주체는 '나', 세네카이다. 그런데 세네카가 이 느낌의 주체인 것이 분명하지만, 이 느낌이 **전-정념으로서** 파악되는 한, 이 느낌은 세네카의 현재적 자아, 즉 '여기 있는 나'가 그 내용을 왜곡 없이 기술할 수 있는 것이 아니다. '여기 있는 나'는 그 느낌을 느끼기만 했을 뿐이고—기술한다는 의미에서—말을 할 수 있는 것은 '완전한 사람'이다. 나는 완전한 사람이 아니라, 또 어느 정도 도덕적 진보의 성취를 한 사람도 아니라 필부에 불과하지만, 나는 지금 내가 마치 완전한 사람인 것처럼 말을 하고 있다. 요컨대, 동일한 물리적 행위 사건에 대해 분리된 그리고 일치하지 않는 두 목소리가 발화하고 있다. 현재적 자아로서 그리고 완전한 사람으로서. 글을 쓰는 자아, 즉 작가적 자아(authorial self)는 하나가 아니라 둘이다.

불일치와 긴장은 현재적 자아와 규범적 자아 사이에만 있는 것이 아니다. 필자가 세네카에서 정말로 주목하는 것은, 현재적 자아와 현재적 자아 사이에 놓인 불일치와 긴장이다. 이 불일치에 대한 경험은 시간의 흐름에 대한 경험을 전제한다. 현재적 자아들 사이의 불일치 경험은 시간의 흐름 안에서 일어나는 시간적 계기들의 증발에 대한 경험을 전제한다. 자아 불일치 경험과 시간 경험은 일치해서 일어난다. 이 주제는 첫 번째 『편지』의 첫 번째 문단의 주제이며 또한 『편지』 전체를 관류하는 주제이기도 하다.

> 루킬리우스, 이렇게 행하라. 너 자신을 위해 너 자신을 요구하라. 여전히 지금도 빼앗기고 있고 도둑질 당하고 있고 미끄러져 나가고 있는 시간을 모으고 보존하라. 내가 쓰는 대로 사실이 그러함을 받아들여라. 어떤 시간들은 우리에게서 찢어져나가고, 어떤 것들은 부드럽게 제거되고, 어떤 것들은 흘러서 빠져나간다. … 시간에 대해 어떤 식의 가치를 부여할 수 있는, 하루의 날을 가치 평가할 수 있는, 그가 매일 매일 죽어간다는 사실을 이해하는 사람을 너는 나에게 보여줄 수 있는지? … 그러므로 루킬리우스여, 네가 편지에서 쓰는 대로 네가 행한다고 하는 그것을 행하라. 모든 시간적 계기들을 꽉 잡아라. 네가 네 손을 오늘의 것에 올려놓아 잡고 있다면 너는 내일의 것에 덜 의존하리라. 우리가 미루면, 삶은 달려서 우리를 빠져 나간다. 루킬리우스, 모든 것들은 우리의 것이 아니네. 오직 시간만이 우리의 것이네. 자연은 우리에게 이 단 하나의 사물, 그러나 항상

도망가고 빠져나가는—그래서 누구라도 원하기만 하면 우리를 이것으로부터 배제할 수 있는—이것을 소유하도록 명령했네. (『편지』 1.1-3)

우리 각자가 자기 자신을 소유하는 것과 각자가 이 현재를 소유하는 것은 일치한다. 너 자신만이 너의 소유대상이듯이, 너의 이 현재만이 너의 소유대상이다. 현재를 너의 것으로서 소유함으로써 너는 너의 현재적 자아를 소유한다. 모든 경험된 시간적 계기들은 증발할 운명이지만 현재 경험들 자체는 그리고 자아 소유 경험들 자체는 증발되지 않을 것이다.

세네카에서 시간 경험은 자아 불일치 경험을 가져온다.

우리들 중 그 누구도 젊었을 때의 그 사람은 늙었을 때의 그 사람과 동일하지 않다. 우리들 중 그 누구도 아침의 그 사람은 그 전날의 그 사람과 동일하지 않다. 우리의 신체는 강물처럼 흘러간다. 네가 보고 있는 모든 것도 시간과 함께 흘러간다. 우리가 관찰하는 것들 중 그 어떤 것도 남아 있지 않다. 나 자신도, 이것들이 변한다고 주장하는 가운데 변한다. (『편지』 58.22-3)

시간도 흐르지만 시간과 함께, 내가 관찰하는 것들도 그리고 관찰하는 자도 흐른다. 헤라클레이토스적 유전(流轉)의 경험은 현재적 자아와 현재적 자아 사이의 불일치를 경험하게 만든다. 이 불일치 경험은 자기 안에서 악(惡)을 경험하게 만든다.

지혜롭지 않은 마음의 큰 특징은 이런 것이네. 즉 그것은 때로는 이런 모습으로, 때로는 다른 모습으로 나타나네. 그것은 자기와 같지가 않네. 내 판단으로, 이 점보다 보기 흉하고 **나쁜 것**은 없네. 단일한 한 사람으로서 행위 한다는 것은 위대한 일이라고 생각하게나. 하지만 현자를 제외하고서는 그 누구도 한 사람으로서 행위 할 수 없네. 나머지 우리 같은 사람들은 여러 모습(multiformes)이네. … 우리는 지속적으로 우리의 인격적 역할(persona)[31]을 바꾸네. (『편지』 120.22)

　　현재적 자아와 현재적 자아 사이의 불일치는 비-현인, 특히 도덕적 발전의 길을 시작한 자(prokoptōn, progrediens)가 경험하는 것이다. 이 불일치 경험이 도덕적 그리고 미학적 악에 대한 경험을 낳는다. 오진 현자만이 언제나 한 인격이다. 범부는 자신 안에서 인격적 역할들 사이의 충돌을 경험한다. 현자는 삶 안에서 확실히 자아 동일성 경험을 갖지만-도덕적 성장의 길을 시작한-범부는 삶 안에서 자아 동일성 경험보다는 "자기와 같지 않음", 즉 자아 비(非) 동일성 경험을 주로 가진다. 범부는 현재적 계기에서는 자아 동일성을 경험하지만 이 시간적 계기들의 흐름 안에서는 자아 비 동일성을 경험한다. 세네카는 네로의 황실 안에서 로마의 정치에 관해 말하고 있는 자신의 인격과 황실 바깥에서-예컨대 루킬리우스 앞에서-로마의 정치에 관해 말하고 있는 자신의 인격이 같지 않을 뿐만 아니라 서로 모순된다는 것을 경험했을 것이다. 세네카는 자신의 삶과 그를 떠받치는 시간의 흐름 안에서 자신의 자아들이 파편화되고, 충돌하고, 대립하는 것을 경험했을 것이다. 그는 자신의 자아 안에서 하나의 비극적 드라마가 짜여지는 것을 경험했을 것이다.

세네카에 대한 이 해석에 따를 때, 인간의 자아는 시간 축 위에 찍혀 있는 한 현재적 계기와 정확히 외연적으로 일치하는 어떤 점과도 같은 것이다. 인간적 성장의 길 위에서 이 점들은 내용상 서로 일치한다기보다는 불일치한다. 도덕적 발전의 길을 가기 시작한 사람은 자아 불일치를 경험하면서 성장한다. 성장은, 좁은 시간적 범주로는 현재적 계기들 각각에 짝하는 자아들의 형태변환이고, 넓은 시간적 범주로는 시기들 각각에 짝하는 자아들의 형태변환이다.

> 모든 각각의 삶의 시기에는 그에 속하는 신체 조직(constitutio)이 있다. 즉 유아에 속하는 신체 조직이 따로 있고, 소년에게 속하는 것이 따로, 노인에게 속하는 것이 따로 있다. 모든 이들은 이들이 그 안에 있는 바의 조직에 이끌린다. … 심지어 곡식과 과실로 자라게 될 식물도 어릴 때 그리고 밭고랑에서 나오지도 못할 때 고유하게 갖는 조직이 따로 있고, 또 튼튼해졌을 때 그리고 부드럽지만 무게를 지탱해주는 줄기와 함께 서게 될 때 갖는 조직이 따로 있고, 또 색이 노랗게 변하고 탈곡의 시간을 예견하고 이삭이 여물어 갈 때 갖는 조직이 따로 있다. 식물이 어떤 조직에로 들어오든지 간에 식물은 이것을 돌보고 이것을 받아들일 태도를 취한다. 각기 다른 시기가 유아, 소년, 젊은이, 노인에게 속한다. 그렇지만 유아였던, 소년이었던, 노인이었던 나는 같은 사람이다. 각 시기에는 각기 다른 조직이 속하지만, 자신의 조직에 대한 이끌림은 동일한 것이다. 왜냐하면 자연은 소년을 나에게, 혹은 젊은이를 나에게, 혹은 노인을 나에게 이끌림 대상으로 맡기는 것이 아니라, 나 자신을 나에게 이끌림 대상으로 맡기기 때문이다. (『편지』 121.15-6)

"유아였던, 소년이었던, 노인이었던 나는 같은 사람이다."라는 문장은 현재적-시기적 자아들 사이의 일치를 보여주는 것처럼 일견 보인다. 하지만 이 문장 역시 지금까지 필자가 시도한 세네카 해석에 일관적으로 읽을 수 있다. 이 문장은 바로 다음 문장에 의해 재표현되고 있다: "각 시기에는 각기 다른 조직이 속하지만, 자신의 조직에 대한 이끌림은 동일한 것이다." 나는 소년으로서 그리고 노인으로서 같은 사람이라는 말이 아니다. 나는 그 때에 소년이 되고자 **이끌린 사람으로서** 그리고 지금은 노인이 되고자 **이끌린 사람으로서** 동일하다. 텍스트가 말해주고 있듯이, 소년이었던 사람과 노인인 사람이 같다는 말이 아니라 각각의 시기에 각각의 자아에 대한 이끌림이 동일하다는 말이다. 각 현재적 자아는 서로 불일치하지만 각 현재적 자아에 대한 근본 욕구는 동일하다. 도덕적 발전의 길을 걷는 인간은 이 길 위에서 현재적 자아들 사이의 불일치를 경험하지만 그와 동시에 그때그때마다 자기 앞에 있는 것을 자신의 것으로 취하고자하는 근본욕구의 동일성을 경험한다. 시간과 함께 흘러가는 인간은 자아 비(非) 동일성을 경험하지만, 그를 통하여 자아 소유에 대한 욕구의 동일성 그리고 자아에 대한 반성적 경험의 동일성을 경험한다. 필자가 해석한 세네카적 자아 관념으로부터 함축되는 동일성 아이디어는 다음과 같다. 즉 내가 가지고 있는 자아들 사이의 동일성이 아니라, 자아들 사이의 비동일성을 통해 얻어진 자아(에 대한 반성적) 경험의 동일성 그리고 이를 떠받치고 있는—자기 것으로 취하려는—수행적 행위의 동일성이 그것이다. 요컨대, 자아가 동일한 것이 아니라 자아 경험 그리고 자아 경험을 위한 수행적 행위가 동일하다.

세네카에 대한 이 해석에 따르면, 인간은 자신이 특정하고도 개인적인 존재라는 사실을 자아 동일성 경험이 아니라 자아 비 동일성 경험을 통해 깨닫는다. 한번은, 그가 자신 안에 품고 있는 규범적 자아가 그의 현재적 자아와 동일하지 않음을 경험해서 저 사실을 깨닫는 것이고, 또 한 번은 그의 현재적 자아와 현재적 자아가 서로 동일하지 않음을 경험해서 저 사실을 깨닫는 것이다. 나는 나와 같지 않다는 사실에 절망해서 나는 나의 개별성을 깨닫는다. 자아의 통일성에 대한 경험이 아니라 자아의 파편화에 대한 경험을 통해서 나는 개별적 자아가 된다.

6. 장소적으로 구현된 자아

성장하는 인간은 '바로 지금'이라는 시간 경험뿐 아니라 '바로 여기'라는 공간 경험도 가진다.

> 내가 생각할 때, 질서가 잘 짜인 마음을 보여주는 첫 번째 증거는 이것이네. 그 자리에 머무르고 자신과 시간을 보낼 수 있는 것. (『편지』 2.1.)

> 산적해 있는 의무들은 교양 공부를 하는데 방해가 된다는 생각을 불러일으키고자 하는 이들이 있는데, 이들은 우리를 기만하네. 이들은 바쁜 척하며 또 바쁘다는 것을 과장하는데, 사실 이들은 바로 이런 일을 하는데 바쁘다네. 루킬리우스, 나는 자유롭고 자유롭네. 내가 있는 곳이 어디든 이곳에서 나는 나의 것이네. 나는 사태에 나를 굴복시켜 넘겨버리지 않네. 대신 나는 그것에 나를 적응시킬 뿐이며, 시간을 소모하는 것에

대한 변명들을 찾지 않네. 내가 위치하는 곳이 어디든 그 자리에서 나는 나의 생각들을 다루며 마음속에서 뭔가 유익하고 긍정적인 것을 산출하네. (『편지』 62.1)

다시 한 번 아리스토텔레스적 우정 논의 문맥에서 나오는 아이디어가 발견된다. 나는 '바로 여기'에 머무르면서 나 자신과 시간을 보낼 수 있다.[32] 지금 여기에서 나는 나의 것이다. 내가 위치하는 곳이 어디든 바로 거기에서 나는 나의 생각들을 관찰하고 사용한다. 그 자리에 진정으로 머무를 수 있는 자가 평화롭고 자유로운 자다.

특정 장소 경험이 해당 행위자에게 평화와 자유 경험을 가져오게 하는 것은, 그가 도덕적 발전의 어떤 징후를 느꼈기 때문일 것이다. '지금 여기'라는 특정 장소에서 구현된 자신의 현재적 자아가 규범적 자아에로 향해 조금씩 닮아가고 있음을 느꼈기 때문일 것이다. 역으로 말해, 저 규범적 자아가 지금 여기에서 나의 인격으로 대변되고 있음을 느꼈기 때문일 것이다.[33]

'지금 여기'라는 특정 장소는 자연적 연관 그리고 사회적 연관의 전체 문맥의 한 지점을 상징한다. 노바투스의 형제로서, 파울리나의 남편으로서, 루킬리우스의 친구로서, 네로 황실의 재상으로서 세네카는 각각의 장소에서 각각의 역할을 가지고 있다. 장소의 수만큼이나 인격적 역할의 수가 있다. 각 인격적 역할은 단 하나의 완전한 인격, 즉 이상적 자아의 다기한 구현체들이다. 나의 자아는 나를 둘러싸고 있는 환경과 세계로부터 독립돼 있는 어떤 것이 아니다. 나의 자아는 나를 둘러싸고 있는 환경에 대한 어떤 관계맺음에 의해 결정되거나, 혹은 어떤 의미에서는 그 관계맺음 그 자체이다.

> 조직(constitutio)은 신체에 대해 어떤 관계를 갖는, 영혼의 지배적 능력이
> 다.(『편지』 121.10)

동물적·생물학적 조직이 신체에 대해 관계 맺는 방식을 통해서 정체성
이 구성되듯이, 성장한 인간의 자아도 외부적인 환경적·사회적 소여(所與)
들에 대해 관계 맺는 방식을 통해서 정체성이 구현된다. 인간적 행위자는
자신이 시간 축의 한 점에 그리고 사회적 공간 축의 한 점에 꽂혀 있음을
지각할 때 자신의 자아를 경험한다. 현인이 아닌 이상 인간적 자아는 언제
나 특정 시간적·장소적 좌표점에서 구현된 어떤 것이다. 인간은 자아의
파편화도 지각하지만 자아의 이러한 구체적 구현성을 지각하기도 한다.
그리고 인간은 자아의 특정한 구현성 지각을 통해, 규범적 자아가 지금
여기의 자신 안에서—불완전하게나마—대변되고 있음을 지각하는 것이다.
규범적 자아에 대한 이 간접적 지각은 재차 오늘 하루에 대한 기쁨과 평화
를 가져다준다. 자아의 특정 장소적 구현성에 대한 지각은 긍정적인 시간
경험으로 환류된다.

> 루킬리우스, 내가 개선되고 있을 뿐 아니라 변형되고 있음을 나는 관찰
> 하고 있네. 변화를 필요로 하는 것이 내 안에 하나도 남겨져 있지 않다는
> 것을 내가 약속하는 것도, 또 그렇게 기대하는 것도 아닐세. … 영혼이
> 보다 좋은 쪽으로 개선이 되었다는 증거는, 지금까지는 몰랐던 자신의
> 나쁜 점들을 본다는 것이네. … 당신은 파악할 수 없어. 하루하루가 얼마

나 많은 전진을 내게 가져다주는지를 내가 보고 있는지를. (『편지』 6.1-4)

7. 결론

세네카에 있어서 죽음에 대한 반성은 시간의 본성 문제에 관한 성찰을 가져오고, 이 성찰은 재차 자아의 문제를 불러일으킨다. 세네카에 있어서 '죽음', '시간', '자아'는 한 덩어리의 복합적 화두를 형성한다.

세네카의 글쓰기 스타일에 관한 고찰 하나로 결론을 대신하고자 한다. 세네카는 오늘날 철학과 교수들과 같은 유형의 전문적 철학자가 아니다. 세네카는 전문 철학자처럼 논증하는 데 집중하지 않는다. 그의 주목적은 불안, 두려움, 분노, 슬픔, 허무, 후회 등을 겪고 있는 특정 인격—나아가 그의 잠재적 독자들—을 위한 도움을, 그것도 '지금 당장' 그리고 '바로 여기'에서 써 먹을 수 있는 구체적 도움을 주는 것이다. 그는 어떤 이론적 언명을 이곳저곳에서 하고 있지만 이 언명은 학술적인 역할이라기보다는 치료적 도구의 역할을 한다. 사실 치료적 도구로서는 이론이나 논증보다는 구상적(具象的) 언어—메타포, 직유, 유비, 상징 등—혹은 인격적·역사적 본보기(exemplum)가 더 적절할지 모른다. 세네카의 글쓰기에서 구상적 언어와 본보기가 많은 것은 이 때문이다.[34] 그러므로 자아와 죽음이라는 것 역시 문제화되고 있고 이야기되고 있지만 논증되지는 않는다. 세네카의 글쓰기 안에서 자아와 죽음의 의미는 있지만 자아 이론 및 죽음 이론은 없다.

논증에 대한 세네카의 태도는, 키케로의 그것처럼[35], 때로는 공격적이다.

세네카는 몇몇 편지 글에서[36] 스토아 철학자들을 포함하는 변증가들 (dialectici)의 삼단논법 논증이 쓸모없다고 비난한다. 세네카는 『편지』 111.1-2 에서 변증가들의 논리게임(sophismata)을 '지나치게 세세한 것'(cavillationes) 혹은 '기교적 세밀함'(quaestiunculae vafrae)으로 지칭한다. 세네카는 루킬리우스에게 "기교에 의한 철학자가 아니라 행동에 의한 진정한 철학자"[37]가 될 것을 주문한다. 기교적 논리에 치중하는 것은 철학(philosophia)을 자신의 원래 높은 자리에서 땅바닥으로 끌어내리는 것과 같다.(111.4) 다른 편지(82)에서 세네카는, 변증가들의 세밀한 논증은 죽음에 대한 두려움과 같은 인간의 본질적 문제를 해결하지 못한다고 말한다. 『편지』 82의 끝마무리(82.24)는 시사적이다:

죽음에 대항해서 너는 그렇게 잘게 찔러대는가(minuta iacularis)? 송곳으로 사자를 막아낼 수 있다고 생각하는가? 너의 논증들은 날카롭다(acuta). 하지만 보리 까끄라기도 날카롭다. 어떤 것들은 자신의 바로 그 세밀함 (subtilitas)으로 인해 쓸모없게 되고 효과를 상실한다. 잘 있어라!

그러므로 세네카는 자아 및 죽음에 관한 어떤 논증을 만들고 있다기보다는, 자신의 수신자들에게 자아 및 죽음에 관한 어떤 의미를 드러내고자 하고 이를 통해 자신을 경험하고, 자신을 형성할 것을 호소하고 있다. 그는 그가 자아에 관한 진리를 제공하고 있다고 생각하지 않는다.[38] 세네카가 이야기하는 자아의 의미는 현인이 우리 인간에게 제공해 주는 성격의 것이 아니다. 그것은, 도덕적 성장과 투쟁의 길을 걷고 있는 한 인간이 또 다른 길동무에게 이야기해 주는 성격의 것이다. 그것은 완성된 인간에

의한 완성된 이야기가 아니다. 어떤 점에서 볼 때 세네카적 자아의 의미는 철학적이라기보다는 문학적이라고 말할 수 있다. 하지만 위에서 확인했듯이 세네카의 입장에서 볼 때 '철학'이라는 것도 정의(definition)의 문제에 의존한다. 무엇이 철학적인가 하는 것은 다시 되돌아볼 수 있고, 다시 정의할 수 있다. 철학적인 것과 문학적인 것 사이의 경계는 그렇게 분명해 보이지 않는다.

1) 문헌학적 증거에 기반한 학술적인 세네카 전기는 M. T. Griffin(1976, rev. 1992).

2) 클라우디우스.

3) 클라우디우스의 아들 브리타니쿠스.

4) 플라톤, 『파이돈』 63d-64a. 이제이북스 출판사 본(2103년) 전헌상 역을 약간 수정.

5) meditari mortem. 여기서 'meditari'는 '준비하다', '연습하다'(rehearse, practice)의 의미도 있지만 '곰곰이 생각하다'(think over)의 의미도 있음. '죽음을 준비(연습)하라'라는 에피쿠로스(341-270 BC)의 문자적 표현 그대로가 우리에게 전승되지는 않는다. 세네카의 책상 위에는 '죽음을 준비하라'라는 표현을 담고 있는 에피쿠로스의 텍스트—하지만 우리에게는 전승되지 않는 텍스트—가 있었거나, 혹은 만약 그런 것이 없었다면, 세네카는 "죽음은 우리에게 아무 것도 아니다."(『Menoeceus 편지』 125)와 같은 에피쿠로스적 경구(警句)로부터 '죽음을 준비하라'라는 메시지를 이끌어 낼 수 있다고 생각한 것 같다.

6) 저본(底本)은 L. D. Reynolds(ed.), *Lucilium Epistulae Morales*, Vol. 1-2, Oxford Classical Texts, 1965. 이 글에 나오는 세네카 번역은 모두 필자의 것.

7) 『편지』 24.19-20.

8) quando tibi usus tui fuerit.

9) 저본(底本)은 L. D. Reynolds(ed.), *Dialogorum Libri Duodecim*, Oxford Classical Text, 1977.

10) 로마사회에서 피후견인들은 후견인 집에서 아침 인사를 한 후 후견인들을 동행함.

11) liberrimae res.

12) '전체 분모': 아마도 그 개인의 전체 인생 시간.

13) praetexta(toga): 고위 관직 관복.

14) 그 해 집정관 이름을 따서 연도 기록.

15) 사로잡힌(분주한) 삶의 세 유형.

16) 'profectus': 스토아적 'prokopê'(도덕적 진보)를 함의.

17) 『짧은 인생』 19.3-20.5.

18) P. G. W. Glare(1982), *Oxford Latin Dictionary*(이하 'OLD'), 용례 1.

19) *OLD*, 용례 3.

20) P. Hadot(1998).

21) 신(新) 피타고라스주의자 섹스티우스.

22) 감찰관(censor)의 업무는 켄수스(census). '켄수스'는 5년마다 시행되는, 로마 시민들의 재산과 분류를 기록하고 또한 그들의 풍기를 평가, 검열하는 업무를 가리킴.

23) '관찰자'로 옮긴 'speculator'도 사실 로마의 공적인 삶, 즉 군사적 삶을 대변하는 용어다. 'speculator'의 첫 번째 의미는 '정찰병', '척후병'이다.(*OLD*, 용례 1)

24) *Ethica Nicomachea*(이하 '*EN*'으로 약칭) 9.4와 9.9.

25) *EN* 9.4, 1166a31; 9.9, 1170b7.

26) 곧 이야기 하겠지만 '봄'이라는 사건, 즉 이 인식적 사건이 자기 관찰의 모든 것도, 또 그 핵심도 아니다.

27) 스토아적 '혼합' 이론에 관해서는 J. von Arnim(1979), *Stoicorum Veterum Fragmenta*, 제2권, §473(알렉산드로스 아프로디시아스의 De Mixtione 216.14-218.6, ed. Bruns)을 참조.

28) 이 주제에 관한 고전적 연구는 A-M. Guillemin(1976), 201-222 그리고 Ilsetraut Hadot(1969).

29) 단순히 과거 시점과 구분되는 의미에서 '현재적'(present, now)이라는 말이 아니라 '지금 막 일어나고 있는 그러나 바로 그치게 될'(occurrent)이라는 의미에서 '현재적'.

30) '현재적 자아'와 '규범적 자아' 사이의 개념적 구분에 관해서는 A. A. Long(2009), 26-7 그리고 Ch. Gill(1996), Introduction 1-28.

31) 문자 그대로 '가면'(假面). 세네카는, 몇몇 로마적 스토아 사상가들이 그러하듯, 연극적 메타포를 동원하고 있다.

32) 훌륭한 사람은 자기 자신과 함께 지내기를 바란다. 그렇게 자신과 함께 지내는 것이 즐겁기 때문이다. *EN* 9.4, 1166a23-4.

33) '지금 여기'라는 특정 장소를 세네카는 때로는 원래 검시관들이 사용하는 표현어 'res praesens'('사건 현장', '실제 현장', OLD, 용례 11)를 빌려와서 지칭하기도 한다.

34) 철학적 논증에 대한 세네카의 태도에 관해서는 G. Maurach(1991), 1, 57 그리고 J. Cooper(2004), 309-20. 세네카의 글쓰기 스타일에 관해서는 von H. Mac L. Currie(1987), 203-227 그리고 M. Griffin(1992), 12-8 참조.

35) 『투스쿨룸 토론』 2.29-30.

36) 『편지』 45, 48, 49, 82, 83, 87, 111.

37) 111.3: verus et rebus, non artificiis philosophus.

38) 『편지』 45.4: "내가 쓴 것이 어떤 종류의 것이든지 간에, 너는 내가 진리를 알고 있는 것이 아니라 내가 진리를 찾고 있는 것처럼, 그것도 줄기차게 찾고 있는 것처럼 읽어라."

* 이 글은 졸고 「세네카와 후마니타스」(『서양고전학연구』 v.50, 한국서양고전학회, 2013, 101~131)를 내용상 줄이고, 여기에 없었던 새 장('1. 죽음을 준비하라', '2. 자신의 삶을 살기')을 추가하여 재구성했음을 밝힌다.

서 양 고 전
속 의
삶 과 죽 음

나는 죽는가?[*]
후설의 현상학을 중심으로

김태희

1. 서론

모든 철학적 사유에 인간의 유한성, 특히 죽음의 문제가 은연중 그림자를 드리우고 있다면, 죽음에 대한 사유인 생사학(thanatology)의 관점으로부터 하나의 철학적 사유에 접근할 수 있을 것이다. 이런 관점에서 현상학의 창시자 에드문트 후설(Edmund Husserl)의 철학을 살펴보는 것은 매우 흥미롭다. 초월론적 자아(transzendentales Ich)의 영원성 혹은 무한성을 고수한다고 전통적으로 해석되어 온 그의 철학을 세심히 살펴보면, 그 반대의 해석도 가능함이 드러나기 때문이다.

후설의 현상학에 대한 전통적 해석에 따르면, 세계를 구성하는 초월론적 자아는 태어나지도 죽지도 않는다. 이러한 초월론적 자아의 이른바 영원성 혹은 무한성이라는 해석은 물론 후설 자신이 여러 곳에서 표명하고 있는 진술에 기초한다. 후설 이후 여러 현상학자는 주로 이러한 전통적 해석에 기초하여 후설의 현상학에 비판을 가하면서 자신의 고유한 사유를 전개했다.¹⁾ 이와 관련해 가다머(Hans-Georg Gadamer)는 후설의 현상학은 인간 존재가 지니는 "일회성, 유한성, 역사성"에 대해 해명하지 못하므로 이러한 "아포리아 혹은 근본적 문제"에 부딪혀 "스스로의 제한성, 유한성, 역사성"을 체감한다고 지적하며, 후설 현상학의 탁월한 해석가인 헬트 (Klaus Held) 역시 후설의 현상학이 필멸성이라는 인간 실존의 근본적 사태를 적절하게 해명하지 못한다고 비판한다.[2]

그렇다면 초월론적 자아의 영원성에 대한 후설 자신의 여러 언급을 어떻게 받아들여야 하는가? 진정 초월론적 자아가 생성과 소멸을 겪지 않으며 영원히 존재한다는 형이상학적 주장으로 받아들여야 하는가? 그러나 이러한 의문에 있어서 초월론적 자아의 영원성이 후설의 현상학의 궁극적 결론인지를 우선 논의해야 할 것이다.[3] 이러한 논의를 거쳐 앞서 언급한 전통적 해석과는 달리, 초월론적 자아의 영원성이 후설 현상학의 궁극적 결론이 아니며, 오히려 초월론적 자아의 유한성이 초월론적 자아 자신의 구성에 있어, 나아가 상호주관적 세계 구성에 있어 본질적임을 알게 될 것이다. 국내에서는 홍성하의 논문이 후설에게서 자아의 유한성 문제를 본격적으로 다루고 있는데 이 논문에서는 초월론적 자아와 인격적 자아를 구분하고 전자에는 영원성을, 후자에는 유한성을 각각 부여한다.[4] 물론 이러한 해석은 후설 자신의 논의에 전거를 두고 있다는 점에서 충분히 타당하다. 그러나 이 글에서는 이러한 해석을 넘어서 초월론적 자아 자신이 지니고 있는 유한성에 대해 논의할 가능성을 모색하고자 한다. 후설의 후기 원고에서 심도 있게 논의되는 초월론적 자아의 유한성은 단지 우연적인 사태가 아니라 그 자체가 초월론적 자아의 자기구성에 근원적이고 본질적인 **초월론적** 사태이기 때문이다.[5] 나아가 이러한 분석을 통해 초월론적 자아의 유한성이 세계에 대한 상호주관적 구성에 있어 본질적 역할을 한다는 사실을 알게 된다.

　이러한 논의를 위해서는 초월론적 자아를 논의하는 두 가지 관점, 즉 정적 현상학(statische Phänomenologie) 관점과 발생적 현상학(genetische Phänomenologie) 관점의 구별이 필수적이다. 아래에서 상술하겠지만, 전자의 관점, 특히 시간의식에 대한 초기의 정적 현상학적 분석에서는 초월론적 자아의 유한성을 논의할 수 있는 이론적 토대가 결여되어 있으며 따라서 초월론적 자아의 영원성이라는 결론이 자연스럽게 도출된다. 반면, 후자의 관점, 특히 시간의식에 대한 발생적 현상학적 분석에서는 초월론적 자아의 유한성을 논의할 이론적 토대가 마련되며, 실제로 후설 자신이 특히 초월론적 자아의 유한성을 드러내는 이른바 "한계사건(Grenzfall)"(Hua Mat 8, 435) 혹은 "극한사건(Limesfall)"(Hua Mat 8, 154), 즉 각각 초월론적 자아의 시작, 중단, 끝인 탄생, (꿈 없는) 잠, 죽음에 대해 풍부하고 상세한 현상학적 분석을 전개한다.[6]

　그렇다면 시간의식에 대한 정적 현상학적 분석과 발생적 현상학적 분석에서 초월론적 자아를 연구하는 관점은 어떠한 차이를 가지는가? 모든 체험의 대상 및 그 체험 자체는 초월론적 자아에게 현상으로 드러난다. 다시 말해 초월론적 자아는 그러한 대상 및 체험을 지향적으로 구성하는 주관이다. 그런데 이러한 초월론적 자아 자신은 어떻게 드러나는가? 초월론적 자아가 (대상 및 체험을 구성하면서) 스스로를 구성한다고 말할 수밖에 없다. 후설의 시간의식 분석에서는 이러한 초월론적 자아의 자기구성이 이루어지는 방식을 면밀하게 해명하는데, 정적 현상학적 분석과 발생적 현상학적 분석에서 이러한 해명의 방식에 있어 차이가 나타난다.[7] 이후 상술하겠지만, 정적 현상학적 시간의식 분석에서 초월론적 자아는 파지(Retention)의 지향성 혹은 예지(Protention)의 충족을 통해 스스로를 구성하는 이른바 절대의식(absolutes Bewußtsein), 즉 시간을 구성하는 근원적 의식으로 나타난다.[8] 이러한 정적 분석에서 초월론적 자아는 다만 과거, 현재, 미래라는 시간 형식을 구성하는 의식으로 나타날 뿐이다. 이에 비해 시간의식에 대한 발생적 분석에서 초월론적 자아는 과거, 현재, 미래라는 시간 형식을 구성하는 근원적 시간의식일 뿐 아니라, 자기 안에 침전된 모든 대상 및 체험을 함축하는 자아로서 스스로를 역사적으로 구성한다.[9]

그러므로 초월론적 자아의 역사성을 도외시하는 정적 현상학적 분석에서는 초월론적 자아는 일반적으로 시작, 중단, 끝이 없는 존재, 다시 말해 영원한 존재로 사유된다. 특히 초월론적 자아의 시간성에 대한 정적 분석에 국한한다면, 초월론적 자아의 모든 현재 체험은 언제나 그 자체로 현재를 둘러싼 과거와 미래의 지평을 지니고 있으며 이러한 과거와 미래의 지평이 그 어느 순간에라도 중단된다고 말할 이론적 토대는 존재하지 않는다. 정적 분석은 초월론적 자아를 시간 형식을 구성하는 근원적 의식으로서 다만 추상적으로 고찰하는 데 머물기 때문에 초월론적 자아의 유한성에 대한 고찰을 수행할 수 없다는 한계를 지닌다.

이에 비해 초월론적 자아의 역사성에 주목하는 발생적 현상학적 분석에서는 초월론적 자아 자신의 발생(Genesis)이라는 결정적 문제가 대두될 수밖에 없다. 여기에서 초월론적 자아의 발생의 문제는 단지 초월론적 자아가 어떻게 생성되는가라는 문제 뿐 아니라, 초월론적 자아의 시작과 중단과 끝(탄생과 잠과 죽음)이라는 문제까지 모두 포괄한다. 이러한 발생적 분석에서야 비로소 초월론적 자아가 과연 이러한 시작, 중단, 끝이 있는 존재인가, 다시 말해 유한한 존재인가라는 중대한 물음이 진정으로 진지하게 대두된다.[10]

그러므로 초월론적 자아의 유한성의 문제를 논의하는 데 있어 시간의식에 대한 발생적 현상학적 분석이 핵심임에 주목한다. 후설은 후기의 시간의식 분석에서 탄생, 잠, 죽음과 같은 한계사건을 다루면서 초월론적 자아의 영원성에 대해 스스로 의문을 제기한다. 특히 1920년대와 30년대의 시간의식 분석, 즉 이른바 C 원고를 살펴보면, 초월론적 자아는 태어나고 자고 죽는 존재, 다시 말해 유한한 존재로 드러난다. 따라서 이 글에서는 C 원고에 나타난 한계사건에 대한 분석을 중심으로 초월론적 자아의 영원성이라는 전통적 해석에서 벗어나는 새로운 해석의 가능성을 모색한다.[11]

이를 살펴보기 위해 이 글에서는 우선 초월론적 자아의 영원성 논의에 대해 살펴본다. 이때 초월론적 자아의 유한성을 논의하기 위한 이론적 토대가 정적 현상학적 분석에는 결여되어 있으며, 발생적 현상학적 분석, 특히 시간 영역 구분 논의에 의해 비로소 마련됨을 살펴볼 것이다. 그리고 초월론적 자아의 유한성 문제가 시간의식에 대한 발생적 분석, 특히 한계사건에 대한 분석에서 어떻게 다루어지는지를 살펴보고, 초월론적 자아가 이러한 한계사건에 기초해 발생적으로 근원적인 차원에서 스스로의 유한성을 구성하고 상호주관적으로 세계를 구성함을 주장할 것이다.

2. 초월론적 자아의 영원성

후설은 "세계 안에서 탄생과 죽음과 더불어 구성되는 초월론적 주관은 그 절대성 안에서 시작하고 끝날 수 있을까?"(Hua Mat 8, 445)라는 물음을 제기한다. 그런데 앞서 언급한 것처럼, 후설의 현상학에 대한 전통적 해석에서는 초월론적 자아에는 초월론적으로 시작, 중단, 끝이 없음을 강조하는데, 이는 후설 자신의 명시적 진술에 기반하고 있다. 가령 후설은 초월론적 자아는 "죽지도 않고 탄생하지도 않는다. 그것은 생성에 있어서 영원한 존재이다."(Hua 11, 381)라고 선언한다.[12]

초월론적 자아의 영원성은 죽음의 불가능성, 즉 "초월론적 자아의 불멸성"(Hua 11, 377)에서 분명하게 드러난다. "지금 '지속하는' 통일적 대상 혹은 사건은 그칠 수 있지만, '지속함'의 과정 자체는 끝날 수 없다. '지속함'은 불멸이다."(Hua 11, 377)[13] 여기에서 지속함의 과정, 곧 의식 흐름으로서의 초월론적 자아는 "무로부터 생성되지도 않고 무로 넘어갈 수도 없다. 그것은 죽지 않는다. 죽음은 초월론적 생에 있어서 어떤 의미도 지니지 않기 때문이다."(Hua 29, 338) 그렇다면 죽음은 왜 초월론적 생에 있어 의미를 지니지 않는가? 그 이유는 "죽음을 죽음으로 경험하고자 하는 것은 불합리"하기 때문이다. 이러한 죽음에 대해서는 초월론적 반성 자체가 불가능하므로 "오로지 내가 초월론적으로 중단한다는 그것만이 나에게 '사유 불가능'하다."(Hua Mat 8, 97)

여기에서 주목해야 할 점은 이러한 초월론적 자아의 시작과 중단과 끝에 대한 초월론적 반성의 불가능성은 시간의식에 대한 정적 분석의 귀결이라는 사실이다. 후설의 시간의식에 대한 정적 분석이 도달한 정점인 절대의식에 대한 사유에 따르면, 이러한 절대의식은 근원인상(Urimpression)을 둘러싼 파지와 예지의 무한한 연속체로 이루어져 있다. 1904/05년의 내적 시간의식에 대한 강의와 그 후속연구에 따르면, 절대의식은 파지가 의식 흐름을 '따라서(längs)', 즉 종단지향성(Längsintentionalität)에 의해 과거 위상을 붙들고 그 과거 위상을 매개로 다시 그 과거의 과거 위상을 붙듦을 통해 스스로의 통일적 연속체를 구성한다.[14] 이러한 사유를 더욱 발전시킨 1917/18년 베르나우 원고의 분석에 따르면, 절대의식은 예지가 그 다음에 나타나는 새로운 의식에 의해 끊임없이 충족되는 과정을 통해 스스로를 구성한다.[15] 현재의 체험은 필연적으로 언제나 이전의 예지를 충족하면서 나타나고, 이러한 예지 역시 이전의 예지에 대한 충족으로서만 나타난다. 나아가 이러한 분석에서는 의식 흐름의 파지와 예지가 지금 위상으로부터 시간적으로 멀어지면서 겪는 **질적** 변화에 대해 주목하지 않는다. 따라서 이러한 질적 변화를 도외시하는 추상적인 정적 현상학적 분석에서는 이러한 체험의 연쇄가 어느 지점에서 중단됨을 전제할 이론적 토대를 찾을 수 없다. 그러므로 이러한 파지와 예지가 뒤얽혀 흘러가는 초월론적 자아의 의식 흐름이 어느 시점에 시작되거나 중단되거나 끝난다고 말할 수 없으며, 따라서 초월론적 자아는 과거에서부터 미래에 이르기까지 언제나 존재한다고 말할 수밖에 없게 된다.

그러나 이러한 정적 분석은 초월론적 자아를 시간을 구성하는 측면으로 추상하여 고찰하고 있다는 한계를 지닌다. 이에 비해 초월론적 자아가 자기 안에 침전된 모든 대상과 체험을 통하여 스스로를 역사적으로 구성하는 과정을 해명하는 발생적 분석에서는 이전과는 상이한 관점에서 초월론적 자아의 유한성에 대한 물음이 다시 제기된다. 이러한 고찰을 살펴보기 위해 우선 발생적 분석의 새로운 통찰, 즉 파지와 예지라는 의식 변양이 근원인상의 위상으로부터 시간적으로 멀리 떨어지면서 질적 변화를 겪는다는 통찰을 고찰해야 한다. 이러한 질적 변화에 대한 통찰을 통해 초월론적 자아의 의식 흐름이 포함하는 상이한 시간 영역을 구분할 수 있고, 이러한 상이한 시간 영역의 구분을 통해 초월론적 자아의 의식 흐름의 시작과 중단과 끝에 대해 논의할 수 있는 이론적 토대를 마련할 수 있기 때문이다.

3. 초월론적 자아의 유한성

1) 초월론적 자아의 유한성의 이론적 토대: 시간 영역 구분

초월론적 자아의 유한성을 논의할 수 있는 이론적 토대인 의식 흐름의 시간 영역 구분을 살펴보기 위해 우선 이른바 "시간의 원근법(zeitliche Perspektive)"(Hua 10, 367)이라는 통찰에 주목해 보자. 우리의 현재 지각은 시간이 흐르면서 의식에서 완전히 사라지는 것이 아니라 과거의 것이라는 변양된 형태로 유지되는데 이것이 파지이다. 나아가 이처럼 지각에 파지가 연결되면 그 파지 자체가 다시 파지되고 이러한 과정은 계속 진행된다. 이처럼 최초의 지각이 끝나면, 새롭고 신선한 지각 대신 그에 대한 파지라는 시간위상이 남고, 그 파지는 다시 파지되면서 파지 연속체를 이룬다. 이러한 파지 계열은 하나의 연속체를 이루며 무한히 진행될 수 있고, 최소한 **이념적으로는** 이러한 파지 사슬을 무한한 단계까지 소급 추적할 수 있다. "모든 것을 파지적으로 유지한 채로 머물러 있는 어떤 의식도 이념적으로는 충분히 가능하다."(Hua 10, 31) 그러나 이념적이 아니라 **실제적으로는** "파지의 이러한 어두운 영역 안으로 어느 정도나 본질 통찰이 도달할 수 있는지 의문스럽다."(Hua 11, 192)는 점을 인정하지 않을 수 없다.

그렇다면 파지가 이념적으로는 무한히 계속될 수 있으면서도 실제적으로는 의식으로부터 사라지는 이유는 무엇인가? 현상학적인 시간의식 분석은 이러한 파지의 사라짐을 어떻게 해명할 수 있는가? 후설은 이와 관련하여 시간의 원근법에 착목한다. 파지에 대한 현상학적 분석은 파지된 것이 현행적 현재에서 멀어질수록 흐려지고 응축되는 현상을 관찰한다. 공간적 원근법에 따르면, 대상은 관찰자의 시선에서 멀어질수록 흐려지고 응축되다가 어느 점에 이르면 더 이상 지각되지 않는다. 이와 유비적으로 시간의 원근법에 따르면, 파지된 것은 현재에서 가까울수록 뚜렷할 뿐 아니라 서로 잘 분간되고, 현재에서 멀수록 흐리고 서로 잘 분간되지 않으며 어느 지점에 이르면 의식 아래로 잠기면서 망각된다.(Hua 10, 367)

이처럼 의식에 나타나는 것은 연속적인 파지의 변양을 거치면서 점차 흐려지다가 결국 의식에서 사라진다. 그런데 현재 논의에서 중요한 점은 이러한 시간의 원근법으로 인해 파지가 서로 단지 명료도의 차이 뿐 아니라 질적 차이도 가지게 된다는 사실이다. 그리하여 시간의 원근법이라는 현상에 대한 분석을 철저하게 전개할 때 질적 차이를 지니는 시간의 영역을 구분하기에 이르며, 이러한 시간의 영역 구분은 발생적 현상학에서 침전과 습관성, 망각과 기억 등의 문제 등을 다루는데 있어 결정적 전제가 된다.

후설의 시간의식 분석에서 이러한 시간의 영역 구분이 구체적으로 나타나는 것은 무엇 때문인가? 그 직접적인 이론적 동기는 베르나우 원고에서 특히 명시적으로 논의되는 무한소급의 위험이다. 시간을 구성하는 근원적 의식인 절대의식을 연속적인 예지의 충족 과정으로 서술하는 베르나우 원고의 이론은 무한소급 문제 앞에서 동요한다.[16] 지금 현전하는 근원인상을 의식할 수 있는 것은, 이 근원인상이 이에 앞서 이를 지향했던 예지를 충족하는 것으로서 나타나기 때문이다. 이처럼 근원인상이 나타나서 예지를 충족시킬 때에 그 예지 자체는 방금 전에 현전했던 것으로서 의식 안에 파지되고 있다. 다시 말해 근원인상은 파지된 예지에 대한 충족으로서만 현전한다. 그런데 이처럼 근원인상 뿐 아니라 이 근원인상에 대한 예지(예지 1)가 현전하기 위해서도 이 예지의 현전에 대한 예지(예지 2)가 필요하다. 의식의 흐름 내에서는 근원인상 뿐 아니라 예지도 그에 앞서는 예지의 충족으로서만 기능하기 때문이다. 이처럼 예지(예지 1)의 현전을 위해 그 이전의 예지(예지 2)가 필요하고, 이러한 그 이전의 예지(예지 2)의 현전을 위해서는 또 그 이전의 예지(예지 3)가 필요하며, 이러한 과정은 무한히 진행한다.(Hua 33, 226) 이처럼 절대의식을 예지의 충족으로 해명함에 따라, 의식의 어느 순간이 현전하기 위해 언제나 예지의 무한한 계열이 이미 선행되어야 한다는 의식 순간의 현행적 무한성의 위험이 나타난다.(Hua 33, 28) 그러므로 이러한 무한소급을 피하기 위해서는 이러한 의식 흐름의 연속적 계열이 어느 지점에서 시작하고 끝날 수 있고 따라서 무한소급이 필연적으로 나타나는 것이 아님을 밝혀야 한다. 베르나우 원고에서는 바로 이러한 무한소급을 피하려는 시도로서, 질적 차이를 지니는 시간 영역을 구별한다.

이러한 시간 영역의 구별에 대해 구체적으로 살펴보자. 파지와 예지의 연속적 계열이라는 지평 안에서 근원인상은 직관적 충만함이 최고에 달하는 "충만의 최대점"(Hua 33, 30)이다. 그리고 이를 중심으로 과거와 미래의 방향으로 멀어질수록 직관적 충만함이 줄어든다. 이러한 **직관적** 시간성의 영역은 잘 알다시피 매우 제한적"(Hua 10, 153)이다. 그리하여 이러한 과거와 미래의 방향으로 멀어지는 끊임없는 비움의 과정을 거쳐 마침내 직관적 충만함이 완전히 사라지는 영점(Nullpunkt)에 도달하며, 이러한 직관의 영점을 경계로 직관적 영역과 비직관적 영역이 나누어진다.(Hua 33, 227) 따라서 이 직관의 영점이라는 경계의 반대편에 놓인 비직관적 영역에서는 의식이 향하는 과거 혹은 미래의 위상은 텅 빈 비직관적 양상으로 의식된다. 그렇지만 이 영역에서도 이러한 위상은 비직관적이지만 그래도 아직 서로 차이를 지닌 것으로 의식된다.

한편 이러한 비직관적 영역에 들어선 위상도 내적 시간의식의 법칙에 따라 끊임없는 파지 변양을 거치며, 이러한 변양의 결과로 최후의 비직관적 차이마저 사라지는 두 번째 영점에 도달한다. 이 영점에 이르면 의식이 향하는 위상은 비직관적일 뿐 아니라 이제 어떠한 차이도 드러내지 않는다. "이념으로서, 우리는 최후의 차이를 가지는 의식된 사물에 대해, 비직관적 차이화의 아래 경계라고 부를 수 있다. 이는 두 번째 영(Null)이다. 그러나 이 영은 오로지 단지 비직관적일 뿐 아니라 차이도 없는 열린 지평으로서 부를 수 있을 뿐이다."(Hua 33, 228) 이 "차이 없는 점"(Hua 33, 227)에는 모든 순간적 위상의 예지적이고 파지적인 계열이 잠겨있다.[17]

이처럼 직관적 차이화 영역에서 비직관적 차이화 영역으로, 그리고 비직관적 차이화 영역에서 모든 차이화마저 사라지는 무한한 지평(차이 없는 점)으로 이동하는 것은 바로 "시간의 원근법의 법칙성"(Hua 33, 230) 때문이다. 파지와 예지가 각각 과거와 미래로 향한다는 특성만으로는 가령 대상이 뒤로 물러날수록 희미해지고 응축하는 이유를 말할 수 없기 때문이다. 이제 시간의 원근법을 고려한다면, 파지적 계열의 한계는 자신 안에 다수의 근원인상의 파지적 양상이 식별 불가능하게 포함되어 있는 다양체가 된다. 이러한 차이 없는 점 혹은 차이 없는 열린 지평에서는 "이전에 부각된 것이 일반적인 심연으로 흘러간다. 이른바 '무의식'으로."(Hua 17, 318)[18]

이 차이 없는 점은 무한하게 이어지는 지평이므로 가령 재기억을 통해 이 지평에 잠재적으로 포함된 차이를 현행화함으로써 아주 오래 전에 일어난 일을 떠올리는 것도 가능하다.

이러한 시간의 영역 구분을 염두에 둔다면 가령 파지 과정이 무한하게 진전된다는 가정은 더 이상 할 수 없다.[19] "파지에서 가라앉음은 한계가 있는가, 한계가 없는가."(Hua Mat 8, 376)[20]라는 물음에 대해 이렇게 대답할 수 있다. "이전에는 이 파지적 흐름과 과거-구성함이 완전한 어둠 속에서도 끊임없이 계속된다고 생각했다. 그러나 이러한 가정이 없어도 된다고 생각한다. 과정 자체는 그친다."(Hua 11, 177)[21]

이제 이러한 시간 영역 구분을 통해 초월론적 자아의 유한성에 대한 고찰을 시작할 수 있는 이론적 토대를 획득했다. 이러한 구분을 통해 초월론적 자아의 의식 흐름이 차이 없는 점을 기점으로 하여 "완전한 어둠" 속으로 잠겨듦을 인정한다면, 파지 및 예지의 과정이 어느 순간에 시작하거나 중단되거나 끝날 수 있다는 통찰 역시 가능해지기 때문이다. 이제 이러한 초월론적 자아가 시작하고 중단되고 끝나는 이른바 한계사건, 즉 탄생, 잠, 죽음이 초월론적 자아에게 어떠한 방식으로 나타나는지를 고찰해 보자.

2) 한계사건과 초월론적 자아의 유한성

1930년대의 시간의식에 대한 발생적 분석에서는 초월론적 자아의 한계 사건에 대해 세밀하게 기술하면서 초월론적 자아가 이러한 한계사건을 통해 스스로의 유한성을 의식한다고 분석한다. 탄생, 잠, 죽음은 우선 세계를 경험하는 자아의 생 전체의 균열과 단절로 나타나는데, 이러한 초월론적 생의 균열과 단절을 의식함으로써 초월론적 자아는 스스로를 이러한 한계에 의해 둘러싸여 있는 유한한 존재로서 의식한다.

여기에서 초월론적 자아는 통상적으로 스스로를 연속적인 존재로 의식하지만 이러한 연속성 자체는 그 자체로 주어지는 것이 아니라 이러한 균열과 단절을 가로질러 구성되는 것임에 주목해야 한다. 초월론적 자아는 기본적으로 깨어있는 주관으로서 세계를 구성하지만, "휴지기, 무의식, 의식의 침전된 심연, 꿈 없는 잠, 주관성의 탄생의 형상 혹은 탄생 전의 문제적 존재, 죽음과 '죽음 이후'", 그리고 "드러난 존재의 '지향적 변양'으로서의 감춰진 존재"(Hua 15, 608 이하) 등도 지닌다. 가령 주기적으로 돌아오는 잠이라는 단절 국면을 가로질러 초월론적 자아는 자신의 연속성을 구성하는데, 이를 위해서는 특수한 유형의 종합, 의지적이고 의식적이 아니라 수동적인 종합이 필요하다. 초월론적 자아의 생은 일차적으로 세계를 체험하는 '깨어있는 생'이지만, 이러한 깨어있는 생은 주기적인 잠을 경계로 다수의 구간으로 나누어진다. 그리고 초월론적 자아는 수동적 종합의 작용을 통해 이러한 깨어있는 구간을 가로지르는 통일성을 재구성한다. "나, 그리고 나와 마찬가지로 모든 사람은 의식 생 안에서 깨어있는 자아로서 살아가면서, 깨어있는 구간을 가로질러, 깨어있는 구간을 하나의 통일성으로 연결한다."(Hua Mat 8, 417) 이처럼 수동적 종합을 통해 초월론적 자아는 생의 연속체 안에서 현실적으로 나타나는 어두운 단절을 가로지르고, 더 나아가 탄생이라는 어둠으로부터의 자신의 기원과 죽음이라는 어둠으로의 다시 잠겨듦에 접근하면서 자신의 생의 통일성과 전체성을 구성한다.

그렇다면 이러한 수동적 종합을 통한 생의 통일적 시간화는 구체적으로 어떠한 방식으로 이루어지는가? 앞서 살펴본 바와 같이, 근원인상이 나타난 후 파지라는 변양을 겪는 것은 내적 시간의식의 근본적 법칙이다. 나아가 시간의 원근법과 시간 영역 구분이라는 통찰에 기초하여, 이렇게 시간적으로 변양된 내용이 근원인상과의 거리에 따라 점차 어두워지면서 종내에는 의식에서 사라지는 현상을 기술할 수 있다. 그러나 의식에서 사라진 이러한 내용도 완전히 상실되는 것이 아니라 침전이라는 고유한 방식으로 유지된다. 살아있는 내용은 어둠 속으로 잠겨들어 '죽은' 내용으로 침전되지만, 이 침전된 내용은 이러한 시간적 변양을 가로질러 다시 의식에 나타날 수 있다. 후설은 이를 어둠 사이로 "뚫고 비침"(Hua Mat 8, 87)이라고 비유적으로 표현한다.[22] 이러한 "뚫고 비침"은 잠에서 깨어남에 있어서 극명하게 드러난다. 우리는 깨어나면서 시간의 연속성을 다시 구성한다. "잠들기 전의 나의 어제, 그리고 그로부터 나의 그 이전의 연속성이 깨워진다. 기억이 깨워져서 지각적 소여를 그 이전의 지각의 연속체에 결합시킨다."(Hua Mat 8, 305)

이처럼 살아있는 내용이 어둠 속에 잠겨 죽은 내용으로 침전되면서도 이러한 침전을 뚫고 비치는 현상은 잠, 탄생, 죽음에 대한 물음에 있어 중요한 단서를 제공한다. 상이한 시간 영역, 즉 "현행적 파지의 영역"과 "침전된 것의 영역, 즉 특수한 의미의 무의식의 영역"(Hua Mat 8, 376)을 구별할 때, 탄생, 잠, 죽음이라는 현상은 단순히 파지를 통해 어두워지거나 불명료해지는 것이 아니라, 깨어있는 생이 완전히 변양된 것으로서 더 이상 체험되지 않는 영역으로 넘어가고 침전되는 것이기 때문이다. 후설은 이전의 시간의식 분석에서 차이 없는 점 혹은 지평으로 표현했던 사태를 여기에서는 체험되지 않는 밤의 영역으로 표현하면서 이러한 영역에 대한 구체적인 현상학적 기술의 가능성을 모색한다.[23] 그렇다면 이러한 시간의 영역 구분에 기초한 잠과 죽음과 탄생에 대한 현상학적 기술은 구체적으로 어떻게 이루어지는가?

우선 잠이라는 현상을 고찰할 때에 "촉발에서의 근본적 차이"(D 14, 10b)를 구성하는 깨어있음과 잠은 낮과 밤에 비유된다. 낮은 "지속적으로 흘러가는 수행이고 획득이며, 그 모든 국면은 이전 국면의 전체 연속성의 유산을 포함한다." 이에 비해 밤은 "자기 안에 낮이 획득한 것 모두를 가지는데, 당연히 가장 큰 부분에서는 침전이라는 그때그때 궁극적 양상 안에서, 무의식이라는 그때그때의 양상 안에서, 밤-지평이라는 그때그때의 양상 안에서, 밤이 바로 낮의 밤이라는 방식으로 가진다."(Hua Mat 8, 308 이하) 이러한 잠은 "나의 할 수 있음"의 본질적 한계이고 "경험의 휴식"으로서, "잠을 잘 때는 나의 능력도 잠든다." 물론 이러한 "잠이라는 휴지기"는 "다만 휴지기로만 사유될 수 있다."(Hua Mat 8, 445) 이처럼 깨어있는 연속적 생의 휴지기로만 사유될 수 있는 잠에서 깨어나면 세계의 장이 다시 나타난다. 잠에서 깨어나면, "'세계의 운행'이 중단된 것이 아니라 단지 내가 잠을 잔 것이다."(Hua Mat 8, 417)라는 의식이 나타난다. 이러한 의식은 이제 "잠들었음에 대한 재기억 혹은 또한 그러한 재기억의 사슬"로 이어지며,(Hua Mat 8, 420) 이러한 재기억을 통해 "잠의 휴지기는 우선 나에 대해, 단지 잠을 자는 동안 경험될 수 없었던, 하나의 시공간적으로 실재적인 구간을, 세계의 한 영역을 의미하게 된다."(Hua Mat 8, 424)

한편 죽음 역시 잠과 마찬가지로 더 이상 내용이 뚫고 비칠 수 없는 단절이자 상실이라는 의미에서 나의 능력의 본질적 한계이다. 그러나 죽음은 잠과 결정적으로 구별된다. 생 안에서 잠듦과 깨어남은 "주기성"을 가지며, 잠에서 깨어남은 곧 "처분 가능한 기억 영역에 대한 깨어남"이다.(Hua Mat 8, 156 이하) 그러나 "죽음은 잠이 아니다. 그것이 들어서는 순간 나의 전체의 세계적 존재, 나의 '나는 존재한다'는 끝난다."(Hua Mat 8, 103)[24]

그런데 앞서 언급한 것처럼 이러한 죽음에 대해서는 초월론적 반성 자체가 불가능하다. 하지만 이러한 초월론적 존재의 중단의 사유 불가능성과 표상 불가능성에도 불구하고, 나는 어떤 방식으로든 나의 죽음이 임박해 있음을 안다.(Hua Mat 8, 97) 그러므로 "다른 사람은 신체적으로 계속 살아가는데 [나는] 객관적 세계 안에서 인간으로의 중단됨"으로서의 나의 죽음에 대해서는 "여기 속하지 않는 또 다른 해석을 필요로 한다."(Hua Mat 8, 97) 이러한 "또 다른 해석"은 원초적 영역 내에서 잠과 구별되는 죽음의 의미를 얻는 것으로 나아가는데, 이는 잠듦의 경험을 자아가 겪는 다른 체험, 즉 힘의 감소 및 병듦이라는 체험과 결합하는 것이다. 이러한 체험을 서로 결합함으로써 비로소 고유한 한계사건으로서 나의 죽음에 대한 의식이 이루어진다. "신체 전체의 무너짐은 더 이상 경험될 수 없다. 다만 무너짐의 진행의 극한으로서의 극한만이 밑그림 그려진다. 더 이상 경험될 수 없다는 끝과 더불어."(Hua Mat 8, 157) 그리하여 "나의 힘은 제한되어 있고 내 생의 시간도 마찬가지"라는 의식이 나타난다.(Hua Mat 8, 164) "힘의 사라짐의 가능성, 즉 노화 안에서 끝의 가능성, 그 어떤 깨어남도 없는 꿈 없는 잠의 가능성"(Hua Mat 8, 157), 곧 죽음이 드러난다.

나아가 초월론적 생이 최초로 발생적으로 구성되는 근원적 사태인 탄생역시 의식이 자기에게 드러나는 과정의 한계를 드러낸다. 의식은 점점 더 과거로 기억을 더듬어가더라도 자신의 역사를 그 시작까지 따라잡을 수는 없다. 탄생은 직관성의 빈곤의 '극한점'이다. 탄생의 시간은 나에 의해 기억되지도 체험되지도 않으며 단지 다른 사람에 의해서만 기억되고 체험된다. 여기에서 이러한 한계사건을 고찰하기 위해서는 "현상학의 더 깊은 층"이 필요하다. 후설은 "일차적 현상학"과 "현상학의 더 깊은 층"을 구별하면서, 전자는 "존재하는 것으로서 선소여하는 세계 구성을 해명하며 이때 선존재자(Vorseiende)는 보지 않지만", 후자는 "선존재자의 (비촉발적) 구성"을 다루며 이때 "탄생의 문제에서 선존재와 직면한다."(Hua 15, 611)고 말한다. 앞서 언급한 것처럼, 초월론적 자아가 세계에 등장하고 퇴장하는 현상으로서의 탄생과 죽음, 그리고 초월론적 자아의 일시적 중단으로서의 잠이라는 주제는 자아를 역사성을 지닌 인격적 존재로 다루는 발생적 현상학에서 비로소 해명할 수 있으며, 이때 이러한 인격적 자아의 구성을 위한 발생적 토대인 상호주관성의 문제와 긴밀한 연관을 가진다. 이러한 맥락에서 구체적으로 역사성을 지닌 인격적 존재는 어떻게 발생하는가라는 문제, 그리고 역시 역사성을 지닌 공동체는 세대를 가로질러 어떻게 발생하는가라는 문제가 나타난다. 이러한 개체발생의 문제와 계통발생의 문제(Hua 1, 168)는 근원아이(Urkind)의 문제에서 긴밀하게 결합되어 나타난다. 이처럼 "현상학의 더 깊은 층"이 초월론적 생의 "탄생의 문제"에 주목할 때, 초월론적 자아의 발생적 선존재인 근원아이는 "자기 실존의 '근원설립'에서부터 '세계 내에 살면서', 본능적으로 세계를 향하고 있다."(E III 3, 4b/5a)는 사실을 통찰한다. 세계 내 존재인 근원아이는 상호주관적으로 이미 구성된 세계 내에서 세계와의 본능적이고 수동적인 교섭을 통해 스스로를 초월론적 자아로서 역사적으로 구성한다. 초월론적 자아의 이러한 발생에 주목하는 초월론적 발생적 현상학은 "근원아이로의 환문(還問)"을 통해 "근원아이를 세계 구성에 이르기까지 보편적으로 고찰"한다.(E III 3, 1a)[25]

이러한 한계사건은 단지 경험적으로가 아니라 초월론적으로 타당하다. 초월론적 자아가 이러한 한계사건을 통해서만 스스로를 태어나고 잠을 자고 죽는 유한한 존재로 의식하며 이러한 유한성의 의식을 통해서만 자신의 통일적 시간성을 구성하기 때문이다. 그러나 유념할 점은 이러한 근본적 자기반성 안에서도 초월론적 자아는 제거할 수 없는 어둠이 있다는 점이다. 이는 단지 초월론적 자아가 시간적으로 유한하다는 사태 때문이 아니라 이러한 유한성을 경계지우는 한계사건 자체에 대한 깨어있는 구성, 즉 명증적 인식이 불가능하기 때문이다. 역설적이지만, 이러한 한계사건은 초월론적 자아의 깨어있는 의식에게는 그 고유한 접근 불가능성이라는 관점에서만 접근 가능하다. 그러므로 후설은 이러한 종합이 과연 진정으로 "탄생, 탄생 이전, 죽음, 죽음 이후에까지 이를 수 있을까?"(Hua 15, 608 이하)라고 묻는다. 만일 그럴 수 있다면, 과연 어떻게 그럴 수 있을까? 여기에서 이러한 한계사건의 초월론적 의미를 온전하게 드러내기 위해서는, "자아론적 원초성(egologische Primordialität)을 상호주관적 원초성(intersubjektive Primordialität)으로 확장"(Hua Mat 8, 425)해야 한다는 통찰이 나타난다.

3) 한계사건과 상호주관적 세계 구성

이처럼 잠과 죽음과 탄생을 초월론적 한계사건으로 주제화할 때, 단지 자아론적 "원초적 영역은 충분치 않다."(Hua Mat 8, 425) 그러므로 "탄생과 죽음과 세대에 대한 초월론적 물음이 생겨난다. 지향적 생과 자아 존재에 대한 초월론적이고 순수한 내적 해석은 시작과 끝의 표상 불가능함으로 이끌고 우선 또한 나의 휴지기의 존재와 모든 잠의 (존재의) 표상 불가능함으로 이끌기 때문이다. [그러므로] 여기에 세대간적 유산, 생명물리적이 아니라 심리적이고 또한 초월론적인 세대간적 유산에 대한 초월론적 해명이 나타난다."(Hua Mat 8, 420)

가령 잠의 경우를 살펴보자. 물론 원초적 영역 안에서 나는 "잠듦과 깨어남을 통해 돌아보면서 잠의 휴지기를 사념한다. 그러나 나의 원초성에 있어 어떠한 직관도 이 사념된 의미에 대해 충족하는 의미를 부여하지 못한다."(Hua Mat 8, 425) (꿈 없는) 잠을 자는 동안 나는 어떠한 직관도 가질 수 없기 때문이다. 그러므로 이처럼 자아론적 원초성의 영역에서 직관적으로 드러나지 않는 잠의 휴지기에 대해 사유하기 위해서는 이 영역을 넘어서는 상호주관적 경험이 필요하다. 상호주관적으로 "확장된 원초적 경험은 이입감지(einfühlen)하는 재현을 통해, 자기의 깨어있음이라는 근원적으로 자기의 것이고 조화를 이루는 폐쇄된 통일성을 넘어선다."(Hua Mat 8, 425)[26] 내가 잠을 자는 시기는 초월론적 자아의 의식의 휴지기이지만, 나는 이입감에 기초하여 이 시기에도 깨어있는 타인을 전제한다. 따라서 이처럼 "타인을 경유하여 하나의 '객관적 시간'에, 더 명료하게 말하면 잠의 휴지기에, 그리고 나와 모든 인간의 잠의 휴지기를 가로지르는 사물의 존재라는 시간적 해석에"(Hua Mat 8, 420) 이르게 된다.

여기에서 상호주관적 경험으로부터 자신의 한계사건에 대한 의식이 나타나는 사태를 좀 더 구체적으로 고찰해 보자. 나의 잠과 탄생과 죽음의 구성은 그 이전의 다른 자아에 대한 구성, 즉 이입감에 기반한다. 다시 잠의 구성을 예로 들어보자. 가령 우리는 잠에서 깨어나면서 잠들기 전의 환경과 동일한 환경을 다시 발견한다. 하지만 발생적 현상학에서는 이러한 나의 잠이라는 의식 자체가 초월론적 자아의 역사적 구성의 과정 안에서 초월론적 발생을 통해 나타난 것임에 주목한다. "초기 유년기의 아이"

는 아직 "잠자는 휴지기에 대한 '표상'을, 잠자는 휴지기를 통해 분리되는 상이한 깨어있는 시간을 결합하는 시간으로서 주관적 경험이 가능한 연속하는 시간에 대한 '표상'을 가지지 못한다." 그렇다면 어떻게 이러한 표상을 가지게 되었는가? 이를 위해서는 "하나의 **발생**이 작동"[필자의 강조]해야 하는데, 이러한 발생은 다름 아닌 "타인 경험을 통한 길"을 취한다.(Hua Mat 8, 418) 다시 말해 초월론적 자아는 발생의 과정에서 상호주관적 경험을 통해 비로소 이러한 잠자는 휴지기에 대한 표상을 지니게 되는 것이다.[27] 잠에 대한 의식만 그런 것이 아니다. 초월론적 자아는 발생의 과정에서 "나의 상호주관적 세계"가 그 안에서 모든 다른 사람이 태어나고 죽는 세계임을 발견한다.(Hua Mat 8, 438) 그러므로 "타인의 죽음은 [나의 죽음보다] 먼저 구성된 죽음이다. 마찬가지로 타인의 탄생도 그러하다."(A VI 14a, 3) 타인의 탄생과 죽음이라는 경험, 그리고 타인의 탄생 이전과 죽음 이후에도 나의 생이 지속된다는 경험이 침전되면서 초월론적 자아는 자신의 탄생과 죽음이라는 의식을 가지며 자신의 탄생 이전과 죽음 이후에도 하나의 상호주관적 시간이 지속된다는 의식을 가지게 된다.

이러한 타인 경험을 통한 발생의 과정을 통해, "세계의 구성, 그것도 원초적 세계의 구성"은 "그 세계적 존재의미, 세계로서의 그것의 내용이 의미부여하는 생의 전진 안에서 계속 확장"된다.(Hua Mat 8, 159) 이러한 "상호주관적 원초성"으로의 확장을 거쳐 전체로서의 생활세계가 구성되며, 이에 대한 의식은 나의 유한함에 대한 의식과 대조를 이룬다. 생애시간 (Lebenszeit)과 세계시간(Weltzeit)의 구별이 이루어지는 것이다.(Hua Mat 8, 164) 그러므로 이제 초월론적 자아의 유한성 문제는 주관적 생애시간과 상호주관적 세계시간의 대조를 통해 나타난다. 자아는 상호주관적 세계시간과의 관계 하에서 스스로의 생애시간을 유한한 시간으로 구성하고 스스로를 유한적 존재로 구성하기 때문이다. 이처럼 초월론적 자아가 스스로의 유한성을 자각할 때 "생애시간은 세계시간의 단지 일부일 뿐"(Hua Mat 8, 164)이고 자신이 세계 내 존재라는 인식이 나타난다.

이제까지 살펴본 것처럼 자아론적 관점만으로는 한계사건의 초월론적 의미를 드러낼 수 없기 때문에 상호주관적 관점이 요청되었다. 이러한 상호주관적 관점을 통해 비로소 초월론적 자아의 유한성의 의미가 온전히 드러날 뿐 아니라, 초월론적 자아의 세계 구성이 온전히 이루어진다. 이를 통해 초월론적 자아는 스스로를 세계 내 존재로서 구성하고 스스로의 생애시간을 세계시간의 일부로서 구성할 수 있기 때문이다. 이처럼 초월론적 자아의 유한성 및 상호주관적 세계 구성을 위해 요구되는 상호주관적 관점은 "초월론적 사회학"(Hua Mat 8, 165)의 관점으로도 불린다. 이는 곧 "인간의 공동체와 그 세계"의 문제이기 때문이다.(Hua Mat 8, 165)

이처럼 자아론적으로 원초적인 세계를 상호주관적 세계로 확장하는 일은 나의 세계와 타인의 세계 간의 종합으로 이루어진다. 이때 단지 나의 **현재**와 타인의 현재만이 아니라, 나의 **과거** 및 **미래**와 타인의 과거 및 미래도 부분적 중첩을 이룬다. 이러한 부분적 중첩이 누적되고 확장되면서, 나와 타인의 생애시간을 넘어서는 세계시간이 온전하게 구성된다.

앞서 서술한 것처럼, 시간적 변양으로 인하여 나의 의식은 시간적 한계를 지니지만, 이때 침전된 내용은 침전된 층위의 어둠을 뚫고 비칠 수 있으며 다시 기억될 수 있다. 또한 이러한 침전에 기초해 나의 의식은 과거뿐 아니라 미래를 향하도록 연상적으로 깨어난다.[28] 그런데 이러한 과거 경험의 침전과 이에 기초한 기억 및 예기의 깨어남은 단지 초월론적 자아의 원초성의 영역에서만 일어나는 것이 아니다. 나의 기억은 타인의 기억과 중첩되고 나의 예기는 타인의 예기와 중첩되며, 이를 통해 현재를 넘어서 과거와 미래로까지 펼쳐진 상호주관적 세계시간이 구성된다. 그런데 이때 타인의 기억과 예기가 나 자신의 기억과 예기의 한계를 초월한다는 인식이 없다면, 상호주관적 세계의 완전한 구성은 이루어지지 않는다. 상호주관적 세계의 완전한 구성을 위해서는 나 자신의 기억 및 예기와 타인의 기억 및 예기 사이의 균열이 초월론적으로 필연적이며 나아가 이러한 균열에도 불구하고 이들 사이의 중첩이 가능하다는 인식이 전제되어야 한다. 그리고 나와 타인의 의식 간의 이러한 균열을 넘어설 수 없는 균열로서 극명하게 드러내는 현상이 바로 한계사건이다.

이처럼 상호주관적으로 구성된 세계시간과 생애시간을 구별하면서 초월론적 자아는 잠, 탄생, 죽음을 통해 세계시간이 나의 탄생으로 시작하지 않고 나의 죽음과 함께 끝나지도 않으며 나의 잠과 더불어 멈추지도 않음을 인식한다. 다시 말해 초월론적 자아의 생애시간은 탄생, 죽음, 잠을 겪지만 상호주관적 세계시간 자체는 이러한 한계를 지니지 않는다. 그 이유는 내가 나의 유한성을 넘어서 상호주관적으로 구성된 세계시간을 의식하면서 이러한 세계시간을 배경으로 하여 나의 탄생 이전의 시간, 잠을 자는 동안의 시간, 죽음 이후의 시간을 타인에 의해 체험된 것으로서 의식할 수 있기 때문이다. 탄생, 죽음, 잠이 생애시간을 단절시킴에도 불구하고, 이를 통해 생의 현상은 세계성을 획득한다. 그리고 이처럼 초월론적 자아는 스스로의 유한한 생애시간과 상호주관적인 세계시간을 초월론적으로 구성하면서, 세계 내에 거주하면서 상호주관적 지평의 연속적인 중첩과 융합을 통해 세계를 구성하는 초월론적 주관이 된다.

4. 결론

후설의 현상학에 대한 전통적 해석에서 초월론적 자아가 지니는 영원성을 강조하는 것은 후설 자신의 여러 언급에 기초하고 있다. 그러나 다른 한편 후설의 시간의식에 대한 발생적 분석, 특히 C 원고의 한계사건에 대한 발생적 분석에 기초하여 이 문제에 대한 새로운 해석이 가능함을 살펴보았다.

초월론적 자아의 한계사건에 대한 분석에 따르면, 초월론적 자아가 한계사건에 기초하여 자신의 유한성을 의식하며 이러한 유한성의 의식은 상호주관적 세계 구성에 있어 결정적 중요성을 지닌다. 잠, 죽음, 탄생을 이처럼 "구성의 문제"로 고찰한다면, "잠, 그리고 또한 탄생과 죽음이 세계 구성을 위해 어떤 역할을 수행하는가?"(Hua Mat 8, 471)라는 물음이 제기된다. 이때 우리는 초월론적 세계가 "개인의 잠과 탄생과 죽음을 넘어서" "초월론적으로 깨어있는 주체들이 구성한 산물"임을 발견한다.(Hua Mat 8, 438)

그리하여 한계사건은 초월론적 생 자체의 균열과 단절에 대한 의식을 넘어서 생애시간의 유한성과 상호주관적 세계시간의 무한성 사이의 대조에 대한 의식에 이르게 한다. 세계시간 속에서 생애시간이 지니는 탄생, 죽음, 잠이라는 한계사건의 해명을 위해 자아론적 원초성을 넘어서는 상호주관적 원초성이 요구되며, 역으로 이러한 한계사건의 해명은 상호주관적 세계 구성의 해명을 위해 본질적 중요성을 지닌다. "최초의 상호주관적인 깨어있는 구성이 일종의 하부의 원초적 세계를 다시 제공한다면, 그 안에 더 높은 차원의 구성이 정초"되는데, "이러한 최후의 구성을 위한 교량부위"가 곧 탄생과 죽음, 그리고 잠이다.(Hua Mat 8, 427) 다시 말해, 초월론적 생은 한계사건을 통해 자기 자신이 세계시간 속에서 태어났고 잠을 자고 죽을 운명을 지닌 존재임을 의식하는데, 이는 초월론적 생의 개체적 유한성에 대한 의식일 뿐 아니라, 바로 상호주관적으로 구성되는 세계시간에 대한 의식인 것이다. 이러한 발생적 현상학의 맥락에서는 "절대적 존재, 즉 초월론적 주관의 존재는 세계를 구성하는 상호주관성으로서의 초월론적 상호주관성의 지절로서의 존재임, 혹은 초월론적 우주, 초월론적으로 절대적인 '세계' 안의 존재임을 의미"한다.(Hua Mat 8 442)

이제까지의 논의를 통해 탄생, 죽음, 잠이라는 한계사건이 우연적이고 경험적인 사건이 아니라 세계를 구성하기 위해 본질적이고 초월론적인 사건임을 통찰할 수 있다. 초월론적 자아가 이러한 한계사건을 통한 자신의 유한성을 구성하고 이러한 유한성에 기초해 상호주관적 세계시간을 구성하므로, "탄생과 죽음, 혹은 탄생과 죽음을 포함한 세대성"은 "세계를 구성하는 가능성을 위한 구성적 사건"이고 "구성된 세계의 본질적 부분"이다.(Hua 15, 171) 그러므로 탄생과 죽음은 "보편적이고 초월론적인 사건", "초월론적 탄생과 초월론적 죽음이라는 사건"(Hua Mat 8, 442)이다.

한계사건을 이처럼 초월론적 사태로 고려하지 않고, "탄생과 죽음, 세대성을 마치 우연적 세계 사실 같이" 간주하고 단지 우연적인 "재현이나 타인의 기억과의 합치" 등만으로 객관적 세계의 구성을 설명하는 것은 "불충분"하다.(Hua 15, 171) 타인의 기억이 나의 가능한 기억과 중첩하는 현상은 물론 망각으로 인한 나의 기억의 한계를 지시하지만, 나의 기억의 **비본질적 한계**를 지시할 뿐이다. 타인의 기억이 나 자신의 기억의 한계를 **본질적으로** 초월한다는 인식이 없다면 세계의 구성은 충분히 수행되지 않는다. 그런데 이처럼 나 자신의 기억과 타인의 기억 사이의 균열이 본질적이고 필연적임을 의식할 수 있기 위해서는, 탄생, 죽음, 잠이 단지 우연적인 것이 아니라 본질적이고 필연적으로 세계적인 사건으로 인식되어야 한다. 그러므로 이러한 한계사건은 세계시간이 어떻게 나 자신의 경험의 한계를 넘어서 확장되는지 드러내는 초월론적 현상이다.

이처럼 후설은 상호주관적이고 객관적인 세계의 구성을 위해 타자지각이나 타자와의 의사소통만으로는 불충분하며, 개체적 생애시간의 유한성에 대한 인식이 반드시 요구됨을 지적한다. 이처럼 타인과 공동체를 구성하는 "이입감의 경험에 새롭게 죽음과 탄생이 덧붙여질 때" 우리의 시간은 "넘을 수 없는 한계를 가지게 되고", 우리는 이러한 한계사건에 기초하여 자아론적 원초성에서는 "넘을 수 없는 한계"를 넘어서 상호주관적이고 객관적인 세계를 구성한다.(Hua 15, 171)

이제 후설의 현상학에서 초월론적 자아의 시간성 문제는 한계사건에 대한 고찰을 고려할 때 새롭게 해석되어야 함이 분명해졌다. 이러한 새로운 해석에 따르면, 한계사건은 단지 경험적이고 우연적인 현상이 아니라 초월론적이고 본질적 현상이며, 바로 이러한 현상을 통해 초월론적 자아는 스스로를 초월론적으로 유한한 존재로 구성하며 나아가 상호주관적 세계를 구성하는 것이다.

그렇다면 자아의 죽음과 관련한 이러한 철학적 논의는 생사학의 관점에서 왜 흥미로운가? 이런 논의는 후설 현상학이 죽음이라는 현상을 적절하게 해명하지 못한다는 전통적 비판에 대한 변명 이상의 어떤 의미가 있는가? 이와 관련하여 두 가지를 언급하면서 글을 마치고자 한다. 첫째, 후설의 치밀한 현상학적 분석이 종내 이른 지점이 자아의 필멸성이라는 (아마 대다수가 당연하게 받아들이는) 명제를 철학적으로 굳건히 뒷받침하고 있다는 사실이다. 따라서 이러한 분석의 설득력에 동의한다면, 생사학과 관련한 이후의 철학적 논의는 이러한 명제에서 출발해야 하고 이 명제의 타당성을 견실하게 유지해야 할 것이다. 둘째, 이러한 개체적 자아의 필멸성이 상호주관적 세계의 가능성을 뒷받침한다는 사실이다. 따라서 개체적 자아의 필멸성을 그저 어떤 애석한 현상으로 받아들이기보다는 바로 우리가 다른 모든 존재와 더불어 이 하나의 세계를 함께 누리도록 해주는 근본적 조건으로 받아들여야 할 것이다.

1) 가령 하이데거(Martin Heidegger)와 사르트르(Jean-Paul Sartre)는 죽음이 체험된 시간의 근본적으로 탈자적인 성격을 드러냄을 강조한다. 하이데거는 현존재가 죽음에로 향해 있음이 본래적인 현존재에게 있어서 본질적임을 주장하며 사르트르 역시 대자존재에게 죽음이 지니는 중요성을 강조한다. 죽음의 관념이 "후설 이후 '필멸성의 현상학'" 혹은 "죽음의 현상학"에서 비로소 주제화된다는 주장은 다음을 참조하라. J. Kauppinen, "Death as a Limit of Phenomenology: The Notion of Death from Husserl to Derrida", in: *The Origins of Life*, Vol 1. (Analecta Husserliana Vol. 66), Dordrecht: Kluwer, 2000, 323-348, 325.

2) H.-G. Gadamer, "Die Phänomenologische Bewegung," in: *Kleine Schriften III, Idee und Sprache, Platon, Husserl, Heidegger*, Tübingen, 1972, 150-189, 154; K. Held, "Phenomenology of 'Authentic Time' in Husserl and Heidegger", in: *International Journal of Philosophical Studies*, 15:3 (2007), 327-347, 338.

3) 후설 자신이 이것이 "역설적" 사태임을 자각하고 있음에 주목해야 한다. "모든 (깨어있는) 생의 현재에 미래 지평이, 미래에 대한 선믿음과 선소묘가 속한다는 사실만이 필증적이고 절대적으로 확실하다." 그러므로 초월론적 자아의 이러한 생의 현재가 어느 미래 시점에 중단됨을 인정할 근거가 없다. "그러나 이는 역설적이지 않은가. 나는 흐르는 현재 안에 살아있으면서 존재하면서, 내가 살아있을 것임을 무조건 믿어야 하지만, 나의 죽음이 임박해 있음을 안다."(Hua Mat 8, 96). 그러므로 "'죽음'이 초월론적 존재의 중단의 '사유 불가능함', '표상불가능함'과 양립 가능해야 한다는 사실은 이미 전제되어야 한다."(Hua Mat 8, 97) 본 논문에서 후설전집을 인용할 때는, 일반적 관행에 따라 인용문 뒤 괄호 안에 후설전집 약호인 Hua를 적고 전집권수와 페이지를 기입할 것이다. 다만 미출간 원고는 후설연구소의 원고분류 방식에 따라 인용할 것이다.

4) 홍성하, 「후설에서 나타난 무의식의 현상학에 대한 연구- 잠과 죽음의 의미에 대하여」, 『철학과 현상학 연구』 제21집, 한국현상학회, 2003, 27~48, 41 이하. 후설의 현상학에서 인격적 자아의 개념에 대해서는 다음을 참조할 것. E. Marbach, *Das Problem des Ich in der Phänomenologie Husserls*, Den Haag, 1974, 303 이하.

5) 탄생과 잠과 죽음이 초월론적 사태라는 것은 이들이 초월론적 자아의 근본적 경험의 가능성의 조건이므로 이들이 없이는 그러한 근본적 경험, 특히 초월론적 자아의 전체성과 유한성, 그리고 상호주관적 세계 구성을 해명할 수 없음을 의미한다.

6) 이러한 사건이 지니는 '지향성의 한계'로서의 결정적 특징은 "지향적 의도"가 한계에 부딪혀서 어떠한 직관적 충족도 얻을 수 없다는 점이다.(M. Staudigl, *Die Grenzen der Intentionalität-Zur Kritik der Phänomenalität nach Husserl*, Würzburg: Königshausen & Neumann, 2003, 114)

7) 발생적 현상학이 정적 현상학과 구별되는 하나의 결정적 지점은 "자아가 그 존재와 생의 보편성 안에서, 그 대상적 상관자의 상관적 보편성과 관계하면서"(Hua 1, 89) 연구의 시선으로 들어온다는 점이다. 정적 현상학에서 초월론적 자아는 단지 점적이고 논리적인 자아극(Ichpol)으로 서술될 뿐인데, 여기에서는 시간성은 비본질적이다.

이제 "발생적 현상학을 통해서 비로소 자아는 종합적으로 공속하는 수행이 보편적 발생의 통일성 안에서 결합되는 무한한 연관"(Hua 1, 114)으로 이해된다. 이를 통해서 비로소 "그 안에서 모든 정적인 것이 연루되어 있는, 구체적이고 시간적인 연관의 지향성"(Hua 17, 318)으로 체계적으로 접근하는 일이 가능해진다.

8) 절대의식 문제에 대해서는 다음을 참조하라. 김태희, 「후설의 절대의식 — 근원의식과 의 연관 하에서」, 『철학과 현상학 연구』 44집, 한국현상학회, 2010, 57~88.

9) 발생적 현상학에서 중요한 개념인 침전은 "능동적 발생이 수동적인 변양의 법칙성에 따라 변화하는 방식"(Hua 18, 320)을 가리키는 동시에 이에 상관적으로 "이전의 능동 적 생의 다양한 획득물"(Hua 6, 118)을 가리킨다.

10) 이러한 입장과는 달리 스타인복은 잠, 탄생, 죽음이라는 문제를 다루기 위해서는 후설 의 정적 현상학은 말할 것도 없이 발생적 현상학도 넘어서는 이른바 세대간적 현상학 (generative Phenomenology)이 필요하다고 주장한다.(A. Steinbock, *Home and Beyond: Generative Phenomenology after Husserl*, Evanston: Northwestern University Press, 1995, 189~190) 그러나 세대간적 현상학을 발생적 현상학과 구별되는 별개의 현상학으로 상정할 수 없으며, 따라서 스타인복이 언급하는 세대간적 현상학에서의 한계사건에 대한 논의가 발생적 현상학에 포함된다. 발생적 현상학을 넘어서는 세대간적 현상학 이라는 스타인복의 주장에 대한 비판은 다음을 참조할 것. 이남인, 「발생적 현상학과 세대간적 현상학」, 『철학과 현상학 연구』 16집, 한국현상학회, 2000, 205-240.

11) 후설은 시간의식에 대한 발생적 분석을 담은 유고에서 초월론적 자아의 유한성을 논의하면서도 드물지 않게 초월론적 자아의 불멸성을 주장한다. 이러한 서로 모순되 는 진술을 감안할 때, 후설이 이 문제에 있어 최종적 결론을 명시적으로 내리기를 주저하고 있는 듯 하다. 하지만 후설의 발생적 분석에서는 초월론적 자아의 유한성에 대한 분석이 지배적임은 부인할 수 없으며, 따라서 후설의 발생적 현상학적 분석은 초월론적 자아의 유한성으로 귀결된다고 볼 여지가 있다. 한편 이러한 주제에 대한 대부분의 원고는 1920년대 후반-1930년대 초반에 나타나며 총 200여 페이지에 이르는 방대한 분량이다.

12) 초월론적 모나드(transzendentale Monade)는 어떤 방식으로든지 모나드의 총체 안에서 영원히 기능한다. "모나드는 시작하고 끝날 수 없다."(Hua 15, 609) 이러한 초월론적 모나드의 불멸성 이론은 후설의 시간의식 연구에서 귀결된다. 이러한 이론이 라이프 니츠의 모나드 이론과 가지는 관계에 대해서는 다음을 참조할 것. P. MacDonald, "Husserl, the Monad and Immortality", in: *Indo-Pacific Journal of Phenomenology*, vol. 9, 2007, 1~18.

13) 또한 마찬가지 이유에서 "초월론적 자아가 태어나는 것도 불가능"하다.(Hua 11, 377)

14) Hua 10, 380 이하

15) Hua 33, 8 이하

16) 후설의 시간분석에 있어 무한소급 문제의 중요성에 대해서는 다음을 참조하라. 「예지

와 근원현전 -후설의 〈베르나우 원고〉를 중심으로」, 『철학사상』 36권, 서울대학교 철학사상연구소, 2010, 313-343.

17) 이후 촉발(Affektion) 개념에 주목하는 시간의식에 대한 발생적 분석에서는 시간의 원근법이 이른바 "촉발의 원근법"(Hua 11, 172)으로 발전하고, 이에 기초해 이러한 '차이 없는 점'에 대해서 다음과 같이 서술한다. "모든 것은 함께 하나로 흐르고, 모든 파지적 특징과 사라짐은, 그 안에서 다중의 의미가 함축적으로 들어있는 하나의 통일체(차이 없는 점)를 형성하는데, 이는 그 의미가 다양하게 특수한 통일체의 선을 통해서 그 통일체 안으로 흘러들어가기 때문이다. 그러나 이 통일체로부터 어떠한 촉발적 당김도 나오지 않는 방식으로 그러하다."(Hua 11, 171)

18) 물론 후설은 무의식을 따옴표 안에 넣으면서 망설임을 보이며, 때로는 이러한 무의식도 의식의 유형으로 보고자 한다. "(그러니까 영을 수라고 부르는 것과 유사하게) 극한을 의식이라고 부를 수 있다면"(Hua 33, 18) 무의식도 의식의 극한으로서 의식일 수 있을 것이다.

19) 이처럼 무한소급을 피하려는 시도의 핵심은 모든 위상은 "차이 없는 점"이라는 열린 지평 안에서 파지 및 예지의 방향으로 무한하게 연장되지만, 이러한 유형의 무한성은 의식 순간의 현행적 무한성이 아니라 잠재적 무한성이며, 따라서 의식 흐름의 구성을 불가능하게 하지는 않는다는 데 있다. 이러한 모델에서는 의식의 한 점이 나타나기 위해 이미 현행적 예지의 무한한 계열이 선행해야 한다는 가정이 성립하지 않기 때문이다.

20) 이러한 물음은 망각과 기억의 문제와 긴밀하게 연관된다. 파지에서 가라앉음에 한계가 있다면, 즉 침전된 것은 더 이상 가라앉지 않는다면, "깨움은 무엇을 의미하고 재기억의 가능성은 무엇을 의미하는가?" "아니면 침전된 것도 계속 파지 과정을 겪는가? 하지만 어떻게?"(Hua Mat 8, 376)

21) 이처럼 파지 과정이 그치는 현상은 (꿈 없는) 잠에서 범례적으로 나타난다. 아무 것도 깨우지 못하는 잠은 "더 이상 가라앉음이 아니라 가라앉아 있음이고, 나아가게 함이 아니라, 즉 모든 붙잡음으로부터 풀려나게 함이 아니라, 이미 풀려나게 했음"이며, 여기에서는 "아무 것도 더는 파악되지 않고 아무 것도 더는 통각되지 않고 아무 것도 더는 현재적이지 않다."(Hua 29, 337)

22) 이러한 비유는 "'덮임', 차이의 사라짐이라는 측면, 마침내 완전히-비직관화-됨, 뚫고 희미하게 비춤, 뚫고 어렴풋이 느껴짐도 상징화"한다는 장점을 지닌다.(Hua Mat 8, 87)

23) 후설은 1920년대의 『수동적 종합 분석』에서부터 이러한 영역을 "밤", 혹은 저 "유명한 표제"에 따라 "무의식"이라고 부르며, 따라서 이에 대한 탐구를 "이 이른바 무의식의 현상학"이라고 부른다.(Hua 11, 154) 그러나 후설의 이러한 표현이 지닌 뉘앙스에서, 『수동적 종합 분석』에서는 이런 용어를 사용하는 데에 아직 주저하고 있음을 느낄 수 있다.

24) 그러므로 나는 "내가 그것이었던 것, 내가 경험하고 생각하고 기획하고 미래를 위해

미리 가졌던 것에 대한 기억"도 더 이상 가질 수 없다. 왜냐하면 "세속적 기억이란 본질적으로 내가 (그 속에서 나에 대해 인간적-신체적으로 존재하는) 나의 세속적 현전을 가진다는 것을 전제하기 때문이다."(Hua Mat 8, 103)

25) 근원아이의 문제에 대한 상세한 고찰은 다음을 참조할 것. A. Puglise, "Triebsphäre und Urkindheit des Ich", in: *Husserl Studies 25(2)*, Springer Netherlands, 2009, 141-157.

26) 이입감(지)에 관한 상세한 논의 및 한국어 번역에 관해서는 다음을 참조. 김태희, 「동물의 마음을 어떻게 아는가?-상호주관성의 현상학에 기초하여」, 『철학논총』 86, 새한 철학회, 2016, 101-137. 106 이하.

27) 그러므로 "모나드의 통일체가 구체적 자아의 잠이나 혼수상태와 같은 무의식의 긴 시간 사이에 다리를 놓는다."(Hua 15, 608 이하)

28) 과거 경험의 침전을 통해 미래에 대한 예지와 기대가 연상적으로 깨어나는 데 대한 상세한 현상학적 기술은 Hua 11, 185 이하를 참조할 것.

* 이 글은 다음에서 발표된 논문을 수정·보완한 것이다. 「초월론적 자아의 유한성: 후설 의 '한계사건' 분석을 중심으로」, 『철학사상』 40호, 서울대학교 철학사상연구소, 2011, 135-166.

03 전통적 죽음관과 하이데거의 죽음 이해

박병준

1. 들어가는 말

죽음은 인간 삶의 가장 심오한 부분 중 하나이다. 불가사의한 죽음 앞에서 인간은 불안하지만, 또한 그렇기에 인간은 죽음을 이기는 희망을 꿈꾼다. 죽음은 피할 수 없는 인간의 한계이자 동시에 자기 삶 전체를 비춰주는 거울과 같다. 죽음은 고대로부터 종교의 문제일 뿐만 아니라 삶의 문제요 철학의 문제였다. 유한한 생명을 가진 존재가 모두 그렇듯이 죽음은 인간에게 영원한 단절이요 종말이며, 전혀 그 깊이를 알 수 없는 무한한 심연과 같다. 인간은 자기 생애에 예외 없이 한번은 죽음을 맞이하게 된다. 죽음은 이미 그리고 항상 우리 삶에 가까이 다가와 있지만, 우리는 평소 그 낌새를 느끼지 못하며 살며, 설사 죽음의 종말이 코앞에 닥쳐와도 자기 죽음마저 이해하지 못하고 이 세상에서 흔적도 없이 사라진다. 우리는 죽음과 함께 살아가지만, 자기 죽음을 정확하게 예측하는 사람은 아무도 없다. 죽음은 도둑처럼 예고 없이 다가와 내 삶 전체를 훔치고, 아무렇지도 않듯이 도둑처럼 유유히 사라질 뿐이다. 그래서 『성경』의 「코헬렛」

의 저자는 외친다. "허무로다. 허무! 모든 것이 허무로다!"(코헬렛 1:1)[1] 모든 것을 허무로 돌리는 짙은 어둠과 침묵만이 죽음의 주위를 맴돌 뿐이다. 그러나 아이러니하게도 죽음의 허무함은 죽은 자의 몫이 아닌 살아남은 자의 몫이다. 가장 소중하고 사랑스러운 사람을 떠나보낸 이 곁에서 죽음 은 허무함의 절정을 이룬다.

인간은 오래전부터 불가사의한 죽음을 이해하고자 부단히 노력해 왔다. 그러나 죽음은 여전히 은폐되어 있으며, 우리는 다만 정신의 물음 수행 안에서 죽음을 선취하는 가운데 그것을 바로 여기로 끌어들이고자 부단히 노력한다. 종극에 모든 것을 심연 속의 자기에게로 포섭하면서 생사의 경 계를 허무는 죽음이기에 우리는 전력을 다해 진지하게 묻는다. "죽음은 무엇인가?" "죽음이 우리의 삶에 던지는 근본 의미는 무엇인가?" "죽음보다 강한 희망은 과연 있는 것인가?" "죽음보다 강한 희망이 있다면, 그런 희망 은 무엇인가?" 죽음과 관련된 물음은 그 깊이만큼이나 신비스럽고, 철학적 이며 종교적이다.

고대로부터 현대에 이르기까지 죽음의 해석은 매우 다양하다. 오늘날 대부분 자연과학이 주장하듯 자연 현상을 보며 단순히 '생명의 단 절'(Ableben)로서 죽음을 바라보는 시각부터 일반적인 종교에서 믿듯 내세 의 삶과의 연속성을 중시하는 '영원불멸로서의 죽음'(Tod als Unsterblichkeit) 까지 죽음을 해석하는 범위 역시 매우 넓다. 현대 유물론적-무신론적 사유 의 영향 아래서 노년기에 자기 생을 다하고 삶을 마친다는 의미의 '자연적 죽음'(natürlicher Tod)도 있으며, 이와는 달리 인간의 실존론적 측면에서 죽음 을 이해하고 해석하는 실존철학적 관점의 자유로운 정신의 '행위로서의 죽음'(Sterben als Tat)도 있다. 그리고 서구 문명을 주도해 온 그리스도교의 죽음관에서 볼 수 있듯이 종말적 '사건'(Vorkommnis)[2]이면서 동시에 인간에게 희망이 되는 해방과 구원의 계기로서 죽음도 있다. 이는 물론 부활 신앙에 근거한다. 서구 사상은 오랜 세월 동안 전통적인 그리스도교의 '영원불멸의 죽음관'과 유물론적-무신론적 경향의 '자연적 죽음관'이 서로 충돌해 오고 있다. 이를 통합할 수 있는 사상으로서 우리는 현대의 실존론적-존재론적 죽음 이해를 제시할 수 있다. 이에 따르면 죽음은 더는 '자연적 죽음'이나 '영원불멸의 죽음'이 아닌 "삶을 구성하는 중요한 근본 요소"[3]이자 "삶의 의미가 집중되는 중심"[4]을 의미한다. 본고는 우선 전통적 죽음관으로서 '영원불멸로서 죽음'과 '자연적 죽음'을 검토하고, 이를 지양하는 현대의 새로운 죽음관으로서 하이데거의 실존론적-존재론적 죽음 이해를 검토하고자 한다.

2. 전통적 죽음 이해와 충돌

1) 전통: 영원불멸로서 죽음

가톨릭교회는 제2차 바티칸 공의회 문헌 「비그리스도교에 관한 선언(Nostra aetate)」에서 죽음을 "인생의 숨은 수수께끼"[5]라고 표현한다. 부활 사상을 통해 죽음을 이기고자 하는 그리스도교 신앙의 관점에서도 죽음은 그 자체로 이해하기 힘든 수수께끼이자 매우 비밀스러운 신비로운 사건이다. 그러나 눈여겨볼 것은 교회의 신앙이 이 수수께끼와 같은 죽음을 근본적으로 죄와 결부시키고 있다는 점이다. 『성경』은 죽음의 기원과 관련하여 인간의 상식을 훌쩍 뛰어넘는 설명을 제시한다. 죽음은 에덴동산에서 인류가 최초로 죄를 범한 원죄의 결과이자 창조주인 하느님의 계명을 어기고 자유를 남용한 것에 대한 책임으로서 부채(Schuld)의 성격을 띠고 있다.[6] 이 부채를 면할 수 없다는 측면에서 죽음은 원죄의 결과로서 보편성과 당위성을 갖지만, 그렇다고 반드시 필연성을 갖는 것은 아니다. 부채(죄)가 해소될 수 있는 것이라면, 죽음 또한 면해질 수 있기 때문이다. 인류가 죄를 범하지 않았다면 죄도 세상에 들어오지 않았을 것이다. 인간이 하느님과 채무 관계를 청산해야만 한다는 의미에서 죽음은 인간에게 불행한 사건이자 구원의 대상이다. 『성경』의 「창세기」는 최초의 인류(Adam)는 흙에서 낳음에도 죽지 않았지만, 뱀의 유혹에 빠져 하느님의 계명을 거스름으로써 죽게 되었다고 기술한다.(창세기 3:1~24) 제2차 바티칸 공의회 문헌의 「현대 세계의 사목 헌장(Gaudium et spes)」에 따르면 인간은 애초에 하느님과 "영원히 결합하여 불멸의 생명을 나누어 받도록"[7] 창조되었으나 죄로 인해 죽음을 맞이하였고, 그래서 구원이 절실히 필요한 존재로 표현된다. 죄의 결과인 죽음으로부터의 해방과 구원은 그리스도의 파스카 신비, 즉 죽음을 이긴 그리스도의 부활의 "승리"를 통해 얻은 값진 결과이다.[8] 따라서 그리스도교 신앙에 의하면 죽음은 그 자체로 이해하기 힘든 수수께끼인 것은 맞지만 그렇다고 인간이 전혀 극복할 수 없는 대상인 것은 절대로 아니다. 그리스도교 신앙은 예수 그리스도의 죽음과 부활 사건에서 궁극적으로 죽음을 이기는 희망을 본다.

사실 죽음은 남녀노소, 신분 여하와 관계없이 우리 모두에게 공평하게 일어난다는 점에서 가장 민주적인 사건처럼 보인다. "모두 같은 운명이다. 의인도 악인도 착한 이도 깨끗한 이도 더러운 이도 제물을 바치는 이도 제물을 바치지 않는 이도 마찬가지다. 착한 이나 죄인이나 맹세하는 이나 맹세를 꺼려하는 이나 매한가지다."(코헬렛, 9:2) 죽음이 어떤 모습을 하든, 혹은 죽음이 언제 닥치든 모두가 죽는다는 사실은 엄연한 사실이다. 교회는 결코 이런 '죽음의 보편성'(Allgemeinheit des Todes)을 부정하지도 거부하지도 않는다. 그러나 포괄적이고 형식적인 이런 정의로는 죽음에 관해 그 어떤 구체적 내용도 파악할 수가 없다. 이 정의는 단지 모두가 죽는다는 죽음의 보편적 현상만을 말해줄 뿐이다. 그것이 수명을 다해 죽는 것이든 아니면 죄로 인해 죽는 것이든 그렇다. 우리는 '죽음의 보편성'을 통해 죽음을 깊이 이해하기보다는 인생의 무상함과 허무함을 우선 절감할 뿐이다.

그리스도교의 죽음 이해와 관련하여 매우 오래된 철학적-신학적 통찰 가운데 하나는 죽음을 영혼과 육체의 분리 현상으로 이해하는 것이다. 이 전통적 이해는 아리스토텔레스(Aristoteles)의 영혼론까지 소급해 올라간다. 아리스토텔레스가 『영혼에 관하여(Peri psychès)』에서 이성적 영혼을 인간의 형상이요 생명 원리로 파악하고, 능동적 지성(nous poiêtikos)이 육체로부터 분리 가능함[9]을 주장한 이후 중세 스콜라철학은 이를 적극적으로 수용하고 발전시켜 영혼의 불멸, 더 나아가 개별 영혼의 불멸을 주장했다. 특히 개별 영혼의 불멸은 그리스도교의 전통적 죽음 해석과 밀착되어 있는데, 그리스도교 신앙에 따르면 인간은 죽은 후 불멸하는 영혼과 함께 심판을 받으며, 최후에 육체의 부활과 함께 다시 살아난다는 것이다. 이러한 신앙의 사상적 토대는 기본적으로 아리스토텔레스를 거쳐 스콜라철학에서 완성된 '질료형상론'의 형이상학적 사유이며, 이에 따르면 영혼은 '육체의 형상'이자 독립적인 실체적 현실태로서의 실재성이라는 형이상학적 지위를 갖는다. 이는 죽음 이후에도 인간이 정신적 영혼으로서 불멸할 수 있는 사변적 근거를 제공한다. 물론 죽음 이후 영혼의 존재 방식과 관련하여 신앙과 별개로 형이상학적 물음이 제기될 수 있다. 육체, 곧 질료가 개별화의 원리로 이해되는 한 죽음 이후 영혼이 육체로부터 분리되고, 육체가 소멸한 이후에도 영혼의 개별성이 가능한가의 물음이다.[10] 철학적 논쟁과 별개로 그리스도교의 기본 신앙은 영혼 불멸과 함께 구원의 개별성을 위해서 개별 인격을 중심으로 하는 육체의 부활을 강조한다.[11]

죽음 이후 개별 영혼의 불멸 신앙 외에도 영적 존재가 어떻게 물질적 세계와 소통할 수 있는가의 문제와 관련하여 그리스도교 신앙은 삶과 죽음을 단절이 아닌 연속성과 통일성에서 이해하려고 한다. '사도신경'(Symbolum Apostolicum)의 신앙고백(Credo)에서 보듯이 그리스도교 신앙은 특히 산 자(교회)와 죽은 자(영혼)의 통교(communion)를 믿는다. 이와 관련하여 금세기 가톨릭 신학을 대표하는 라너는 『죽음의 신학(Zur Theologie des Todes)』에서 인간은 죽음 이후 그 정신적 영혼이 세계와 단절하여 존재하는 것이 아니라 한층 더 강하게 결합한다고 주장한다.[12] 죽음 이후의 영혼의 상태는 '세상 저편'(weltjenseitig)에 존재하는 '비우주적'(akosmisch) 모습과는 반대로 '범우주적 세계 관계'(der gesamtkosmische Weltbezug)에로 진입하는 '전우주적'(allkosmisch)인 모습을 보여준다.[13] 그 이유는 간단하다. 인간의 영혼이 죽음을 통해 비로소 육체로부터 해방되며 자유롭게 되기 때문이다. 그러나 신앙인 중 많은 이들은 암암리에 플라톤주의에 각인되어 이 세계로부터 격리된 영혼을 떠올린다고 라너는 지적한다.

죽음은 영혼과 육체의 분리를 가져올 정도로 인간 전체에 엄청난 충격을 주는 전인적 사건이다. 죽음을 통해 육체의 소멸이라는 외형적 변화만이 아니라 내적인 영적 변화도 수반된다. 죽음의 본질 직관에 이르기 위해서는 특히 이런 내적 변화에 주목할 필요가 있다. 라너는 죽음의 본질 이해와 관련하여 "자연 본성적 측면"(ein naturaler Aspekt)과 "인격적 측면"(ein personaler Aspekt)(ZThT, 15/12) 모두 주의 깊게 고찰되어야 한다고 주장한다.[14] 죽음은 외형적으로 영혼과 육체의 분리라는 생물학적 변화가 발생하는 수동적 종결이라면, 반면에 내적으로 "인간의 자유로운 인격적 표출(Auszeugung)의 최종 결정(Endgültigkeit)"(ZThT, 19/17)[15]이라는 인격적 변화가 발생하는 능동적 종결이기도 하다. 이는 인간의 죽음이 수동적이며 능동적인 전인적 현상이라는 것을 말해준다.

죽음은 인간이 더는 육(肉)으로 살지 않고 영(靈)으로 사는, 즉 존재론적 −형이상학적 변화를 수반하는 새로운 존재로의 탄생을 의미한다. 그런 의미에서 죽음은 새로운 창조이기도 하다. 또한, 죽음을 통해 영혼이 제약된 육체를 벗어난다는 의미에서 죽음은 곧 해방이요 구원을 의미한다. 이런 실질적인 구원과 해방을 가져오는 죽음을 라너는 특별히 "나그네 살이의 종료"(Ende des Pilgerstandes)(ZThT, 26/26)로 표현한다. 인간은 이 세상에서 탄생하여 죽기까지 쉼 없는 방황을 하다가 죽음에 이르러 마침내 영원한 안식을 얻게 된다. 이 나그네 삶의 종료는 고뇌가 따르는 인격적 방황의 마침표라는 점에서 인격적 삶의 종식을 의미한다. 나그네 삶의 인격적 종말의 순간에 인간은 "그의 최종 결정의 구성"(seine endgültige Verfassung)(ZThT, 28/28) 단계에 이르게 된다. 즉, 진정한 의미에서 종말론적 죽음이 완성된다.

이승에서의 '나그네 살이'의 종료는 우리가 죽음에서 기대하는 신앙적 희망의 상징적 표현이다. 온갖 수고와 고통과 아픔과 실망과 허무가 몰려오곤 하는 삶 속에서 불안한 마음으로 어느 한 곳에 안주하지 못한 채 방황하며 나그네 살이를 하는 인간은 신앙적으로 죽음에서 마침내 실낱같

은 구원의 희망을 보게 된다. 즉, 고단한 나그네 살이의 마침이라는 희망
이다. 인간을 '순례하는 인간'(homo viator)으로 표상한 것은 아주 오래된 교
회 전통이다. 인간은 하느님 안에 궁극적으로 쉼을 하기까지 항상 순례의
도상에 있다. 이 순례의 여정에서 인간이 할 수 있는 최상의 일은 죽음의
실제에도 불구하고 행하는 존재의 자기 긍정, 즉 존재 자체에서 나오는
존재의 힘이요 '존재의 용기'이다.[16] 이 순례 여정을 끝내는 순간 인간은
마침내 하느님을 대면하게 된다. 죽음은 "하느님의 영원성"(Ewigkeit Gottes)
에 참여하는 "영원성의 시작"(Anfang der Ewigkeit)(ZThT, 28/28)이다.

만약 죽음이 단지 피곤한 순례의 여정을 마치고 차안(此岸)에서 피안(彼
岸)으로 넘어감을 의미하는 것이라면, 이는 그리스도교의 죽음관 하고는
전혀 무관한 것이다. 죽음이 한편으로 피곤한 육체로부터의 해방을 상징
할 수 있을지 몰라도 죽음의 본질적 의미는 아니다. 그보다 중요한 것은
삶의 순간순간 내려진 '실존적 신앙'[17]의 행위가 죽음 안에서 마침내 최종
결정을 통해 완성된다는 사실이다. 그래서 그리스도인의 죽음은 자연 본
성의 차원을 넘어서 성사(聖事)적 의미를 함축하고 있다. 그리스도인의 죽
음은 그리스도와 함께 하는 죽음을 통해 이미 한 개인에 고립된 죽음을
넘어서 있다. 그리스도와 함께 죽을 때 우리는 비로소 죽음에 승리하는
부활의 희망을 보게 된다. "우리가 그리스도와 함께 죽었으니 그분과 함께
살리라고 우리는 믿습니다."(로마 6:8)

2) 충돌: 자연적 죽음

그리스도교의 전통적 죽음관과 대립하는 현대의 대표적인 유물론적-무
신론적 죽음 사상은 포이에르바하(Ludwig Feuerbach)의 사상에서 발견되는

'자연적 죽음'(natürlicher Tod)의 개념일 것이다(TOD, 31~32). 포이에르바하가 1830년에 발표한『죽음과 불멸성에 관한 고찰(Gedanken über Tod und Unsterblichkeit)』에서 언급한 '자연적 죽음'은 불의의 사고나 질병으로 조기 사망하는 경우를 제외하고 노년기에 맞이하게 되는 자연 본성적 죽음을 의미한다.[18] 포이에르바하의 '자연적 죽음'의 개념의 배경에는 당연히 그의 무신론적-유물론적 사관과 그리스도교 종교 비판이 자리잡고 있다. 이와 관련하여 포어그림러(Herbert Vorgrimler)는 포이에르바하의 '자연적 죽음'의 개념이 엄밀하게 죽음에 관한 체계적 이론이기보다는 "죽음 이후의 삶에 대한 단호한 부정을 자체 안에 내포하는 세계변혁의 새로운 실천계획"(TOD, 32)에 불과하다고 주장한다.[19] 사실 유물론자인 포이에르바하에게 있어서 죽음은 그 자체로 연구의 대상이 될 수 없으며, 설사 관심의 대상이 되더라도 내세와 관련되지 않고 오로지 현세와 관련된 것이다. 이는 내세와 현세의 연속성 상에서 죽음의 충만한 의미를 끌어내려는 기존의 전통적 죽음 해석과 분명한 차이를 보여준다. 포이에르바하에게 내세(Jenseits)와 현세(Diesseits)는 진정한 삶의 방식에 있어서 이것이냐 혹은 저것이냐의 양자택일의 선택만이 주어진 서로 양립 불가한 것이다. 그리고 죽음 이후의 삶이 허구인 이상 "오로지 내세의 부정만이 현세의 긍정을 낳을 수 있을 뿐이다."[20] 그는 자신의 사상 안에서 내세를 믿는 기성 종교의 허구를 고발하는 데 그치지 않고, 자연적 죽음의 자연스러운 종말적 성격과 현세의 삶의 유일무이(唯一無二)함을 강조함으로써 더욱 의미 있는 일을 위해 적극적으로 자기 삶을 투신하도록 권고하고 촉구한다. 이런 투신은-공산 혁명을 주장하는 마르크스(Karl Marx)와 엥겔스(Friedrich Engels)에게도 크게 영향을 미친 것이지만 -인간 상호 간의 연대 의식과 이를 근거로 하는 근세적 의미의 자유 해방

운동과 관련되어 있다. 이들의 주장에 따라서 지금까지 종교가 공포와 두려움의 대상인 죽음을 빌미로 현세보다는 내세의 유토피아를 사람들에게 은근히 강요했다면, 이제 상황은 역전되어 오히려 이들이 자연적 죽음을 빌미로 내세를 부정하고 오로지 현세적 가치만을 강요하는 모양새가 된 것이다.[21] '자연적 죽음'의 개념에는, 죽음은 인간에게 불가피한 것이기에 충분히 수명을 다했다면 자연으로 돌아가는 것은 타당한 일이요, 또한 죽음의 종말이 있기에 오히려 — 물론 종교는 정반대의 주장을 하지만 — 세상의 변화를 위한 투신이 가치 있는 것이라는 사고가 전제되어 있다. 이 투신은 무엇보다도 인류가 연대감 속에서 진정한 자유와 해방을 위해 투쟁하는 것, 즉 소위 "혁명적 연대 의식"(das revolutionär-solidarische Bewußtsein)(TOD, 34)을 발휘하는 것과 깊게 연결되어 있다.

포이에르바하의 '자연적 죽음'의 개념이 현대 사상, 특히 교회의 신학에까지 미친 가장 큰 영향은 죽음 이후의 세계를 주제적으로 언급함 없이 가능한 한 현세적 삶과의 관련성 안에서 죽음의 유의미성을 찾으려는 경향일 것이다. 이는 자연과학적 세계관과 현대성을 표현하는 대표적인 표상이기도 하다. 다시 말하자면 이는 죽음을 거슬러 투쟁하는 방식이 아닌 지극히 인간적인 것, 즉 인간의 자연 본성의 측면에서 행복, 인류애, 사랑, 보편적 인륜 등과 관련시킴으로써 죽음 자체의 의미를 발견하거나 죽음을 넘어서려는 현대적 사고의 한 방식이다. 이런 사유 방식에 따르면 거부할 수 없는 죽음으로부터 자유로워지는 방법은 다양할 수 있겠지만 우선 인간의 기본 상식 안에서 보편적 준칙이라 할 수 있는 '사랑'처럼 이 세상에서 가장 소중하고 가치 있고 의미 있는 것을 찾고 추구하는 데 있다. 이런 생각을 공유하는 자들은 예수 그리스도 삶 또한 그렇다고 생각한다. 독일

여성 신학자 죌레(Dorothee Sölle)에 따르면 "진리는 항상 구체적"[22]이어야 한다. 여기서 '구체적'이 지시하는 바는 교회의 현실 및 그 정치적 맥락과 관련하여 시대에 부응하는 신학의 변화이다. 현대에 부응하여 죽음의 신학 또한 변화될 필요가 있다는 것이다.

그러나 자연적 죽음과 관련하여 우리가 이 모든 것에 동의하더라도 여전히 의구심이 드는 것은 무슨 까닭인가? '우리는 진정으로 언제 자기 생을 다하고 죽었다고 말할 수 있는 것인가?' '우리는 자연과학적 지식 안에서 자신의 생명력이 마지막 한계에 도달했는지 어떻게 분명히 확신할 수 있는 것인가?' '우리는 기존의 사회 구조와 사회 관계망 안에서 스스로 힘이 다할 때까지 자연스럽게 숨을 거둘 수 있는 안락한 환경을 가지고 있는가?' '이런 환경을 충분히 누릴 수 있는 사람은 일부의 지나지 않지 않는가?' 자연적 죽음의 개념은 물론 우리가 일상 안에서 끊임없이 발생하는 전쟁, 폭력, 기아, 질병 그리고 자연재해 등으로 인한 '조기 사망의 무의미성'을 자각하고 이에 맞서 싸울 힘을 불러일으키는 동기가 될 수 있을지언정 (TOD, 52), 그렇다고 이를 수용함으로써 우리가 현실에서 치러야 할 감당하기 힘든 한계상황을 고려하거나 혹은 그에 합당한 궁극적인 해답을 준다고는 볼 수 없다. 그렇기에 포어그림러 또한 자연적 죽음의 긍정성을 인정하면서도 그 허구성을 고발한다. "죽음에 관해, 특히 노년기의 죽음에 관해 자세히 고찰해 보면 '자연적 죽음'이란 존재하지 않으며, 또한 그 누구를 막론하고 죽어가는 사람이 죽음과 화해하는 것은 불가능함이 드러난다."(TOD, 52)

현대의 무신론적이며 유물론적 경향의 '자연적 죽음'은 기본적으로 자연과학적 세계관의 생물학적 종말 개념에 기초하여 세워진 죽음 해석이다. 그리스도교 신앙의 전통적인 죽음 해석이 생물학적 종말을 부정하지 않지만, 이는 어디까지나 유물론의 한계를 넘어 영혼의 불멸성을 긍정하는 보다 포괄적이며 전체적인 종말 개념을 포함하고 있다. 인간의 자유를 위한 진정한 해방은 자연적 죽음을 주장하는 사람들처럼 정치 사회적인 측면에 국한되어 쟁취될 수 있는 문제는 아니다. 인간의 진정한 해방은 인간을 궁극적으로 제약하는 육체성을 극복하는 데서 성취될 수 있을 뿐이다. 자연적 죽음을 주장하는 이들에게 생물학적 관점에서 종의 번식은 일종의 자연 안에서의 영원성을 갈망하는 생물학적 본성의 한 표현일 수도 있지만, 영혼의 불멸을 전제하지 않는 생물학적 종으로서의 보편성은 종말을 맞이하는 인간에게 오히려 비현실적이며 공허한 이념에 불과한 것으로 보일 수 있다. 이와 관련하여 일단 죽음 이후의 삶을 괄호에 넣고 무엇보다도 죽음 자체의 이해 불가성에 주목하면서 생물학적 관점이 아닌 인간의 고유한 실존성과 관련하여 죽음을 이해하려는 시도가 키르케고르 (Søren Kierkegaard), 하이데거(Martin Heidegger), 야스퍼스(Karl Jaspers) 등 대표적인 현대의 실존철학자들에게서 나타난다.

3. 하이데거의 실존론적–존재론적 죽음 이해

1) 키르케고르와 야스퍼스의 죽음 이해

인간의 '자기 됨'과 관련하여 일찍이 키르케고르는 『죽음에 이르는 병 (Sygdommen til Døden)』에서 의미심장한 정의를 하고 있다. '인간은 정신이며, 정신이 바로 자기인데, 자기란 자기 자신과 관계하는 관계 혹은 그 관계

안에서 자기 자신과 관계하는 관계'라고 정의한다.[23] 인간의 자기 됨은
관념론이 주장하듯 사변적인 행위를 통해서 성취되는 것이 아니라 구체적
인 행위를 통해 성취된다. 인간은 정신적 존재로서 사유의 행위를 통해
이미 자기 안에 놓여 있는 정립과 반정립의 긴장 관계를 조정하려 애쓴다.
육체와 영혼, 자유와 필연, 시간과 영원, 무한과 유한 사이에 놓인 관계
조정이 바로 그것이다. 그러나 키르케고르는 이에 멈추지 않고 이런 관념
적이며 개념적인 사변적 관계를 실제로 실천적 행위 실행을 통해 자기
자신에 관계시킬 것을 주장한다. 그 관계란 오로지 홀로, 즉 '단독자'(der
Einzelne)로서 행위를 하는 것이요, 그 행위를 '절대자'(der Absolute)와 관계함
으로써 '절대적 관계'(ein absolutes Verhältnis)로까지 고양하는 것이다.[24] 바로
이것이 진정한 의미의 실존적 삶이요, 종교인의 태도다.

키르케고르는 인간이 이런 실존적 결단을 내릴 수 있는 근본 계기가
인간의 자유로운 정신에 있으며, 특히 실존적 불안(Angst)의 근본 원인인
무한한 자유의 가능성, 즉 "가능성의 가능성(Möglichkeit für die Möglichkeit)인
자유의 현실성(Wirklichkeit)"[25]에 있다고 주장한다. 인간은 무한한 자유의
가능성 앞에서 '현기증'(Schwindel)을 일으키지만(BA, 60/173), 그 불안을 통해
오히려 자유의 가능성과 현실성 사이를 종합하려고 애쓴다.[26] 그러나 키
르케고르에 의하면 인간은 보통 자기가 되지 못하며, 절망하여 '죽음에
이르는 병'을 얻곤 한다. 키르케고르에게 있어서 죽음의 의미는 질병에
따른 육체적 죽음 이상의 의미를 함축하고 있다. 그의 죽음 이해에는 기본
적으로 그리스도교 세계관이 자리를 잡고 있지만, 동시에 실존철학의 독
특한 관점이 배여 있다. 죽음은 우리가 거칠 수밖에 없는 "삶을 향한 통과
과정"(ein Durchgang zum Leben)(KzT, 13/63)이지만 더 중요한 것은 차안에서의

'희망의 상실'(Hoffnungslosigkeit), 즉 죽음의 희망마저 기대할 수 없는 역설적인 '죽음 없는 죽음'이 있다는 것이다. 그는 이것이 바로 '절망'(Verzweiflung)이자 '죽음에 이르는 병'(die Krankheit zum Tode)이라 주장한다(KzT, 13/64). 질병에 의해 육체적 죽음을 맞이하는 것보다 더 끔찍한 것은 삶의 마지막 희망이 될 수 있는 죽음조차 허락하지 않는 절망의 상태이다. 그는 절망과 관련하여 의미심장한 말을 던진다. "절망에 빠진 자는 죽을 수가 없다."(KzT, 14/64~65) 이는 절대적 존재와 관계하면서 절대적인 의미를 좇아 진정으로 자기가 되는 실존적 삶을 포기하는 이들, 즉 소위 영원성과 절대성을 추구하는 '영적 삶'을 포기하는 이들에게 던지는 경고의 메시지로 볼 수 있다. 절망이라는 죽음에 이르는 병은 "실존의 충만을 가져다주는 영적인 삶의 부재"[27]를 의미한다고 할 수 있을 것이다.

야스퍼스는 그의 주저 『철학』(Philosophie)[28]에서 인간은 세계 안에 현존하는 사물처럼 '정위'(Orientierung) 될 수 있는 존재가 아니라 심연(Abgrund) 속에 있으며, 그 해명을 위해서 반드시 암호(Chiffre)와 같은 초월자(Transzendenz) 혹은 포괄자(Umgreifende)로부터 '실존조명'(Existenzerhellung)이 필요한 존재라고 주장한다. 또한, 그의 주장에 따르면 인간의 한계상황으로서의 죽음에는 인간 실존을 이해하고 규명하는 생물학적 종말 이상의 중요한 의미가 함축되어 있다.

죽음은 모든 인간에게 보편적인 것으로서 근본상황(Grundsituation)이요, 개별 실존이 언제가 한번은 대면해야만 한다는 의미에서 한계상황(Grenzsituation)이기도 하다. 그런데 죽음 자체는 세계에 현존하는 인간이 결코 넘어설 수 없는 것일 뿐 아니라 범접(犯接)할 수조차 없는 것이다. 여기서 '넘어설 수 없음'은 '피해갈 수 없음'을 뜻하며, 범접할 수 없음은 경험 불가하고 이해 불가함을 뜻한다. 야스퍼스에 따르면 죽음은 "표상할 수 없는 그 무엇이며, 본래 사유할 수 없는 그 무엇이다."[29] 그렇다면 어떻게 표상도 사유도 불가능한 '절대적 무지'(absolutes Nichtwissen)요 '침묵'(Schweigen)이요 '무'(Nichts)인 죽음이 인간에게 의미 있는 것으로 다가올 수 있는 것인가? 죽음은 현존(Dasein)하는 사물과 엄연히 다른 실존(Existenz)에 속하는 것으로서 엄밀한 의미에서 객관적이고 보편적인 진리로 파악되기보다는 역사적인 한계상황으로서 파악된다. 그러므로 "현존의 객관적 사실로서 죽음은 아직 한계상황이 아니다."(PH2, 220/357) 죽음이 의미 있게 다가올 때는 종말에 직면하여 이제까지의 것을 무의미한 것으로 돌리는 생물학적인 죽음을 맞이할 때가 아니라―이때에도 죽음은 일반적으로 낯선 것으로 공포와 불안만을 줄 뿐이다―무제약적이고 절대적인 것 앞에서 '실존의 가능한 심연(Tiefe)을 일깨우는'(PH2, 223/362) 죽음이라는 한계상황에 실존적으로 맞닥뜨릴 때이다.

그러나 우리가 이 실존적 상황에 직면하기 위해서는 특별한 용기가 필요하다. 그 용기(Tapferkeit)란 다름 아닌 오로지 자유로운 실존으로서 자기 존재의 무규정적 가능성 앞에 서는 것이요, 그 앞에서 태도를 결정하는 것을 의미한다(PH2, 225/365). 인간은 보통 죽음의 종말(Ende)의 순간 그 존재 사실 여부와 상관없이 새로운 시작(Anfang)을 생각하며, 마치 암호와도 같은 불멸성(Unsterblichkeit)과 영원성(Ewigkeit)을 붙잡고자 부단히 노력한다. 야스퍼스는 이와 관련하여 진정한 의미의 영원성이란 현존의 지속도, 혹은 순환적 시간의 연속도 아닌 실존적 결단과 함께 이루어지는 초월자와 관계하는 "순간의 영원성"(Ewigkeit des Augenblicks)[30]이라 주장한다. 그렇기에 야스퍼스에게 있어서 죽음은 시간 안에서 일어나면서 동시에 시간을 초월한 사건이다. 그리고 궁극적으로 거기서 인간 실존의 진리가 조명되는 포괄자 혹은 초월자와 관계하는 주요 계기이다. 만약 그렇다면 죽음은 단순히 현재의 삶의 단절을 의미하기보다는 궁극적이며 절대적인 것과 연결이요 그 시작임을 의미한다고 볼 수 있을 것이다.

2) 하이데거의 죽음 이해

실존철학자인 키르케고르와 야스퍼스가 죽음을 자기 존재로서의 실존의 주요 계기로 삼는다면 하이데거는 죽음의 실존론적 해석을 넘어서 죽음을 현존재의 존재 가능과 관련하여 그 존재론적 의미에 주목한다. 죽음은 인간 현존재가 존재(Sein)와 무(Nichts) 사이에서 자기 존재 가능 전체와 맞닥뜨리게 하는 존재론적 사건이다. 죽음은 일상 속에 빠진 인간 현존재가 자기 존재 가능과 관련하여 자기 존재에 의미를 부여하고 밝힘으로써 자기 존재의 본래성(Eingentlichkeit)을 획득하는 주요한 실존적 계기이다. 하이데거는 『존재와 시간(Sein und Zeit)』에서 현존재(Dasein)는 항상 전체 존재 가능(Ganzseinkönnen)의 물음 앞에 서 있으며, 그 가능한 본래성과 전체성에서 그 의미가 실존론적으로 밝혀져야 한다고 주장한다.[31] 그런데 문제는 현존재의 일상은 전혀 그렇지 못하다는 데 있다.

하이데거에 의하면 현존재는 "탄생과 죽음 '사이'의 존재"(SZ, 233/313)이다. 현존새는 그가 실존하는 한 그의 존재 가능에 있어서 "각기 그때마다 아직 있지 않은 어떤 것"(SZ, 233/313)으로 있음으로 인해 "자기를 온전한 전체 존재자로서 파악할 가능성이 본질적으로 거부"(SZ, 233/314)되어 있다. 그렇다면 이를 가능하게 만들어주는 것은 무엇인가? 하이데거에 의하면 이것은 다름 아닌 죽음 자체이다. 죽음은 그야말로 종말이자 끝으로 그 안에서 사실 모든 존재 가능이 사라진다. 죽음은 아무것도 없는 무(無)요 모든 것이 사라지는 무화(無化)이다. 그런데 죽음에서 모든 존재 가능이 사라진다는 것은 달리 표현하면 바로 죽음에서 비로소 전체 존재 가능이 포착된다는 것을 말한다. 왜냐하면 현존재의 존재 가능과 관련하여 최종적으로 유보(Ausstand)되어 있는 것은 종말(das Ende)로서의 죽음(der Tod) 외에 다른 것이 있을 수 없기 때문이다. 이런 의미에서 실존적으로 "종말[죽음]이 각기 그때마다 가능한 현존재의 전체성을 제한하며 규정한다."(SZ, 234/314) 라고 말할 수 있다.

이렇게 현존재의 존재 가능의 의미를 밝히는 핵심 기제로 전면에 등장하는 것이 죽음의 종말이지만 그러나 우리에게 논의 가능한 종말이란 엄밀한 의미에서 '죽음 자체의 존재'이기보다는 사실 "죽음을 향한 존재"(Sein zum Tode)(SZ, 234/314)이다. 왜냐하면 죽음은 말 그대로 모든 것이 거기서 무화되는 존재 부재를 의미하기에 그 자체로는 우리에게 아무것도 말해주는 것이 없기 때문이다. 그러므로 현존재의 전체성을 그 존재 가능과 관련하여 의미 파악하도록 이끄는 것은 엄밀하게 '죽음 자체'라기보다는 죽음으로 미리 앞서 달려가 보는 '죽음을 향한 존재'이다. 이는 죽음을 미리 앞서 선취하고 파악하는 고유한 방식으로서 근본적으로 세계 안에 던져진 현존재의 자기 이해를 위해 놓여 있는 해석학적 상황과 맞물려 있다. 즉 세계 내적 존재인 현존재의 이해에는 항상 그것을 가능하게 하는 조건으로서 구조적인 계기들이 있는데, 그것은 이해의 선구조로서 '앞서 가짐'(Vorhabe), '앞서 봄'(Vorsicht), '앞서 잡음'(Vorgriff)이다. 일상성 안에서 앞서 가짐이 현존재가 자기 존재 가능과 관련하여 아직 자기로 있지 못함으로 인해 비본래적이며 비전체적인 성격을 띠고 있다면, 반면에 죽음을 향한 존재로서 현존재의 전체성을 앞서 가짐은 당연히 본래적이며 전체적인 성격을 띤다. 따라서 우리가 현존재 전체성과 관련하여 앞서 가짐은 궁극적으로 죽음을 향한 존재를 의미한다. 하이데거는 죽음을 향한 존재로서 현존재 본래의 전체 존재 가능의 근원적인 존재론적 구성틀(Verfassung)을 '염려'(Sorge)라 부른다(SZ, 234/315). 인간은 궁극적이며 근원적으로 죽음을 염려하는 가운데 세계 내 존재와 관계를 맺으며 이미 '자기를 앞질러'(Sichvorweg) 실존할 뿐만 아니라 각기 그때마다 자기 존재 의미를 밝힌다(SZ, 236/317). 그러나 한편으로 죽음의 염려의 구조 속에 있는 현존재는 자기 자신의 존재 가능과 관련하여 언제나 '미완결성'(Unabgeschlossenheit)과 '비전체성'(Unganzheit)의 '유예 상태'(Ausstand)에 놓여 있다(SZ, 236/317-8). 존재 가능 안에 있는 이런 유예 상태를 제거해 버리는 순간 현존재는 더는 실존하지 않기에 그가 실존하는 한 결코 자신의 전체에 이르지 못한다는 결론에 이를 수 있다.

그렇다면 구체적으로 우리는 어떻게 죽음을 현실로 끌고 와서 자기 존재 전체와 관련하여 의미 있는 것으로 만들 수 있는 것일까? 이와 관련하여 우리는 일상에서 죽음을 대하는 방식을 검토할 필요가 있다. 죽음은 '세계-내-존재'의 상실(Verlust)[32]을 의미하는 것으로 현존재의 '더는 거기에 있지 않음'(Nichtmehrdasein)을 뜻한다. 즉 죽음은 현존재를 더는 현존재가 아니게 하며, 결코 세계 내에서 존재자로 경험할 수 없게 함을 뜻한다(SZ, 236/318). 그런 만큼 현존재 자체의 죽음의 경험은 불가능한 일이다. 죽음이 이렇게 현존재 자체에서 거부되고 있는 만큼 우리에게 "타인의 죽음"(Tod der Anderen)(SZ, 237/319)이 부각된다. 타인의 죽음은 인간 현존재가 공동세계(Mitwelt)의 공동존재(Mitsein) 혹은 공동현존재(Mitdasein)로서 서로 배려(Besorge)하고 심려

(Fürsorge)하는 존재자라는 점에서 '현존재 전체성'(Daseinsganzheit)을 객관적이며 존재론적으로 규정하는 장치로서 기능할 수 있다. 그러나 타인의 죽음을 통해서 경험하는 죽음은 사실은 자기 종말이 아닌 타인의 종말로서 과연 우리는 이를 통해 온전히 자기 현존재의 전체성에 도달했다고 볼 수 있는 것일까? 그렇지 않을 것이다. 하이데거에 따르면 우리는 자기 자신의 종말뿐 아니라 타인의 종말도 결코 온전히 이해할 수 없다고 주장한다. 왜냐하면 나를 포함하여 그 누구도 죽음 앞에서 더는 현존재도 세계 내 존재도 아니기 때문이다. 죽음은 우리가 결코 적극적으로 규정할 수 없는 절대적 단절이자 심연 속의 어둠과 같다.

그렇다면 우리가 현존재 전체성을 미리 앞당겨 포착하는 종말적 죽음의 현상이 보여주는 진정한 의미는 무엇인가? 우리는 죽음으로부터 무엇을 이해하고 있는 것일까? 이와 관련하여 죽음의 간접 경험으로 타인의 죽음은 하이데거에 따르면 매우 독특한 현상을 보여준다. 죽음(Tod)은 우선 '사망함'(das Sterben)이라는 '세계-내-존재'의 상실을 말하는데, 이때 상실은 '망자'(das Gestorbene)와 '고인'(das Verstorbene)이라는 우리가 그것과 관계 맺는 방식에 따라서 상이한 존재 방식으로 나타난다. 전자가 '눈앞의 것'(Vorhandensein)의 '죽은 자'(der Tote)로서 우리와 새롭게 관계하는 존재자라면, 후자는 '심려'(Fürsorge)의 양태인 '더불어 있음'(Mitsein)으로 더욱 적극적으로 우리와 관계하는 존재자이다(SZ, 238/320). 우리는 일상에서 망자와 고인과의 관계 속에서 나름대로 존재 상실을 경험하지만, 하이데거 따르면 이는 결코 죽은 자 자신의 존재 상실을 우리가 경험하는 것이 아니다. 왜냐하면 현존재의 '현사실성'(Faktizität)과 '각자성'(Jemeinigkeit)만큼이나 현존재의 죽음은 그 고유한 개별성으로 인해 그 누구도 대신할 수 없는 '대리

불가능'(Unvertretbarkeit)의 성격을 띠고 있기 때문이다. 하이데거는 "우리는 진정한 의미에서 타인의 죽음을 경험하는 것이 아니라 기껏해야 '그 자리에'(dabei) 있을 뿐이다."(SZ, 239/321)라고 주장한다. 죽음에 내재된 고유한 '각자성'(Jemeinigkeit)과 '실존'(Existenz)의 성격 때문에 아무도 타인에게서 그의 죽음을 빼앗거나 혹은 덜어줄 수가 없는 것이다(SZ, 240/322). 다만 사망함이라는 현상으로부터 분명하게 밝혀지는 것은 죽음이 그저 단순한 '사건'(Begebenheit)이 아니라 각기 그때마다 이해되고 해석되어야 할 '실존론적 현상'(existenziales Phänomen)(SZ, 240/322)이라는 사실이다.[33] 이것은 개개 인간에게 그가 실존하는 한 고유하게 맡겨진 '미완'(Ausstand)의 과제요, 이 과제는 최종적으로 죽음과 함께 비로소 종말을 고할 수 있다(SZ, 242/325).

하이데거가 죽음을 실존론적 현상으로 이해하는 것에는 여러 의미가 함축되어 있다. 첫째, 인간은 실존적으로 완성(Vollendung)이 아닌 "아직 아님"(das Noch-nicht)(SZ, 244/327)의 미완의 존재로서 자기 자신이 되어야만 하는 존재론적 과제를 떠맡고 있다. 죽음 자체는 인간의 삶의 단순한 '끝남'(das Enden)도 완성도 아니다. 하이데거는 인간이 자기 종말에서도 미완성으로 끝나는 경우가 많다고 주장한다. 그에 의하면 "대개 현존재는 미완성으로 끝나거나 아니면 미완성에서 무너지거나 탈진되어 버린다."(SZ, 244/328) 인간은 죽음과 함께 이미 '끝에 와 있는'(Zu-Ende-sein) 것이 아니라 '끝을 향해 가는 존재'(Sein zum Ende)이다. 이렇게 인간이 죽음(종말)을 향해 있음은 그가 세계 내에 존재하는 순간부터 떠맡게 되는 탁월하고 고유한 존재 방식이다. 인간은 태어나자마자 곧바로 죽음에 내몰려 있는 존재이다. 달리 표현하면 "인간은 태어나자마자 이미 죽기에 충분히 늙어 있다"(SZ, 245/329)라고 말할 수 있을 것이다. 평소 죽음을 준비하지 않는 자는 코앞에 다가와 있는 죽음 앞에서 아무 결단도 하지 못한 채 보내버린 속절없는 시간만 탓할지 모를 일이다.

둘째, 인간이 '죽음을 향한 존재'로서 실존적으로 떠맡는 것은 그의 가장 고유한 존재 가능인 죽음이며, 이는 자기 자신이 각기 그때마다 고유하게 떠맡게 되는 "닥침"(Bevorstand)(SZ, 244/328)의 성격을 띤다. 사실 죽음은 예고 없이 그렇게 갑작스럽게 오는 것이다. 그런데도 일반적으로 우리가 이를 자각하지 못하고 방기(放棄)까지 하는 것은 현존재의 평균성이라 할 수 있는 일상성에 빠져 있기 때문이다. 일상성에 빠진 우리에게 죽음은 결단을 촉구하는 실존적 과제가 아니라 단지 객관적인 '사망 사건'(Todesfall)에 불과하다. 즉 일상성에서 나의 실존 대신에 막연한 '그들'(das Man)만이 있으며, '사람은 죽는다'라는 보편적 진리는 '모두가 그렇지만 나는 아니야'라는 현상으로 나타난다. 여기서 죽음은 애매함(Zweideutigkeit)과 잡담(Gerede)의 수준으로 퇴락하고 은폐되고 평준화되며, 아무도 대리할 수 없는 나의 죽음은 막연한 사람들의 죽음이 되어 공공의 사건으로 뒤바뀌는 일이 벌어진다. 바로 이것이 일상에서 죽음을 바라보는 "공공의 현존재 해석"(SZ, 253/339)이다. 그렇다면 우리가 심려 속에서 죽어가는 자 혹은 유가족에게 건네는 위로는 무엇을 의미하는가? 하이데거에 따르면 이는 단지 "죽음에 대한 부단한 안정감(Beruhigung)을 배려"(SZ, 253/340)하는 것에 불과할 뿐이다. 하이데거는 특히 사람들이 이런 행위를 통해 죽음의 불안을 통제하고, 자신의 권한이나 명망 등의 사익을 챙긴다고 주장한다. 그들은 죽음의 불안을 마치 제거 가능한 다가올 사건처럼 취급하며, 그런 종류의 공포로 바꿔 놓거나 혹은 태연한 무관심의 형태로 위장한다. 이처럼 죽음에 대한 공공의 현존재 해석에 있어서는 죽음을 되도록 은폐하고 회피하는 비겁한 두려움, 그리고 이로 인한 현존재의 불확실성과 음울한 세계도피만이 나타날 뿐이다. "그들은 죽음 앞에서의 불안에 대한 용기가 일어나지 못하도록 한다."(SZ, 254/340) 사실 죽음 앞에서의 불안은 거부될 수 있는 것이 아니며, 우리는 근원적인 실존론적이며 존재론적인 불안(Angst)[34]을 통해 존재의 의미를 밝히는 존재 물음을 할 수 있다. 죽음은 인간 현존재의 가장 고유한 존재 가능이요, 죽음 앞에서의 불안은 현존재의 근본 구성틀 가운데 하나이다.

셋째, 인간의 실존적 상황 속에서 죽음만큼 확실한 것도 없다. 우리는 일상의 타인의 사망 속에서 이를 수시로 경험하고 확인하다. 그러나 죽음의 확실성에 반하여 죽음을 향한 존재는 사실 그렇지 못하다. 그것은 무엇 때문인가? 하이데거는 이를 일상의 현존재가 자기 존재의 가장 고유한 가능성을 은폐하고 있다는 사실에서 찾는다. 사람들은 일상 속에서 어느 순간에도 가능한 죽음의 확실성을 교묘히 은폐시키곤 한다. 그러나 모두가 죽는다는 사실은 확실하며, 다만 우리는 그 죽음이 언제 닥칠 것이라는 사실 만을 모를 뿐이다. 그래서 죽음은 '확실성'(Gewißheit)과 동시에 '무규정성'(Unbestimmtheit)의 성격을 띤다(SZ, 258/345). 그런데 사람들은 규정이 불가능한 죽음을 규정 가능한 것처럼 생각하거나 규정하려고 한다. 문제는 이런 일상성의 태도가 오히려 현존재의 "가장 고유하고 무연관적이며 건너뛸 수 없는 가능성"(SZ, 256/343)으로서 죽음의 확실성을 호도하며 은폐시킨다는 사실이다. 이와 관련하여 우리가 유념해야 할 것은 다름 아닌 죽음을 규정하려 하기보다는 오히려 현사실적 현존재가 평소 보여주는 것처럼 그렇게 오로지 죽음이 은폐된 채 비진리 안에 있다는 사실이다. 여기서 하나의 역설이 드러나는데, 즉 죽음은 그 자체로 "부적합한 참인 것"이자

"은폐 속의 확실성"(SZ, 257/343)이라는 사실이다. 현존재의 죽음이 확실한 것과는 다르게 죽음을 향한 현존재의 존재는 어두운 불확실성 속에 놓여 있다 하겠다. 우리가 죽음 앞에서 태연함을 가장하고 자기의 죽음을 회피 한다면, 이는 곧 자기 존재의 가장 고유한 가능성을 부정하는 것이요, 나아 가 자기의 본래적 실존의 가능성의 기회마저 잃는 것이 될 것이다.

넷째, 인간이 자기 존재의 본래성을 획득하는 유일한 방법은 하이데거 에 따르면 "죽음을 향한 본래적 존재의 실존론적 기획투사(Existenzialer Entwurf)"(SZ, 260/347)를 통해서이다. 죽음이 인간 현존재의 가장 고유한 가능 성이라는 사실은 중의적 의미를 함축하고 있다. 즉 그것은 죽음이 인간의 자유로운 결단과 관계하는 실존론적 사태요, 또한 무와 관련하여 현존재의 존재 의미 전체와 관계하는 존재론적 사태라는 것이다. 바로 이런 죽음의 특성으로 인해 우리는 "그 가능성에로 앞서 달려감"(Vorlaufen in die Möglichkeit) (SZ, 262/350), 즉 "죽음을 향해 기획투사 하는 앞서 달려감"(entworfene Vorlaufen zum Tode)(SZ, 267/357)을 통해서 본래의 자기 자신으로 존재할 수 있게 된다. 물론 인간 현존재는 실존의 또 다른 모습, 즉 평균성으로서 일상성에 함몰 되어 있다. 이런 현존재가 자기의 종말과 관련하여 본래적 관계를 맺지 못할 때, 자기 존재 역시 비본래적으로 존재할 수밖에 없다. 하이데거에 있어서 현존재의 자기 존재로 있음은 우선 내용적인 것에 앞서 형식적으 로 '죽음을 향해 있음'의 본래적 존재를 의미한다. 이는 첫째, 죽음이 '손안 의 것'(Zuhandensein)이나 '눈앞의 것'(Vorhandensein)과 달리 오로지 '가능의 것' 으로서 현존재의 존재 가능성을 지시하고 있으며, 둘째, 현존재의 자기 종말과 관련하여 이 가능성은 삶을 다함을 뜻하기에 결국 우리는 죽음이라는 종말에 머물러 있을 수 없음을 의미하는 것이기도 하다. 이와 관련하여 하이데거는 죽음 자체가 최소한 그 가능성을 드러내야 한다면, 반면에 죽음을 향한 존재는 죽음의 실현이 아닌 비은폐(진리) 차원의 그 가능성을 밝히고, 그것과 관계하면서 그것을 오로지 가능성으로서 견뎌내는 것이 중요하다고 주장한다(SZ, 261/349). 즉 죽음을 향한 존재의 본질은 "그 존재 양식이 미리 달려가 봄 자체인 바로 그 존재자의 존재 가능으로 달려가 봄"(SZ, 262/351) 외에 다른 것이 아니다. 그렇게 하여 현존재는 이런 죽음이라는 극단의 가능성을 향해 미리 달려가 봄이라는 자기 자신의 기획투사를 통해서 비로소 그렇게 밝혀진 존재자의 존재 안에서 자기 자신을 이해할 수 있는 실존, 즉 "가장 고유한 극단적인 존재 가능을 이해할 수 있는 가능성"으로서 "본래적 실존"(SZ, 262 이하/351)이 된다. 결국 인간 현존재에게 가장 중요한 것은 다른 무엇보다도 죽음이라는 자기 자신의 가장 고유한 존재 가능성을 스스로 떠맡는 것이다. 인간 현존재는 그럼으로써 궁극적으로 언제 갑자기 들이닥칠 줄 모르는 죽음의 상실로부터 진정으로 해방될 수 있다. 그리고 나아가 "전체적인 현존재", 즉 "전체적 존재 가능으로서 실존"(SZ, 264/353)할 수 있게 된다.

4. 나가는 말

"그 누구도 타인에게서 그의 죽음을 빼앗을 수는 없다."(SZ, 240/322)라는 하이데거의 주장처럼 우리는 오로지 각자성으로 죽음을 맞이할 수밖에 없다. 그리고 죽은 자는 말이 없듯이 그 누구도 자기 죽음을 이해할 수 없다. 여기서 죽는 자도 예외일 수 없다. 죽음은 엄연한 현실로서 순간 나에게 다가오며, 이런 나의 죽음을 그 누구도 대신해 줄 수 없다는 것이 분명함에도 우리는 마치 나는 죽지 않을 것 같은 "죽음의 비현실적 상황"[35]속에 자기를 방치하곤 한다. 인간은 오래전부터 죽음의 두려움 앞에서 이를 넘어서려는 시도를 해왔다. 죽음을 시간의 영원성과 대립시키고, 영겁회귀, 윤회, 부활 사상을 통해서 영생과 불멸을 믿어왔다. 아니면 전혀 다른 방식으로 기억과 연대를 통해서 이승의 삶의 연속성을 주장하기도 한다. 그런데 이는 하이데거의 주장에 따르면 비규정적 죽음을 규정화시키려는 노력의 하나처럼 보일 수 있다. 죽음 이후와 관련하여 확실한 것은 엄밀하게 아무것도 없다. 우리는 다만 믿음과 신념을 통해 이를 희망하고 신앙하며 살뿐이다. 그렇기에 우리가 죽음을 철학적으로 논구한다면 그것은 죽음 이후가 아니라 삶 속에서 죽음이 가진 의미일 것이다. 즉 죽음에 관한 논의는 불가피하게 삶의 관점에서 수행될 수밖에 없다. 생사학(Thanatology)의 관점에서 볼 때도 이는 예외가 아닐 것이다.

코로나 펜데믹 상황 속에서 한편에서는 죽음을 깊이 생각하지만, 그러나 다른 한편에서는 여전히 죽음은 나와 무관한 듯 생활하는 사람이 많다. 급속한 세속화의 진행과 자연과학의 발전은 더는 죽음을 삶의 신비로운 영역으로 놓기를 거부한다. 죽음은 생물학적으로 분석되고 해체되며, 의심의 여지 없는 생물학적 종말을 의미할 뿐이다. 이런 이해 속에서 죽음이 의미 충만한 것으로서 삶에 개입될 여지는 매우 희박해질 수밖에 없다. 물론 유물사관에 근거한 현대의 '자연적 죽음' 이해가 기억과 연대를 통해서 삶과 죽음을 연결하고자 하지만, 죽음과 근본적으로 단절된 삶만으로 전체 삶의 의미를 밝히는 것은 역부족이다. 왜냐하면 짐멜(Georg Simmel)이 일찍이 주장했듯이 "죽음은 처음부터 삶에 내재하는 것"[36]으로서 죽음을 삶으로부터 분리하는 것은 불가능하기 때문이다. 죽음은 삶의 순간순간 내재해 있으면서 자기 모습을 드러내며, 또 그렇게 삶에 지대한 영향을 끼친다. 비록 자연적 죽음 이해가 현세의 삶에 절대적 가치와 의미를 부여하며 행복한 노년기를 말하지만 죽음을 배제한 삶의 이해는 전체적일 수 없으며, 설사 그 누가 행복한 삶과 장수를 누렸다 하더라도 죽음의 현실 앞에서 삶의 미련과 죽음의 두려움을 완전히 떨쳐버리는 것은 불가능한 일일 것이다.

　도대체 삶이란 무엇이며, 삶의 궁극적 의미는 무엇인가? 이 물음은 삶의 한계를 짓는 종말의 상황인 죽음 앞에서 진지하게 물어질 수밖에 없다. 죽음은 궁극적으로 이 물음을 삶의 개별적 사태를 넘어서 전체 삶을 향하도록 만든다. 죽음으로부터 삶 전체의 의미가 물어지는 것이다. 이 물음은 매우 심오한 물음이자 매 순간 자기 행위에 당위를 부여하는 진지한 윤리적 물음이다. 죽음 앞에서 우리는 비로소 삶 전체를 포착하며, 의미 충만한 삶이 무엇인지를 묻게 되며, 매 순간의 결단을 통해 진정으로 자유로운 자기 자신이 된다. 죽음은 그 자체로 심연이며, 무이며, 신비에 가깝다. 죽음을 오로지 죽음으로서 구명하는 것은 유한한 존재인 인간의 한계를 벗어나는 일처럼 보인다. 그런데 우리가 이런 죽음을 통해 삶 전체를 포착할 수 있다고 하더라도 심연 속에 있는 죽음 자체를 온전히 이해할 수 없는 한 삶은 여전히 신비로서 자기를 감춘 채 우리에게 목마름의 여운을 줄 수밖에 없다.[37]

1) 본문의 성경 구절은 한국천주교 주교회의 성서위원회 편,『성경』, 서울: 한국천주교중 앙협의회, 2005 참조.

2) 죽음은 그 자체로 끝이요 종말의 사건이다. 죽음은 모든 것과 단절케 하는 종말이자 예고 없고 다가와 전체 삶을 조망케 하는 돌발적 사건이다.

3) 홍경자,「한계상황으로서의 죽음의식이 삶에 미치는 영향과 의미」,『철학논집』, 제33 집, 서울: 서강대학교 철학연구소, 2013, 12.

4) 홍경자,「한계상황으로서의 죽음의식이 삶에 미치는 영향과 의미」, 11.

5) 김남수 옮김,「비그리스교에 관한 선언(Nostra aetate)」,『제2차 바티칸 공의회 문헌』, 서울: 한국천주교중앙협의회, 1978, 607.

6) "한 사람을 통하여 죄가 세상에 들어왔고 죄를 통하여 죽음이 들어왔듯이, 또한 이렇게 모두 죄를 지었으므로 모든 사람에게 죽음이 미치게 되었습니다."(로마 5, 12) 그리스도교 신앙은 성경에 근거해 전통적으로 죽음이 죄의 결과라는 사실을 가르쳐 왔다. 이런 전통에서 키르케고르는 죄(성)으로서 죽음을 다루기도 한다. 이와 관련하여 박병준,「키르케고르의 '죄(성)'의 개념에 대한 인간학적 해석」,『철학』, 제93집, 서울: 한국철학회, 2007, 159~184 참조. 죽음은 생명을 가진 존재의 자연적 요소이지만 인간의 죽음은 단순한 자연적 과정에 그치지 않고 매우 복잡한 양태를 보여준다. 특히 신앙과 관련하여 죽음은 죄와 은총, 심판과 구원, 하느님의 용서와 사랑이라는 그리스도교 세계관과 복잡하게 얽혀있다.

7) 김남수 옮김,「현대 세계의 사목 헌장(Gaudium et spes)」,『제2차 바티칸 공의회 문헌』, 서울: 한국천주교중앙협의회, 1978, 194.

8)「현대 세계의 사목 헌장」, 194.

9) Aristotels,『영혼에 관하여(Peri psychès)』, 유원기 옮김, 서울: 궁리, 2001, 223~224 (430a, 17-25).

10) 육체와의 분리 후 영혼의 불멸성과 개별성에 관한 논의는 가톨릭 철학자들 사이에서 의견이 분분하다. 이와 관련하여 대표적인 국내 논문 두 개를 여기서 소개한다. 이재경,「부활, 분리된 영혼 그리고 동일성 문제-토마스 아퀴나스의 경우」,『철학연구』, 제98집, 서울: 철학연구회, 2012, 73~100; 박승찬,「영혼의 불멸성과 육체의 부활이 인격에 대해 지니는 의미」,『철학사상』, 제43호, 서울: 서울대학교 철학사상연구소, 2012, 99~151 참조.

11) 공의회 문헌「현대 세계의 사목 헌장」은『신약성경』의「로마 신자들에게 보낸 서간」의 사도 바오로의 말을 인용하면서 성령의 힘으로 육체의 부활이 일어날 것이며(로마 8:11), 육체의 속량(로마 8:23)을 위해 전인격의 내적 쇄신이 필요함을 강조한다.「현대 세계의 사목 헌장」, 200 참조.

12) 영혼의 세계 관련성에 대한 신학적 논의는 H. Vorgrimler,『죽음-오늘의 그리스도교적 죽음 이해(Der Tod-Im Denken und Leben des Christen)』, 심상태 옮김, 서울: 성바오로출판사, 1982, 139~177 참조. 이하 TOD로 표기함.

13) K. Rahner, *Zur Theologie des Todes*, Quaestiones Disputatae 2, Freiburg: Herder, 1958, 20~23; 한글 번역본『죽음의 신학』, 김수복 옮김, 서울: 가톨릭출판사, 1987, 18~22. 이하 독일어 원본은 ZThT로, 쪽수는 독일어/한글 번역본 순으로 표기함.

14) 인간의 죽음은 '인격적'이며 '자연 본성적'의 두 측면이 고려되어야 한다. 전자가 인격적 행위와 관련하여 내적인 최종 결정이 문제가 된다면, 후자는 영혼과 육체의 분리 현상이 문제가 된다. 그러나 엄밀하게 말하면 영혼과 육체의 분리 현상은 형이상학적 문제이기도 하다.

15) 이런 최종 결정은 반드시 죽음 '곁'(bei)에서나 '이후'(nach)로서의 최종 결정만이 아닌 죽음 자체의 내적 계기(inneres Moment)로서 이해될 수 있다(ZThT, 19/17). 인간은 '자연적 본성'(Natur)과 '인격'(Person)의 통일체로서 한편으로는 자연 본성에 따라서 인격적이며 자유로운 결정을 이행하기에 앞서 일정한 법칙과 그에 따른 필연적 발전을 거듭하는 존재요, 다른 한편으로는 고유한 인격에 따라서 자기 자신을 자유롭게 처리하는 가운데 그 자유 안에서 이해한 바대로 최종 결정을 내리는 존재이다(ZThT, 15/12 참조).

16) P. Tillich,『존재의 용기(The Courage to Be)』, 차성구 옮김, 서울: 예영커뮤니케이션, 2006, 193.

17) 여기서 '실존적 신앙'은 인간이 자유로운 정신으로서 절대적인 하느님과 관계하는 가운데 그분을 따를 것인가 혹은 거스를 것인가를 놓고 끊임없이 고민하며 내리는 책임 있는 행위를 의미한다.

18) 기존의 전통 죽음관이 현세와 내세라는 이중적 세계관에 근거하고 있다면, 포이에르바하의 '자연적 죽음'은 그런 이중적 세계관을 거부하는 대신 독특하게 '자연적이고 건강한 죽음'이라는 다소 모호한 양적 기준과 삶의 질적 완성도를 근거로 죽음을 정의하고 있다. "죽음은 본래 그리고 자체로는 끔찍하지 않다. [...] 자연적이고 건강한 죽음―노령에 이르러 죽는 죽음은 바로 인간이 삶을 충분히 가졌을 때 도달하는 것이다. [...] 끔찍한 것은 반자연적이며, 폭력적이며, 잔인한 죽음뿐이다." L. Feuerbach, *Gedanken über und Tod Unsterblichkeit*, Sämtliche Werke Band 1, 2. unveraenderte Aufl., Stuttgart: Frommann Verlag, 1960, 236~237.

19) H. Wittwer & D. Schäfer & A. Frewer, *Sterben und Tod. Geschichte―Theorie―Ethik: Ein interdisziplinäres Handbuch*, Stuttgart/Weimar: Verlag J. B. Metzler, 2010, 35 참조.

20) L. Feuerbach, *Vorlesungen über das Wesen der Religion*, Sämtliche Werke Band 8, 2. unveraenderte Aufl., Stuttgart: Frommann Verlag, 1960, 358: "Allein die Verneinung des Jenseits hat die Bejahung des Diesseits zur Folge."

21) 이와 관련하여 포어그림러는 포이에르바하의 사상이 한편으로 집단적 연대를 지나치게 강조함으로써 고유하고 자유로운 개별 인격을 훼손한다고 비판하면서도, 다른 한편으로 그의 '자연적 죽음'의 사상이 피안을 지나치게 강조함으로써 이기적이고 개인주의화 된 그리스도교 구원 사상에 긍정적 효과를 가져다주었다고 평가한다(TOD, 33, 35 참조). 그러나 포어그림러의 이런 평가와 별개로 그리스도교 신앙에 있어서

'개별 인격의 고유성'은 아무리 강조해도 지나치지 않다. 개별 인격의 고유성은 오늘날 사회 교리 안에서도 유효한데, 즉 개별선과 공동선은 모두 이를 근거로 할 때 올바르게 작동할 수 있다. 그리스도교의 정의 구현은 『구약성경』에서는 하느님의 '용서'에 기반하며, 『신약성경』에서는 하느님의 '사랑'에 기반한다. 이 두 개념은 상호 모순되지도 대립하지도 않는, 근원이 같은 개념이다. 정의는 하느님의 무조건적 용서에로 수렴되며, 이 용서는 근원적으로 하느님의 사랑에 근거한다는 점에서 두 개념은 서로 환치가 가능하다. 따라서 그리스도교 신앙 안에서 용서와 사랑이 없는 정의는 잘못된 것이다. 공동선의 구현 역시 개별 인격의 자율성을 독려함 없이 일방적으로 강요하는 행위는 잘못된 것이다. 공동선을 바탕으로 하는 그리스도교 신앙의 공동체는 결코 제도적이며 정치적인 행위와 제도를 통해 형성되는 것이 아니라 철저하게 개별 인격의 자발적 사랑과 헌신과 봉사에 기반해서 건설되는 것이다. 그러나 개별적 인격의 자발성에 의존하는 이런 방식은 사회 혁명 혹은 공산 혁명의 관점에서 볼 때 지나치게 부르주아지(bourgeoisie)의 방식으로 보일 수도 있을 것이다. 교회 안의 현대의 일부 신학자들이 죽음에 관한 전통적 해석과 새로운 해석인 '자연적 죽음'을 통합하려는 시도도 이와 무관하지 않다. 사랑과 정의의 상호관계성과 관련하여 박병준, 「정의와 사랑: 사회적 갈등 해소를 위한 모색의 차원에서」, 『해석학연구』, 제31집, 서울: 한국해석학회, 2013, 163~191 참조.

22) D. Sölle, *Die Wahrheit ist konkret,* Olten/Freiburg: Walter, 1967, 9.

23) S. Kierkegaard, *Die Krankheit zum Tode. Der Hohepriester—Der Zöllner—Die Sünderin,* Hrsg. E. Hirsch/H. Gerdes, Gesammelte Werke, Abt. 24 und 25, Gütersloh: Gütersloher Verlagshaus Mohn, 4. Auflage, 1992, 8; 한글 번역본 『죽음에 이르는 병』, 임규정 옮김, 서울: 한길사, 2007, 55. 이하 독일어 원본은 KzT로, 쪽수는 독일어/한글 번역본 순으로 표기함.

24) S. Kierkegaard, *Furcht und Zittern,* Hrsg. E. Hirsch/H. Gerdes, Gesammelte Werke, Abt. 4, Gütersloh: Gütersloher Verlagshaus Mohn, 3. Auflage, 1993, 138; 한글 번역본 『공포와 전율/반복』, 키르케고르 선집 4, 임춘갑 옮김, 서울: 다산글방, 2007, 222 참조.

25) S. Kierkegaard, *Der Begriff Angst,* Hrsg. E. Hirsch/H. Gerdes, Gesammelte Werke, Abt. 11 und 12, Gütersloh: Gütersloher Verlagshaus Mohn, 4. Auflage, 1995, 40; 한글 번역본 『불안의 개념』, 임규정 옮김, 서울: 한길사, 1999, 160. 이하 독일어 원본은 BA로, 쪽수는 독일어/한글 번역본 순으로 표기함. 키르케고르의 불안과 자유 개념의 상호관계에 대해서 박병준, 「불안과 철학상담―불행을 넘어서는 '치유의 행복학'의 관점에서」, 『철학논집』, 제46집, 서울: 서강대학교 철학연구소, 2016, 17~22 참조.

26) 박병준, 「불안과 철학상담―불행을 넘어서는 '치유의 행복학'의 관점에서」, 20 참조.

27) 이명곤, 「키르케고르: 죽음에 관한 진지한 사유와 죽음의 형이상학적 의미」, 『철학연구』, 제131집, 대한철학회, 2014, 310.

28) K. Jaspers, *Philosophie I: Philosophische Weltorientierung, II: Existenzerhellung, III: Metaphysik,* Vierte, unveränderte Auflage, Berlin/Heidelberg/New York: Springer, 1973;

한글 번역본『철학 1: 세계정위』, 이진오 · 최양석 옮김, 서울: 아카넷, 2017;『철학 2: 실존조명』, 신옥희 · 홍경자 · 박은미, 서울: 아카넷, 2019;『철학 3: 형이상학』, 정영도 옮김, 서울: 아카넷, 2016. 이하 독일어 원본은 PH1, PH2, PH3으로, 쪽수는 독일어/한글 번역본 순으로 표기함.

29) K. Jaspers, *Psychologie der Weltanschauungen,* dritte, gegenüber der zweiten unveranderte Auflage, Berlin: Springer, 1925, 261: "Der Tod ist etwas Unvorstellbares, etwas eigentlich Undenkbares."

30) K. Jaspers, *Kleine Schule des philosophischen Denkens,* 11. Auflage, München: R. Piper, 1997, 165. 이와 관련하여 홍경자, 「한계상황으로서의 죽음의식이 삶에 미치는 영향과 의미」, 30~33 참조.

31) M. Heidegger, *Sein und Zeit,* 16. Auflage, Tübingen: Niemeyer, 1986, 233; 한글 번역본 『존재와 시간』, 이기상 옮김, 까치, 1998, 314. 이하 독일어 원본은 SZ로, 쪽수는 독일어/한글 번역본 순으로 표기함.

32) 하이데거는 여기서 상실을 심리적인 의미로 사용하기보다는 존재론적인 의미로 사용한다. 상실은 일반적으로 사람과의 관계의 단절이나 가치관의 단절, 그리고 어떤 것이 없어지거나 사라짐으로 인해 오는 단절을 의미한다. 심리학은 상실에서 오는 심리적 고통과 신체, 인지, 행동 등에서 오는 다양한 증상을 다룬다. 하이데거에게 있어서 상실의 근원은 존재의 부재 혹은 무의 현상에 있으며, 특히 죽음은 현존재에게 무엇보다도 세계-내-존재의 상실로 나타난다.

33) 이를 통해 하이데거는 죽음을 단순한 생명체의 '끝남'(Verenden)이나 의학적인 '사망'(Exitus)으로서의 종말(Ende)로 이해하는 것을 거부한다(SZ, 240~241/323).

34) 불안은 사물적 대상에서 오는 공포와 달리 무(무화)에서 오는 정서이자 자기 부재와 직접 연결된 일종의 존재론적 사태이다. 한편 결코 대상화할 수 없는 죽음과 관련하여 우리는 죽음을 물리치려 하기보다는 다만 죽음 앞에서 느끼는 불안을 적극적으로 받아들일 필요가 있다. 사실 죽음과 관련하여 우리가 제거할 수 있는 것은 아무것도 없다. 왜냐하면 죽음에 관해 우리는 아무것도 아는 바가 없기 때문이다.

35) 박병준·홍경자, 『코로나 블루, 철학의 위안』, 서울: 지식공작소, 2020, vii.

36) 게오르그 짐멜, 『렘브란트. 예술철학적 시론』, 김덕영 옮김, 서울: 도서출판 길, 2016, 159.

37) 본 글은 이미 출판된 논문「그리스도교의 전통적 죽음관의 현대적 해석-실존 철학적 · 형이상학적 관점에서」(박병준 · 홍경자 저, 『신학전망』 209호, 광주가톨릭대학교 신학연구소, 2020, 177~207)를 새롭게 편집하고, 내용을 추가하여 완성되었음을 밝힌다.

야스퍼스의 죽음과 불사[*]

홍경자

1. 서론

'오늘은 내 차례, 내일은 네 차례.' 서구의 묘비명에서 흔히 볼 수 있는 이 말은 죽음이란 누구에게나 예외 없이 인간 모두를 관통하는 필연적인 사건으로 누구나 한 번은 레테의 강을 건너야 한다는 뜻이다. 그러나 우리는 실제로 자신이 죽을 운명이라는 필연적인 사실을 객관적으로는 인정하지만, 일상생활에서는 그 진실을 부정하거나 회피하며 죽음의 문제를 덮어버린 채 살아가기 일쑤이다. 이처럼 죽음을 애써 망각하고 터부시하는 문화에서 2012년에 우리나라에서 번역 출간된 케이건(S. Kagan)의 『죽음이란 무엇인가』의 조용한 인기는 그래서 더욱 주목할 만한 일이다. 그가 우리에게 보내는 메시지는 명확하다. '정말로 중요한 것은 이것, 즉 우리 모두는 예외 없이 죽는다. 그렇기 때문에 우리는 잘 살아야 한다는 것이다.'[1] 결국 이 말은 죽음을 제대로 인식하면, 삶을 어떻게 살아야 할지에 대해 진지하게 자신의 삶을 성찰하게 된다는 의미이다. 역설적이지만 삶의 의미와 가치는 오히려 죽음이 있는 곳에서, 죽음의 테두리에서 더욱 극명하게 부각된다.[2] 그런 점에서 본다면 죽음의 문제를 회피하고 죽음에서 비롯되는 두려움으로부터 도피하고자 하는 모든 시도는 삶의 의미와 가치를 그만큼 상쇄해 버리고, 삶의 생동감마저 잃어버리게 하는 결과를 가져온다.[3]

이러한 죽음이해를 근거로 죽음문제에 천착했던 서구의 철학사조가 바로 실존철학이다. 물론 고대철학에서부터 헤겔(G. W. F. Hegel)에 이르는 고전형이상학에서 죽음의 현상은 빼놓을 수 없는 주된 철학적 주제였음에 틀림없다. 그러나 그들이 집중했던 대부분의 죽음에 대한 고찰은 '불멸'에 기초한 논의였다는 점에서 실존철학이 조망하는 죽음의 접근방식과는 분명 차이가 있다. 실존철학에서의 죽음은 유한한 인간존재의 필연적인 결과로서 자신의 운명을 최후의 불가피한 상황에서 결단하는 가장 극단적인 '사실'로 수용하고 있기 때문이다. 이는 죽음을 외면하지 않고 우리의 삶이 죽음으로 끝난다는 사실을 인정하는 실존적 태도를 의미한다. 이러한 실존적 태도를 통해 우리는 비로소 자기의 삶을 더욱 분명하게 의식하게 되고, 그 결과 자기의 고유한 삶의 과제를 더욱 진지하게 성찰할 수 있기 때문이다. 죽음의 의식이 심화되면 삶의 의식도 심화되고, 나아가 죽음을 대하는 태도가 바뀌면 삶의 의미 또한 가치 있게 변할 수 있다는 주장이다. 실존철학은 죽음을 결코 생물학적인 의미에서 관찰가능한 과학적 지식의 대상으로 취급하거나 혹은 '알 수 없는 어떤 것'으로 단순하게 치부하기보다는 오히려 죽음을 '주체적으로 내면화된 내적 체험'으로 이해한다.[4] 그래서 실존철학은 죽음을 삶의 연속성이 단절되는 고통스러운 '사건'으로만 바라보지 않고, 삶의 의미가 집중되는 '중심'으로 간주하는 이유가 바로 여기에 있다.

요약하면 실존철학이 고찰하려는 것은 죽음이 결코 삶의 외부로부터 언젠가 알 수 없는 어떤 시점에서 한번은 닥쳐올 필연적인 '사건'으로 취급하지 않는다는 것이다. 죽음은 오히려 삶의 출발점, 즉 출생의 순간부터 삶 전체의 의미를 규정하는 어떤 권위를 가지고 있다.[5] 그런 이유에서 '실존적으로 이해된 죽음'은 통속적인 의미에서의 사망(死亡)과는 엄격하게 구별된다. 왜냐하면 야스퍼스적 의미에서 보면 실존적으로 파악된 죽음에는 '단순한 현존(bloßes Dasein)'으로부터 본래적인 나 자신, 즉 '실존(Existenz)'에로 나아가는 도약의 '힘'이 내재되어 있기 때문이다. 결국 실존철학에서 중요하게 다루어지는 것은 죽음을 객관적으로 고찰하는 것이 아니라, 오로지 개별적인 인간의 자기 자신과의 관계, 머지않아 자신에게 곧 닥칠 삶의 종말로서의 죽음이 나의 현재의 삶에 어떤 영향을 끼치고, 또한 어떤 의미를 가지는가에 있다.

그래서 실존철학에서는 죽음을 외부로부터 촉발된 피할 수 없는 불행한 사건으로만 보지 않고, 오히려 죽음이 오늘을 사는 나의 생생한 삶에 더해지는 의미가 무엇인지, 죽음에 대한 지식이 나의 삶에 끼치는 변혁의 '힘'이 무엇인지가 더 중요한 문제로 간주된다.[6] 그러므로 실존철학은 죽음을 삶을 구성하는 중요한 '근본요소'로 이해하며, 내가 나의 죽음과 맺는 관계, 나아가 그 관계가 나의 삶에 미치는 영향과 의미는 철학에서 다루어야 할 근본적인 과제임을 재차 강조하고 있다. 이는 죽음이 전적으로 주관적이며 개별적인 사건으로 인간실존과 밀접하게 연관되어 있음을 밝힘으로써 진정한 실존에로 나아가는 필연적인 조건이 되며, 죽음을 깨달음으로써 진정한 실존을 실현하게 된다는 것이다.[7] 죽음에 대한 실존철학적 이해는 결코 죽음에 대한 불안으로 절망하는 인간의 모습이 아닌 자기 앞에 던져진 죽음을 받아들이고 극복하는 인간의 참모습을 보여주는데 있다.

이러한 논의의 중심에 서 있는 대표적인 철학자들이 키에르케고르(S. Kierkegaard), 하이데거(M. Heidegger) 그리고 야스퍼스(K. Jaspers) 등이다. 이들 실존철학자들 중에서 본 논문은 야스퍼스의 죽음관을 해명하고자 한다. 특히 본 논문이 야스퍼스의 죽음관에 주목하는 가장 큰 이유는 다른 실존 철학자들과는 달리 야스퍼스는 죽음에 대한 총체적이고 실존적인 개념정의에 매달리지 않고, 죽음에 직면해서 인간이 보이는 다양한 태도에 주력하고 있기 때문이다. 그는 이러한 태도에서 죽음조차 파괴할 수 없는 인간의 불사적인 자유존재의 가능성에 대한 근거가 어디에 있는지 심도 있게 분석한다. 죽음을 인간존재의 피할 수 없는 '한계상황(Grenzsituation)'으로 정의하는 야스퍼스는 죽음에 직면하여 인간이 취할 수 있는 두 가지 태도를 제시한다. 첫째, 죽음을 허망한 종말로서 끝내 버릴 수도 있고, 둘째, 생과 사에 얽매이지 않는 무제약적인 것을 경험할 수 있는 계기로 만들 수도 있다. 결국 내가 죽음에 대해 어떤 의식을 가지고, 어떤 태도를 취하느냐에 따라서 죽음에 대한 이해와 해석은 극명하게 달라진다. 그 결과 죽음을 대하는 태도가 삶을 통해 변화되고, 죽음의 의식 또한 나 자신과 더불어 변화된다는 점에서[8] 현실 그대로의 죽음이란 결코 생물학적인 종말로 끝나는 것이 아니라 나의 실존적 역사성 내에 수용된다는 것이다.[9] 바로 이러한 실존적 관점에서 본 논문은 죽음을 "실존의 거울"[10]로 이해하는 야스퍼스의 죽음관을 고찰하고자 하며, 이를 위해 인간의 존재방식 중 하나인 현존(Dasein)과 연관시켜 야스퍼스 철학의 핵심개념이 되는 실존에 대한 논의에서부터 시작한다. 그래야만 야스퍼스의 죽음이 어떻게 해명되는지, 그 세부적인 논의가 가능해질 수 있기 때문이다.

2. 현존과 실존의 개념 이해

야스퍼스는 그의 주저 『철학』에서 자신의 철학을 상세하게 전개시키고 있다. 『철학』은 『세계정위(Weltorientierung)』, 『실존조명(Existenzerhellung)』, 『형이상학(Metaphysik)』 등 세 권으로 이루어져 있는데, 이 책은 존재를 고정시키는 모든 세계에 대한 인식을 초월하여 부동적인(schwebend)[11] 상태로 들어가게 함으로써(세계정위) 자신의 자유에 호소하는 것이며(실존조명), 나아가 초월자에게 다가가기 위해 무제약적으로 행동할 수 있는 공간을 창조(형이상학)할 것을 주요 골자로 삼고 있다.[12] 특히 『철학』의 이와 같은 세 가지 분류방식은 인간의 본질적 존재방식인 현존(Dasein), 의식일반(Bewußtsein überhaupt), 실존(Existenz) 등의 세 가지 개념에 기초하여 그의 철학적 논의를 전개하고 있다. '현존'은 모든 대상성이 근거하는 바탕이며, 의식일반과 실존을 위해서는 절대적으로 필요한 근본토대로서 가장 일반적이며 가장 텅 비어 있는 개념이다. 그래서 야스퍼스는 현존을 '원초적인' 혹은 '근본적인' 실재(Faktum)로 규정한다.

사전적 정의에 따르면 현존이란 비존재(Nichtsein)의 반대되는 말로 시간과 공간 안에 규정된 '어떤 것으로서 존재하는 것'을 의미한다. 그런데 야스퍼스에게 현존은 시간과 공간 안에 한정된 것으로서 나타나는 '있음(existentia)'을 의미하며, 이는 '단지 생각된 존재로서의 본질(essentia)'보다 더 현실적인 우위를 갖는다.[13] 이러한 의미에서 현존은 세계에서 생생하게 나에게 현전하여 나타나는 모든 것, 나에게 대립되는 모든 사물들, 즉 동식물, 자연물, 힘, 물질 등 생물학적인 전체를 지칭하는 말로 이해된다.[14] 그러나 이 의미와는 별도로 포괄자(Umgreifende)[15]로서의 현존의 의미도 있다. 이때 포괄자로서의 현존은 물질로서, 신체로서, 영혼으로서 그리고 일상적인 의식으로서 나타나는 인간존재의 '자기발현'을 뜻한다. 왜냐하면 모든 것은 현존에서 현실적인 것이 되기 때문이다. 현존은 대상적으로 파악할 수 있는 모든 한정된 존재를 포괄하기는 하지만 완성된 전체는 아니며, 오히려 모든 현실적인 것이 현존 안에 있으면서 모든 대상존재를 포괄하는 '현실의 공간(Wirklichkeitsraum)'이다. 그래서 포괄자로서의 현존은 "체험하는 주관의 개별적인 작용이나 혹은 객관적으로 체험되는 개별적인 삶의 표현"이 아니라, 오히려 "생생하게 현실적으로 현존하는 것으로서 존재가 개방되어 있는 영역이며, 오직 이러한 영역에서만이 개별적으로 현존하는 모든 것은 명백하게 드러날 수 있다."[16]

따라서 자기 세계에 둘러싸인 생명으로서의 현존은 자기유지 및 자기성장에 대한 충동만을 채우기 위해 노력할 뿐이다. 결국 현존에게 진리란 삶을 촉진하거나 삶을 유익하게 유지하는 것만이 참된 것이다. 이와 같은 현존으로서의 인간은 사유하는 존재이기보다는 세속적인 삶에 만족하고 그 유지와 보존에만 힘쓰는, 동물들과 별반 차이가 없는 즉자적으로 몰입해서 살아가는 인간존재를 말한다. 바로 여기에서 현존의 한계가 분명히 드러난다. 이 현존의 단계에서는 아직 자명한 자기이해는 불가능하며, 오히려 죽는다는 사실로부터 자신을 "덧없는 시간적인 현존(vergängliches Zeitdasein)"[17]으로 경험하게 한다. 그러한 경험으로부터 현존은 자신을 완성할 수 없다는 한계에 직면하게 된다. 결국 현존은 보다 나은 것에 대한 끊임없는 충동이나 욕망으로 인해 자신에게 존재하는 그 어떤 의미도 발견하지 못한다. 이때 현존이 부딪치는 한계는 실존으로 도약하는 장소인 동시에 무한자 안에서 삶의 도약판을 다시 얻게 되는 장소가 된다. 결국 현존은 "자기 자신에 대한 불만족"으로 인해 보다 깊은 근원인 단순한 현존 그 이상, 즉 '자기존재(Selbstsein)' 혹은 '실존'에로 나아가는 구체적인 매개체가 된다.[18]

그렇다면 현존과 다른 인간의 또 다른 존재방식인 포괄자로서의 '실존'은 어떻게 이해되어야 하는가? 야스퍼스는 실존을 모든 인식의 한계를 넘어서 있으며, 어떤 '개념'으로도 파악할 수 없는 '무제약적 핵심'으로서 모든 인식대상을 넘어선 '지표(Zeiger)'로 이해한다. 왜냐하면 야스퍼스에게 실존은 규정된 범주들을 통해 결코 파악할 수 없는 근원현상이며, 개개인에게 내재하는 '절대적 근원'이기 때문이다. 그러므로 실존은 단순한 지식에 근거하여 추론할 수 있는 완성된 '실재'가 아니라 언제나 '이념'으로만 남아 있다. 그래서 실존은 마치 존재하거나 존재하지 않는 현존과 같이 항구적인 의미로 존재하는 것이 아니라, 언제나 '가능성'으로 존재한다. 야스퍼스에 따르면 실존은 "단순히 이러저러하게 존재함(Sosein)이 아니며, 오히려 그것은 존재가능(Seinskönnen)이다. 다시 말해 나는 실존이 아니라 실존이 될 수 있다는 의미에서 '가능실존(mögliche Existenz)'인 것이다. 그러므로 가능실존은 실존이 자기를 '선택'하고 '결단'하는 자유를 통해 참된 '자기(Selbst)'가 된다. 그리고 이때의 자기는 '현실존재'이면서 동시에 '가능존재'로서의 자기이다. 그러므로 가능존재로서의 실존은 '선택'과 '결단'을 통해 자신의 존재로 나아가거나 혹은 자신의 존재에서 일탈하여 무(Nichts)로 사라질 수도 있다. 결국 가능실존은 세계와 실존 사이의 긴장 속에서 부단히 움직이는 생성과정에 있으며, 이 생성과정은 야스퍼스 철학의 핵심개념인 '실존조명(Existenzerhellung)'[19]을 통해 수행된다.

결국 경험적 차원에서 존재하는 현존과는 달리 '자유'로서 존재하는 실존은 내가 나의 존재방식을 선택하고 결단함으로써 자유의 가능성, 결단의 주체로서의 나의 존재가능성인 실존을 비로소 획득하게 된다. 본래적인 자기로서의 실존은 '사실' 그대로 존재하는 것이 아니라, 나의 결단을 통해서만이 참된 내가 될 수 있기 때문이다.[20] 그래서 실존은 결단의 근거인 자유 안에서만 현실적이고, 자유에 근거를 둔 선택과 결단을 통에서만 참된 자기를 발견하게 된다. 물론 이러한 선택은 비록 구체적인 역사적 상황에서 발생하는 것이기는 하지만, 어떠한 외부적인 압력이나 제약도 받지 않는 자유로운 선택에 근거한다. 이때 실존의 무제약적 근거로서의 '자유'는 인간이 자기 자신으로 존재할 수 있고, 가장 중요한 실존의 '징표(Signum)'를 해명할 수 있는 무한한 공간이 된다. 그러므로 여기서 의미하는 자유는 결코 '자의'가 아니라 '자율'이며 '자기입법'이다. 물론 그렇다고 해서 '입법을 세우는 자기(Selbst)'가 루소(J. J. Rousseau)의 '일반의지'나 칸트(I. Kant)의 '보편적 이성'을 말하는 것은 아니다. 오히려 이러한 자기는 선택과 결단을 통해 미래에 자신의 선택 행위를 제한하는 구체적인 개별자로 이해되어야 한다.[21] 결국 야스퍼스가 말하는 실존으로서의 인간은 자신의 삶에 직면해 누구도 대신할 수 없는 존재이며, 그 결과 스스로 어떤 인간으로 존재할지에 대해 끊임없이 결단하도록 스스로를 촉구하는 존재이다.[22] 이때 결단은 일반적으로 두 가지의 길, 즉 실존적 소통(existentielle Kommunikation)과 한계상황에서 완성된다. 한계상황으로서의 죽음을 실존과 연관시켜서 이해하기 위해서는 무엇보다도 한계상황을 이해하는 것과 한계상황을 정의하는 것이 중요하다. 다음 장에서는 이러한 논의에 초점을 맞춰 한계상황을 설명한 뒤, 한계상황으로서의 죽음에 대한 논의를 본격적으로 다루고자 한다.

3. 상황과 한계상황의 의미

상황(Situation)은 현존에게 독특한 방식으로 미리 주어져 있는 생활세계의 영역들로서 현존의 내재적 의식에 속한다. 현존은 이 영역들을 그때그때마다 자신의 관심에 부응해서 어떤 상황을 만들어낼 수도 있고, 또한 어떤 상황을 만드는데 거리를 둘 수도 있다. 왜냐하면 상황이란 단순한 자연 법칙적인 현실을 말하는 것이 아니라, 어떤 의미와 관계된 현실, 즉 나의 현존의 이익이나 손해, 좋은 기회나 제한을 의미하는 심리적이면서도 물리적인 '구체적 현실'을 의미하기 때문이다.[23] 이러한 구체적 현실에서 현존으로서의 나는 끊임없이 행위하고 나에게 맞는 고유한 방식으로 살아간다. 하지만 현존으로서의 나는 상황 속에 존재하기 때문에, 또 다른 상황으로 옮겨가지 않는 한, 나는 그 상황으로부터 결코 벗어날 수 없다. 모든 상황파악은 스스로가 상황을 변화시킬 수 있는 조건들을 형성할 수 있지만, 상황-내-존재(In-Situation-Sein) 그 자체는 변화시킬 수 없기 때문이다.[24] 결과적으로 나의 행위는 자신에 의해 초래되고, 실제로 주어져 있는 하나의 상황으로서 나에게 되돌아오기 마련이다. 그러므로 현존의 상황은 변하지 않는 견고한 도식체계가 아니라, 인간의 행위나 이해 혹은 체험에 의해서 끊임없이 변하는 것이므로, 그 상황들은 우연적이며 임의적이다. 그러나 이처럼 우연적이며 임의적인 현존의 상황들이 인간의 본질적인 상황(wesentliche Situationen)이라고는 말할 수 없다.

여기서 말하는 본질적인 상황이란 "인간존재 자체와 결부되어 있고, 유한한 현존에 불가피하게 주어져 있는 상황"[25]으로서 인위적으로 만들거나 스스로 변화시킬 수 없는 상황들을 말한다. 비록 상황의 순간적인 현상들이 다르고, 그것을 압도하는 힘이 베일 속에 숨겨져 있다 하더라고, 어떠한 경우에도 인간이 벗어날 수도, 극복할 수도 없는 불가피한 상황들이 존재한다는 것은 변함없는 사실이다. 이를테면 유한한 현존으로서 인간은 자기의 부모를 선택한 것이 아니므로 자신도 어쩔 수 없는 '혈통(Herkunft)'을 가지고 있으며, 누구든지 한 번은 '죽어야' 하며, 생존하기 위해서는 다른 현존과 '투쟁'하지 않으면 안 된다. 또한 인간은 그때그때마다 여러 가능성을 선택하게 되는데, 가령 내가 어떤 것을 선택하게 될 때, 다른 사람이 그것을 선택할 가능성을 빼앗아버리는 결과를 초래하게 됨으로써 '죄책'에 빠지게 된다는 것이다. 이러한 인간은 '우연'에 맡겨져 있으며, 현실적인 모든 것은 일회성을 지닌다는 점에서 역사적이다.[26] 이처럼 인간이면 누구나 공감할 수 있고, 누구에게나 해당하는 일반적인 상황들, 그러나 누구도 결코 피할 수 없는 위에 열거된 상황들을 야스퍼스는 '근본상황(Grundsituation)'이라고 부르고, 이러한 근본상황이 구체적인 개인에게 국한되어 어떠한 경우에도 일반화될 수 없을 때, 이 상황들을 '한계상황(Grenzsituationen)'이라고 부른다. 달리 말하면, 현존으로서의 내가 유한성과 무한성의 종합으로서 나 자신을 이해하게 될 때, 근본상황은 한계상황으로 변한다. 그래서 야스퍼스에게 한계상황은 어떠한 경우에도 예외적인 상황이나 혹은 극단적인 상황이 아니라, 현존과 밀접하게 연관된 근본상황인 것이다.

그러나 한계상황은 인간존재의 근본적인 심적 상태를 특징짓기 위해 야스퍼스가 고안해낸 매우 독특한 개념으로서 근본상황이긴 하지만 또한 근본상황과는 질적으로 구별되는 개념이다. 여기서 '한계'란 "현존의 테두리를 말하는 것이 아니라 현존이 초월자를 향해 나가면서 투명해지는 자리"[27]를 말한다. 앞에서 지적한 대로 한계상황에 대한 의식은 근본상황을

'개별적'으로 만난다는 점에서 숙명적이며, 극복할 수 없으며, 해결할 수 없는 '실존적 체험'으로서 구체적인 개인에게 해당되기 때문이다. 바로 이러한 이유에서 한계상황은 인간의 유한성에 근거를 둔 '실존'에 본질적으로 속하는 상황들이며, 인식의 차원에서는 결코 파악할 수 없고, 단지 실존에 의해서만 현실로서 체감될 뿐이다. 그래서 "한계상황을 경험하는 것과 실존한다는 것은 같은 것이다."[28] 왜냐하면 한계상황은 현존으로서의 인간이 부딪쳐 난파하는 일종의 '벽(Wand)'과 같은 상황으로서 현존으로 하여금 자신이 가진 능동성의 한계를 분명하게 경험하게 만듦으로써 실존에로 비약할 수 있도록 만들기 때문이다.[29] 현존으로서의 인간은 자신에게 닥친 한계상황을 결코 변경할 수도 없다. 그저 그가 할 수 있는 일이란 그 상황들에 대해 다른 것들로부터 설명하거나 추론하는 방식이 아닌, 그저 조명하는 방식을 취할 수밖에 없다.[30] 그러므로 한계상황의 특징은 의식일반으로서의 사유가 한계상황에 부딪치며 난파한다는 것, 개별자인 인간이 스스로 자기 자신의 한계상황들을 극복할 수 있는 방법을 전혀 알지 못하는 무지함에 놓여 있다는 것이다. 의식일반으로서의 '사유'는 한계상황을 제거할 수도, 반성을 통해 추적할 수도 없을 뿐 아니라, 나아가 그 근거들을 설명해 낼 수도 없기 때문이다.[31] 사유는 한계상황 앞에서 자신의 무력함을 통렬하게 경험하게 만든다. 한계상황은 현존으로서의 인간에게 자기 자신의 능동성의 한계와 자기 자신의 무력함을 경험하게 하지만 동시에 한계 너머에 존재하는 그 어떤 '다른 것'이 있다는 사실 또한 경험하게 한다. 이때 실존은 자신에게 닥쳐온 한계상황을 은폐하거나 회피함이 없이 한계상황에 직면하면서 단순한 현존에 매여 있지 않는 진정한 자기 자신의 자유를 비로소 '확신'하게 된다. 그러므로 진정한 의미의 한계상황은 단순히 '한계'만을 지시하는 기능을 넘어서서 한계 너머에 존재하는 '어떤 것'이 있다는 사실을 체험하게 하는 매개의 기능을 가질 때에야 비로소 가능하다는 것이다[32]

야스퍼스는 『철학』에서 개별적인 한계상황들을 죽음(Tod), 고통(Leiden), 투쟁(Kampf) 그리고 죄책(Schuld) 등으로 분류하여 구체적으로 설명하지만, 그의 초기 저서인 『세계관의 심리학』에서는 '우연(Zufall)'도 한계상황들의 개념들 중 하나로 규정하고 있다. 다음 장에서는 이들 한계상황들 중 본 논문의 주제인 '죽음'에 한정하여 한계상황으로서 죽음이 왜 참다운 실존에 도달하기 위한 필연적인 조건이 되는지, 그리하여 죽음이 갖는 실존의 참된 의미가 무엇인지, 왜 죽음을 '실존의 거울'로 규정하는지에 대해 살펴보고자 한다.

4. 한계상황으로서의 죽음이해

1) 객관적 사실로서의 죽음과 한계상황으로서의 죽음: 타인의 죽음과 나의 죽음

야스퍼스는 우선 『철학』 제2권인 『실존조명』에서 '한계상황이 아닌 죽음'과 '그 자체 한계상황인 죽음'에 대한 지식(Wissen)을 매우 상이하게 구분하고 있다. 야스퍼스에 따르면 단순한 현존(bloße Dasein)이 겪는 객관적 사실로서의 죽음은 아직 한계상황이 아니며, 언젠가는 자신이 죽게 되리라는 단순한 '근심' 또한 아직은 한계상황이 아니라는 것이다.[33] 무상함에 대한 필연성은 객관적인 관찰만으로는 전혀 파악할 수 없는 특징을 지니고 있다. 죽음이라는 것은 "표상할 수 없는 것, 본래는 사유할 수 없는 것"[34]이기 때문이다. 그래서 우리가 죽음을 표상하고 사유한다는 것은 부정적인 측면이지 결코 실증적인 측면이 아니다. 단순한 현존으로서의 내가 나의 존재를 절대시하거나 혹은 나의 종말에 대해 불안해하며 내가 죽는다는 사실을 끝내 망각한다면, 실존으로서의 나의 존재는 포기되어 버리고 만다. 결국 이 말은 내가 현존의 현상을 너무 무관심하게 여기고 경시함으로써 죽음과 어떠한 관계도 맺으려 하지 않을 때, 나는 나의 실존으로부터 벗어난다는 뜻이다.[35] "만일 죽음이라는 소멸이 존재하지 않는다면, 존재로서의 나는 무한히 영속할지는 모르겠지만, 실존하는 것"[36]은 결코 아니기 때문이다. 야스퍼스는 현존의 종말 앞에서 실존한다는 것을 '현상'이라는 개념을 통해 설명하고 있는데, 여기서의 현상은 우리가 일상적으로 알고 있는 단순한 현상이라기보다 실존에로 비약하는 매개체로서의 독특한 권위를 가지고 있는 것으로 이해된다. 왜냐하면 현존으로서의 현상이 사라질 수 있다는 것은 '실존'에로 나아갈 수 있는 가능성을 열어주기 때문이며, 내가 가능실존이 될 수 있는 길은 오로지 내가 현존으로서의 현상 그 이상으로 존재할 때뿐이기 때문이다. 그러므로 우리는 한계상황으로서의 죽음을 결코 일반적이고 보편적인 진리로 파악해서는 안 된다. 실존에게 죽음은 어떤 객관적인 사실로서의 죽음이 아니라, 가까운 타인의 죽음이든 나의 죽음이든 언제나 유일회적인 의미에서 역사적인 죽음이기 때문이다.

한계상황으로서의 죽음이 무엇을 의미하는지 보다 구체적인 접근을 위해 가까운 타인의 죽음과 나의 죽음에 대해 자세하게 논의해 볼 필요가 있다. 우선 가까운 타인의 죽음에 대해 살펴보면, 우리는 사랑하는 사람의 죽음 앞에서 절대적인 죽음을 만나게 된다. 죽음 앞에서의 고독은 죽어가는 사람에게나 남겨진 사람에게나 절대적이다. 야스퍼스는 함께 있다는 현상이 아직 의식으로 남아 있는 동안, 사랑하는 사람과 완전히 단절되는 이별의 고통을 '도움을 주지 못하는 소통(Kommunikation)의 마지막 표현'으로 간주한다.[37] 야스퍼스에 따르면, 이때 우리가 타인의 죽음을 단순히 일반적이고 객관적인 사실로서의 불행한 '종말'로서만 취급하지 않는다면, 타인의 죽음 역시 한계상황이 될 수 있다. "죽음으로 인한 종결 자체도 여전히 타인과의 소통의 현상이 되고, 그러한 소통은 그 자체의 존재를 영원한 현실로 보존할 수 있기 때문이다."[38] 결국 죽음을 의식하는 인간의 태도 여하에 따라 얼마든지 타인의 죽음도 본래적 의미에서의 한계상황이 될 수 있다.

한계상황으로서의 타인의 죽음은 생물학적 사건으로서의 죽음을 초월하여 영원히 지속되는 소통 안에서 언제나 나에게 실존적으로 현존할 수 있다. 이는 타인의 죽음을 나의 삶 안으로 받아들일 때 가능해진다. 이러한 태도는 타인의 죽음을 애써 잊어버리면서 위안을 찾으려는 현존의 태도와는 전혀 다른 방식이다. 실존적 태도는 '어떤 객관적인 위안'을 통해서 상실의 고통을 완화시키려 하지 않고, 오로지 실존적 '도약'을 통해서만 죽음에 대한 고통을 극복하고자 애쓰는 태도이다. 이러한 태도에서 타인의 죽음은 시간의 한계를 초월하여 영원히 존속하는 존재와의 접촉을 경험하게 되는데, 이때 비로소 고인과 함께 하는 새로운 삶이 시작되는 것이다. 결국 죽음을 통해서 소멸되는 것은 현상에 불과한 것이지, 결코 존재 자체가 아님을 여기서 알 수 있다. 그러므로 사랑하는 사람의 죽음으로 인해 씻을 수 없는 고통의 심연에 빠지지만, 남겨진 자에게 상실의 고통

을 넘어 "깊은 밝음(Heiterkeit)"이 함께 할 수 있는 이유가 바로 여기에 있다.[39]

그러나 타인의 죽음이 위에서 언급한 대로 한계상황이 될 수 있다고 하더라도 아직 '결정적인 한계상황'은 아니다. 야스퍼스에 따르면 결정적인 한계상황은 타인의 죽음이 아니라 객관적이거나 보편적인 것을 통해서는 결코 알려지지 않는 '나의 죽음'이다.[40] 왜냐하면 타인의 죽음은 어떤 방식으로든지 경험되는 반면에, 나의 죽음은 절대로 경험될 수 없기 때문이다. 만일 내가 죽음이라는 것을 경험한다면, 그것은 오로지 타인의 죽음을 통해서만 간접적으로 경험될 뿐, 나의 죽음 자체는 직접적으로 경험되지 않는다. 그래서 나의 죽음은 되돌려 받을 수도 없고, 죽는다는 사실을 알면서도 마음대로 할 수 없는 '무(Nichts)'다. 이러한 '절대적 무지'는 야스퍼스에 의하면 '침묵(Schweigen)'이며, 이때 그가 말하는 침묵은 내가 알 수 없는 것에 대해서는 알려고 하지 않는 태도로 규정된다. 생명이 있는 현존에게 죽음은 '무'로 남겨져 있으며, 이러한 '비존재'는 '절대적인 낯설음', '위협적인 것', '끔찍한 것' 등으로 나타난다. 이러한 무에의 위협적인 상황에서 죽음은 나에게 존재가능성의 한계, 능동성의 한계 그리고 인식능력의 한계 등으로 인해 속수무책인 자기 자신을 발견하게 만든다. 이때 나의 죽음이 한계상황이 될 수 있는 유일한 길은 죽음으로 인해 완전히 소멸되어 버리는 단순한 현존과는 달리 죽음도 빼앗을 수 없는 '무제약적이고 절대적인 어떤 것'을 발견하는 데서 이루어진다.[41] 즉 실존으로서의 나의 존재는 죽음에 의해서도 결코 소멸되지 않는 실존에 대한 자기 확신에 의해서만 가능하다는 것이다.[42] 내가 죽음에 직면하여 중대한 어떤 것을 발견하지 못하고 나의 죽음을 나를 압도하는 불행으로만 받아들여 그것에 굴복해 버린다면, 죽음은 나에게 결코 한계상황이 되지 못한다. 이때의 죽음은 "실존의 가능한 심연을 일깨워주는 죽음이 아니라 오히려 모든 것을 무의미한 것으로 만들어 버리는 죽음이기 때문"[43]이다.

그러므로 실존적 태도에서의 죽음은 인간으로 하여금 죽음의 본질에 직면하여 삶을 영위하고 자신의 본질을 시험하라고 촉구한다.[44] 죽음에 대한 한계상황의 현실화가 곧 실존의 시금석이다. 바로 이러한 의미에서 죽음은 현존에게 결단의 의미가 가시화되는 "실존의 거울"[45]이 되는 것이다. 야스퍼스에 따르면 인간의 삶은 이 시험 안에서 본질적인 삶과 비본질적인 삶으로 나누어진다. 죽음에 직면했을 때, 본질적인 삶은 실존하는 과정으로 나타나며, 비본질적인 삶은 단순한 현존으로서의 소멸, 즉 종말로 나타난다. 죽음 앞에서 더 이상 나에게 본질적인 삶이 남겨져 있지 않다는 허무주의적 절망감에 빠져 있거나 혹은 그 누구도 어쩔 수 없는 불행한 사건인 객관적 자기절멸로서의 나의 죽음을 받아들일 경우, 실존은 여지없이 몰락하고 만다.[46] 이러한 한계상황에서 두 종류의 죽음이 나타나게 된다. 그 중 하나는 '존재와 삶'을 변호하는 죽음이고, 또 다른 하나는 '무'를 변호하는 죽음이다.[47] 야스퍼스가 가정한 것처럼, 만일 죽음으로 인한 소멸이 언제나 거짓된 현상과 관련된 것이라면, 이때 죽음은 '존재 (Sein)'에 헌신하는 것이며, 그런 의미에서 '죽음의 무'는 절대화되거나 부정되기보다 오히려 초월하면서 지양되는 것, 즉 극복되는 것이다.[48] 그래서 현존에 토대를 둔 실존에게 죽음은 언제나 양쪽 모두, 즉 '존재와 삶', '무'로서 나타난다. 왜냐하면 한편으로는 죽음에 직면하여 한계상황에서 절망하는 것처럼 보이지만 현존의 현실성을 비존재보다 더 선호하게 되고, 다른 한편으로는 죽음에 직면하여 그 죽음을 파악하거나 신뢰하지도 못하면서 자신의 본래적인 존재를 의식하기 때문이다. 이처럼 죽음은 서로 모순된 현상들에 의해 야기되는 긴장 속에서 대립적인 양면을 다 가지고 있는 죽음의 변증법이 되며, 이 죽음의 변증법이 곧 실존이다.[49]

　야스퍼스는 일반적으로 죽음의 한계상황을 벗어나는 방법으로 두 가지 입장이 자주 거론되고 있다고 말한다. 그 중 하나는 죽음을 두려워하지 않고 스스로 죽음을 취하기도 하는 엄격한 아타락시아(Ataraxie)의 방법이고, 또 다른 하나는 피안에서의 삶의 환상을 가지고 죽음의 허무를 이겨내고자 하는 세계부정(Weltverneinung)의 방법이다. 야스퍼스에 따르면 이 두 입장 모두 죽음을 대하는 태도로는 참되지 못한 태도라고 비판한다.[50] 물론 두 입장이 죽음에 대한 불안을 극복하는 데 어느 정도 도움을 줄 수 있는 것은 사실이지만, 두 입장 모두 죽음을 직시하면서 죽음과 대결하기보다는 죽음을 가볍게 여기거나 혹은 망각하고 회피하는데 더 많은 도움을 주는데 기여할 뿐이라는 것이다.[51] 이러한 입장들은 죽음을 '비존재에 대한 공포'로 없애 버리기 때문에 참된 의미의 죽음이란 존재할 수 없게 만들고, 더 나아가 '한계상황'을 없애버리는 희생을 치르고서야 비로소 죽음이 극복되기 때문이다.[52] 이에 대해 야스퍼스는 자신의 죽음에 직면하여 자기기만 없이 참되게 죽을 수 있는 비판적 용기만이 한계상황으로서의 죽음을 극복할 수 있는 참다운 태도라고 주장한다.[53]

2) 불안의 증후(Signum)

　인간을 뒤흔드는 가장 근본적인 위협은 '불안'이다. 야스퍼스에 따르면 삶에 내재하는 불안의 모든 형태는 궁극적으로는 죽음에 대한 불안에 기인하며, 인간 내면에 존재하는 가장 본질적인 증후이다. 죽음에 대한 불안은 인간의 내적 경험에서 매우 중요한 역할을 수행한다. 그렇다면 죽음에 대한 불안은 인간의 삶 속에서 어떤 의미를 가지는가? 대체로 이 죽음에 대한 불안은 살아있는 현존의 존속에 대한 불안으로서 더 이상 존재하지 않는다는 데 대한 불안이다. 이러한 불안은 아직 실존과 연관된 불안으로 볼 수 없다. 왜냐하면 실존과 연관된 불안은 현존의 존속에 대한 불안과는 다른 어떤 것, 즉 지금까지 살아온 삶이 머지않아 닥쳐올 종말의 가능성 앞에서 죽음으로부터 오는 위협을 어떻게 극복할 것인가에 대한 물음과 더 긴밀하게 연관되어 있기 때문이다. 야스퍼스는 이러한 논의를 위해 불안을 두 종류의 불안으로, 즉 '현존적 불안'과 '실존적 불안'으로 구분한다. 현존적 불안은 생사와 관련된 욕구가 위협당할 때 느껴지는 불안으로서 임종에 대한 불안이며, 실존적 불안은 비존재에 대한 공포, 즉 '무(das Nichts)'의 가능성을 '의식'할 때 생겨나는 불안이다. 다시 말해 실존적 불안은 죽음 앞에서 참된 자신을 발견하지 못하는 데서 오는 공포이다.[54]

그래서 이 '실존적 무의 불안'은 현존적 불안과는 근본적으로 다른 성격을 지닌다. 왜냐하면 삶의 존속과 연관된 현존의 욕구는 감각적 불멸에 관한 표상을 통해서든, 그 어떠한 대가를 치루더라도 죽음에 대한 불안을 은폐하려고 노력하는데 반해, 실존적 불안은 생명에 집착하는 모든 삶의 욕구에 단호히 저항함으로써 죽음을 은폐하기보다, 오히려 실존에 대한 확실한 깨달음과 종말이 지닌 진성한 앎을 통해서 마음의 평정을 찾는 건설적인 '힘'으로 작용하기 때문이다. 이러한 실존적 불안은 어떠한 경우에도 순수한 '존속'에 대한 불안이 아니고, 상실해가는 현존의 가치에 대한 불안으로서 실존의 본래성을 시험하는 불안이다. 그러므로 실존적 불안은 현존적 불안과는 달리 죽음에 직면할 때, 삶의 깊이를 한층 더 깊어지게 하며, 실존으로 하여금 보다 확실하게 자신의 참모습을 깨닫도록 촉구한다.[55] 그러므로 죽음에 직면한 실존은 죽음 앞에서 비로소 자기를 확신하게 된다. 그러나 자기존재를 확신하는 실존은 피안의 세계에 희망을 두기보다 죽음을 기다리는 용기를 필요로 하기 때문에 어떠한 경우에도 불안에서 벗어날 수 없을 뿐만 아니라, 또한 불안을 완전히 극복해서도 안 된다. 오히려 실존으로서의 인간에게 불안을 극복하는 방법은 오로지 불안의 토대 위에 서서 그것을 용감하게 극복해 나가는데서 이루어지기 때문이다. 그렇게 될 때 비로소 실존은 시간적인 지속이 사라진다 해도 결코 흔들릴 수 없는 무제약적인 자기를 경험하게 된다. 이처럼 불안을 이겨내는 일관된 실존적 태도에서만이 시간을 초월한 어떤 '절대적인 것'에로의 도약이 일어날 수 있다.

그러므로 실존적 존재확신은 죽음의 불안이 완전히 제거된 아타락시아와는 다른 것이다. 오히려 실존적 자기확신은 죽음의 불안과 생명에의 욕구가 실존을 허무 속에 빠트려 완전히 몰락시킬 수도 있는 위험 속에서 끊임없이 죽음과의 영웅적 대결을 통해서만 획득될 수 있는 확신이다.[56] 생명에의 욕구에 사로잡혀 있는 단순한 현존에게는 자신의 죽음이 절망이고 끝없는 슬픔이겠지만, 실존에게 죽음은 현상존재의 한계에 묶여서 절망하지 않는 자유로운 자기존재를 확신하게 하고, 자신의 삶을 심화시켜주는 매우 중요한 사유의 단초가 된다. 결국 죽음에 대한 불안의 극복은 현존의 생명을 지연시키고자 애쓰며 살기보다, 자기 자신을 역사적 현실과 일치시키려는 자기결단을 통해 부단히 자신의 삶을 실현시키는 데서 이루어지는 것이다. 그런 의미에서 죽음은 삶의 중단이 아니라 삶을 완성하는 토대가 된다.[57] 왜냐하면 살아서 삶 자체를 완성할 수는 없기 때문이

다. 물론 우리가 죽음을 '흐르는 일차원적인 계기로서의 시간' 안에서 머지
않아 한번은 일어나야 할 어떤 외적인 종말로서의 사건으로서만 생각한다
면, 죽음의 필연성이 삶에 속한다는 생각은 쉽게 받아들일 수 없겠지만,
죽음이 삶에 속한다는 '의식'만큼은 부정할 수 없는 사실이다.

물론 현실적이고 생물학적인 죽음은 인간의 힘으로는 어쩔 수 없기 때
문에 완성이 아니라 분명 종말임에는 틀림없으나, 실존은 자신을 완성할
수 있는 필연적 한계로서 죽음에 대한 태도를 갖는다. 그래서 가장 본래적
인 삶이란 죽음을 향하고 있는 삶이며, 바로 그런 점에서 죽음은 '한계'가
아닌 '완성'인 것이다. 그런데 여기서 야스퍼스를 오해하지 말아야 한다.
야스퍼스 자신도 지적한 것처럼 죽음이 삶의 완성이라고 해서 살아가는
내내 용기를 잃고 삶의 고통을 받아들이지 않는다든가, 자신을 증오하고
관용적 쾌락이나 고통, 죽음 등에 탐닉하며 삶에 지쳐 영원한 휴식을 갈망
하는 그와 같은 태도를 말하는 것은 결코 아니라는 점 때문이다.[58] 그보다
는 오히려 죽음에 직면하여 망각이나 자기기만 등으로 죽음을 도피하려고
애쓰지 말아야 한다는 의미이고, 오로지 그러한 결단의 태도에서만이 죽
음은 삶의 토대가 된다는 것이다. 그러므로 죽음에 관한 한, 언제나 남의
일로만 치부했던 나의 죽음이 실존적 태도를 통해 죽음에 대한 타자적
성격이 사라지면서 어떤 방식으로든 삶이 완성된다.[59] 결국 죽음에 대한
삶과의 관계는 참다운 실존에 도달하는 필연적인 조건을 통해서만 형성
될 수 있다.

3) 불사(Unsterblichkeit)의 암호

불사에 대한 생각은 인류 역사상 가장 오래된 형이상학적 주제이자 죽

음에 대한 의식보다 더 오래된 것이다. 야스퍼스는 기존의 불사에 대한 논의와는 다르게 '시간'의 개념에 입각하여 자신의 논의를 전개시키고 있다. 앞에서도 언급했듯이 죽음에 대한 불안은 무의 대한 불안이자 사후에 대한 불안이다. 그러나 야스퍼스에 의하면 이 두 가지의 불안은 전혀 근거 없는 불안이다. 왜냐하면 무는 시간적이며 공간적 실재와 관련해서만 무라는 점에서 사후의 또 다른 현존이 존재한다고 보기 힘들기 때문이다. 그러나 그는 사후의 현존이 존재하지 않는다고 해서 '불사의 대한 의식'조차 근거 없는 것으로 단정내리기에는 무리가 있다고 주장한다. 야스퍼스에 따르면 대부분의 인간은 살아 있는 모든 것은 다 끝이 있다는 것을 알면서도 삶이 그렇게 허무하게 죽음으로 끝날 거 같지 않다는 막연한 어떤 무엇에 이끌려 있다는 것이다. 야스퍼스는 이 이끌림을 '영원성을 지향하는 충동'으로 설명한다. 물론 영원성을 지향하는 이와 같은 충동은 경험적으로나 논리적으로 설명될 수 없지만, 괴테(G. W. Goethe)의 말대로 불사를 믿는 것이 인간 본성에 속하는 당연한 일이라면, 우리는 이러한 영원성에의 충동을 결코 무의미하게 취급할 수 없다.[60] 야스퍼스는 이처럼 현존의 시간적 제약성을 넘어 '영원성을 지향하는 충동'이야말로 철학에서 해명해야 할 중대한 과제로 보고 있다.

야스퍼스는 시간적 존속으로 향하는 불사에 대한 충동으로서 현존의 불사에 대한 충동과 또 영원으로 향하는 불사에 대한 충동을 라디오 강연 모음집인『철학적 사유의 작은 학교』에서 매우 심도 있게 다루고 있다.[61] 야스퍼스에게 불사는 이전 혹은 이후에 다가올 현존의 단순한 '사실'이 아니다. 야스퍼스가 생각하는 불사는 영혼불멸에 대한 고대의 표상도, 내세를 약속하는 영생에 대한 기독교적 통찰도 아닌, 오히려 '시간' 안에서 영원성을 경험하는 것으로 이해된다. 이때 야스퍼스에게 시간은 단순한 흐름이 아니라 실존의 현상으로 나타난다. 이러한 실존의 현상으로서의 시간을 설명하기 위해서 야스퍼스는 시간을 원환적 시간(Kreiszeit)과 직선적 시간(lineare Zeit)으로 구분한다. 원환적 시간은 무한한 회귀의 시간을 의미하며, 이러한 시간 안에 있는 모든 것은 회귀에 의해서 무한히 되풀이되는 시간이다.[62] 이에 반해 직선적 시간은 결정적인 종말을 가진 시간으로서 규정되며, 영원한 것은 무한히 반복되는 회귀에 의해서가 아니라 '시간' 안에서 결정된다. 여기서 야스퍼스는 '불사의 의식과 연관된 영원성을 향한 충동'은 어떠한 경우에도 원환적 시간에서는 성립될 수 없고, 오로지 직선적 시간에서만 가능하다고 주장한다. 원환적 시간에서는 처음과 끝이 하나로 맞닿아 있으므로 시간을 넘어선다는 것은 불가능하지만, 직선적 시간에서는 시간을 초월하여 영원성을 향한 충동이 성립될 수 있기 때문이다.

그러므로 야스퍼스는 이러한 직선적 시간관에 입각하여 불사를 정의하고 있는데, 그에게 영원성으로서의 불사란 "시간적 현존과 무시간적인 것의 통일" 또는 "시간 앞에서 시간을 거스르는 것"[63] 등으로 규정된다. 이런 관점에서 본다면 불사는 영원한 현실성으로서의 경험적 시간과도 대립되며, 그 자체 논리적이고 수학적인 무시간적 비현실성과도 대립된다. 왜냐하면 내가 시간 속에서 절대적으로 행위하고 사랑하며 사는 한, 불사의 절대성은 현실이기 때문이다. 그러므로 불사의 경험은 단지 실존에게만 귀속된다. 실존은 불사를 경험하기 위해 순간적으로 조명되는 것으로서 "순간은 시간적이지만, 순간이 실존적으로 채워질 때, 이 순간은 모든 시간을 덮어 버리는 영원성에 관여하게 된다."[64] 그런 점에서 순간의 영원성으로서의 불사의 개념은 경험적으로도 논리적으로도 부조리하며 모순적이며, 어떠한 경우에도 하나의 개념으로 파악되지 못한다.

이러한 논리라면 도대체 어떻게 불사를 경험할 수 있다는 말인가? 이에 대해 야스퍼스는 '순간의 영원성'은 '실존적 확신'을 통해서 가능하다고 주장한다. 그에 따르면 '순간의 영원성'이라는 확신이 초월자와 관계하는 실존적 의식에로 도약할 때, 우리가 불사를 경험할 수 있다는 것이다. 우리는 분명 단순한 현존으로 죽어야 하지만, 우리가 자기의 자유를 의식하는 실존으로 존재하는 한, 즉 시간 안에서 영원한 것으로 나타나는 한, 불사이다.[65] 이러한 의미에서 불사의 경험은 시간 속에 존재하지만 시간이 아닌 존재로서의 자기를 경험하는 실존의 자기의식과 밀접하게 연관되어 있다. 이 말은 우리가 결단하지 않은 상태에서는 죽어야 하는 것이지만, 자유 가운데 결단하는 실존으로 사는 한에서는 불사라는 것이다. 그러므로 불사에 대한 확신은 실존과 하나가 될 때 가능하다. 그런데 이런 실존적 확신은 어떠한 경우에도 지식으로 획득되는 것이 아니다. 오히려 자기에게 주어진 상황 속에서 모험과 위험을 가지고 살아가는 역사적 실존에게 암호의 방식으로 주어지는 존재확신인 것이다. 만일 자신의 불사성을 '사실'로만 안다면, 인간은 자신의 본질을 상실하는 것이다.[66] 오히려 인간이 죽음에 대한 무지를 지속적으로 견디어 나갈 때, 진정한 자기 자신에 이른다는 야스퍼스의 이와 같은 일관된 주장은 인간으로 하여금 지금의 삶을 어떻게 살아야 할지, 장차 어떻게 죽음을 맞이해야 할지에 대한 중요한 사유의 계기를 제공하고 있다.

5. 결론: 죽음이 삶에 미치는 영향과 의미

지금까지 본 논문은 한계상황으로서의 죽음을 실존과 연관시켜 본래적인 죽음의 의미를 추구한 야스퍼스 철학을 중심으로 고찰했다. 죽음에 대한 야스퍼스의 긍정적인 평가로는 죽음과 대결함으로써 죽음에 대한 불안을 극복하고, 죽음도 앗아갈 수 없는 불사에 대한 존재확신을 가질 수 있는 실존적 태도를 보여줌으로써 소멸에 대한 공포를 극복할 수 있는 하나의 방법을 제시해 주었다는 점이다. 특히 죽음의 의미 혹은 죽어야 할 운명에 대한 그의 해석은 책임 있는 행위의 호소로서, 즉 실존조명을 위한 가능성으로서 죽음에 대한 '의식'을 삶 안으로 적극적으로 수용하고 있다는 점은 야스퍼스에 대한 보다 긍정적인 평가이다. 야스퍼스의 죽음에 대한 태도가 종교적 연관성을 넘어서서 실존적 확신에 근거하여 개인의 삶의 방식과 삶의 의미에 대한 가치를 해명하고 있다는 점에서 '죽음'과 관련된 문제들, 즉 자살충동, 죽음에 대한 공포, 존재의 유한성에 대한 인식, 가족과의 사별 등을 다루는 철학상담 등 다양한 상담분야에서 적극적으로 활용해 볼 수 있는 부분이다. 왜냐하면 야스퍼스가 종교적인 차원과는 다른 방식으로 죽음을 극복할 수 있는 가능성을 열어주었다는 점에서 죽음으로 인한 실존적 문제에 직면하여 고통 받는 내담자에게 죽음을 있는 그대로 받아들이게 하여 내담자가 의미 있는 다른 선택을 할 수 있도록 독려하는 이론적인 단초를 마련했다고 보기 때문이다.

그러므로 본 논문의 최종적인 지향점은 나의 죽음은 언젠가 한 번은 닥쳐올 하나의 물리적 사건이 아니라 죽음이라는 사건이 오늘 현재에 나의 생생한 삶에게 던져진 의의가 문제이며, 죽음에 관한 지식이 삶에 끼치는 변혁의 힘에 있다는 사실을 강조하는 데 있다. 어떻게 죽음을 대할까 하는 문제는 각 개별자 자신의 실존적 태도에 달려 있다. 죽음이 지닌 의미는 인간에게 안이한 삶의 태도로부터 벗어나게 함으로써 충분한 의미실현이 바로 지금 이 순간에 이루어지도록 삶을 마련하는 데 있다. 그런 의미에서 우리가 언제 어디서 죽느냐가 중요한 것이 아니라, 우리가 죽음을 맞이한다는 사실과 어떻게 죽음을 맞이하느냐가 더 중요한 문제임을 인식하는 데 있다. 죽음에 직면하여 죽음을 대하는 태도에는 수많은 방법이 있을 수 있다. 그러나 죽음이 실제로 어떨지는 우리 자신이 죽음을 경험할 때까지 결코 알 수 없지만, 적어도 나의 마지막을 '뒤틀린 떠남'이 아니게 만들 수 있다. 결국 우리가 어떤 태도로 죽음을 맞이할 것인가는 각자의 죽음에 대한 생각에 달려 있다.

1) S. 케이건, 『죽음이란 무엇인가』, 박세연 옮김, 서울: 엘도라도, 2012, 507 참조.

2) 정동호 외 편, 『죽음의 철학』, 서울: 청람, 1992, 12 참조.

3) 정동호 외 편, 『죽음의 철학』, 12 참조.

4) 정동호 외 편, 『죽음의 철학』, 10 참조.

5) 조가경 저, 『실존철학』, 서울: 박영사, 1995, 142 참조.

6) 정동호 외 편, 『죽음의 철학』, 213 참조.

7) 정동호 외 편, 『죽음의 철학』, 235~236 참조.

8) K. Jaspers, *Philosophie II*, Vierte Auflage, Berlin/Heidelberg/New York: Springer, 1973, 229 참조.

9) K. Jaspers, *Philosophie II*, 229 참조.

10) K. Jaspers, *Philosophie II*, 223.

11) 부동적(浮動的)이라는 말은 포괄자에 대한 지식도 초월자의 확신도 만인에게 보편타 당하게 획일적으로 확정된 것으로 얻어지는 것이 아니라 각자의 주체적 태도에 부합 하는 암호해독을 통해 얻어진다는 것을 의미한다.

12) K. Jaspers, *Die geistige Situation der Zeit*, Berlin: de Gruyter, 1931, 161 참조.

13) G. Derunner, *Zum philosophischen Problem des Todes bei Karl Jaspers*, Bern: Peter Lang AG, 1996, 28 참조.

14) K. Jaspers, *Von der Wahrheit*, 53 참조.

15) 포괄자(Umgreifende)란 '존재'를 지칭하기 위해 만들어낸 특수한 개념으로서 야스퍼스 의 저서 『이성과 실존』 이래 야스퍼스 철학의 핵심개념이 된다. 존재는 모든 존재자를 초월해 있기 때문에 존재자체는 분열 속에 있는 주관도, 객관도 아니다. 존재는 결코 존재자의 영역에 속하는 '분열' 속에 있는 것이 아니라, 오히려 분열이라는 용어 자체 가 가리키고자 하는 바로 그 곳에서 '하나로 통일되어 있는 그곳'에서 분열된 것을 포괄하고 있는 것을 가리킨다. 그래서 존재는 포괄자이다. 이런 포괄자는 무형적인 것을 지칭하기 위한 유형적인 낱말이다. 즉 인간존재와 인간에게 현실화된 일체의 존재를 일자(一者)인 '존재'와 관련하여 방법적으로 해명하기 위해 구성된 개념이라는 뜻이다. 그러므로 포괄자는 분열 속에 있는 것이 아니기 때문에 인식될 수 없는 무규 정적 일자이다. 그러나 우리가 포괄자를 인식할 수 없다고 하더라고 조명할 수는 있 다. 조명한다는 것은 설명하지 않아도 밝혀지는 것을 말한다. 왜냐하면 포괄자를 사유 하려고 할 경우에 그 포괄자는 사유의 대상이 된다. 이것은 사유에 의한 사물이므로 이미 분열 속에 있는 하나의 존재자인 셈이다. 사유 내용으로서의 포괄자는 사유가 파악하고자 하는 포괄자 자체는 결코 아니다. 그렇기 때문에 야스퍼스는 존재 자체에 관해서 조명하기보다는 존재양식에 대해 조명함으로써, 달리 말하면 포괄자 자체를 조명하기보다는 포괄자의 양태를 조명함으로써 포괄자를 규정할 수 있을 뿐이라고 말한다.(H. Saner, Jaspers, Hamburg, 1996, 85~87 참조) 포괄자의 7가지 양태(현존, 의

식일반, 정신, 실존, 세계, 초월, 이성)는 근원을 달리하는 독자성과 이질성을 가지면서도 동시에 일자인 포괄자의 여러 양태로서 포괄자에게서 유래한 것으로 서로 관련성을 가진다. 그러므로 이런 양태는 상대적이며 역사적인 것이며, 이러한 여러 양태의 분열은 일자라는 근저에서 서로 결합된 것의 분리이다. (K. 야스퍼스 지음, 『철학적 신앙』, 신옥희 옮김, 이화여자대학교 출판부 1995, 231~233)

16) H. Saner, *Jaspers*, Hamburg, 1996, 88 참조.

17) K. Jaspers, *Von der Wahrheit, Philosophische Logik,* Erster Band München-Zürich: R. Piper, 1983, 63.

18) K. Jaspers, *Von der Wahrheit,* 63.

19) "야스퍼스의 실존조명은 실존에게 보내는 신호(Signa) 속에서 가능실존의 체계를 사유하는 것이며, 이러한 가능실존의 체계는 실재의 실존을 모사하는 것이 아니라 사유 안에 구성된 실존을 밝히는 것이다. 바로 이와 같은 이유에서 실존은 설명되는 것이 아니라 말을 거는 방식으로 조명된다. 야스퍼스는 이러한 실존을 조명하기 위해 세 가지 방식, 즉 '실존을 조명하는 사유', '한계상황에서 자기됨', '실존적 소통에서 자기됨' 등을 제시한다. 첫 번째 방식은 실존을 논리적 범주, 심리학적 범주 그리고 형이상학적 범주에서 실존을 객관화지만, 다른 한 편으로는 이렇게 이해된 실존의 객관성을 다시 허물어버림으로써 실존을 이해할 수 있다는 것이다. '실존을 조명하는 사유'는 논리적 순환과 논리적 모순으로 인해 실존을 좌절시키지만, 결국은 이러한 좌절을 통해서 오히려 실존이 될 것을 간접적으로 호소한다. 따라서 이러한 호소함에 있어 실존을 조명하는 사유는 단순한 사유이상이다. 두 번째 방식인 '한계상황에서 자기됨'은 세 가지 비약, 즉 자기이탈(Selbstdistanz: 자신의 현실존재를 객관적으로 바라보는 단계), 자기의식 및 자기초월(자기자신을 의식하는 단계), 실존적 결단과 장악(실존적으로 반성된 가능성들을 개별적인 것으로 이해하여 자기 것으로 만들며, 의식적으로 자기행위의 길을 결단함으로써 실존을 장악하는 단계) 등을 통해서 수행된다. 세 번째 방식인 '실존적 상호소통에서 자기됨'은 다른 실존과의 실존적 소통을 통해서 본래적인 자기 자신을 획득하는 방식이다.(『인문치료학의 모색』, 강원대학교 인문과학연구소 엮음, 126-130 참조)

20) K. Jaspers, *Philosophie II,* 118 참조.

21) F. 하이네만 지음, 『실존철학』, 황문수 역, 서울: 문예출판사, 1983, 91.

22) K. Jaspers, *Allgemeine Psychopathologie,* 9. Aufl. Berlin-Heidelberg-New York: Springer, 1973, 636 참조.

23) K. Jaspers, *Philosophie II,* 202 참조.

24) K. Jaspers, *Philosophie II,* 203 참조.

25) K. Jaspers, *Psychologie der Weltanschauungen,* Berlin-Heidelberg-New York: Springer, 1973, 229 참조.

26) H. Saner, *Jaspers,* 98-99 참조.

27) H. Saner, *Jaspers*, 99 참조.

28) K. Jaspers, *Philosophie II*, 204 참조.

29) K. Jaspers, *Philosophie II*, 203 참조.

30) K. Jaspers, *Philosophie II*, 203 참조.

31) F. 짐머만 지음, 『실존철학』, 이기상 옮김, 서울: 서광사, 1987, 111 참조.

32) 정동호 외, 『철학, 죽음을 말하다』, 서울: 산해, 2005, 217.

33) K. Jaspers, *Philosophie II*, 220 참조.

34) K. Jaspers, *Psychologie der Weltanschauungen*, 261 참조.

35) K. Jaspers, *Philosophie II*, 220 참조.

36) K. Jaspers, *Philosophie II*, 220 참조.

37) K. Jaspers, *Philosophie II*, 221 참조.

38) K. Jaspers, *Philosophie II*, 221 참조.

39) K. Jaspers, *Philosophie II*, 222 참조.

40) K. Jaspers, *Philosophie II*, 222 참조.

41) 정동호 외, 『철학, 죽음을 말하다』, 224 참조.

42) 정동호 외, 『철학, 죽음을 말하다』, 224 참조.

43) K. Jaspers, *Philosophie II*, 223 참조.

44) K. Jaspers, *Philosophie II*, 223 참조.

45) K. Jaspers, *Philosophie II*, 223 참조.

46) K. Jaspers, *Philosophie II*, 223 참조.

47) G. Debrunner, *Zum philosophischen Problem des Todes bei Karl Jaspers*, 189 참조.

48) G. Debrunner, *Zum philosophischen Problem des Todes bei Karl Jaspers*, 189 참조.

49) K. Jaspers, *Philosophie II*, 223 참조.

50) K. Jaspers, *Philosophie II*, 224 참조.

51) 정동호 외, 『철학, 죽음을 말하다』, 225 참조.

52) K. Jaspers, *Philosophie II*, 225 참조.

53) K. Jaspers, *Philosophie II*, 225 참조.

54) K. Jaspers, *Philosophie II*, 225 참조.

55) K. Jaspers, *Philosophie II*, 228 참조.

56) 정동호 외, 『철학, 죽음을 말하다』, 224 참조.

57) K. Jaspers, *Philosophie II*, 228 참조.

58) K. Jaspers, *Philosophie II*, 229 참조.

59) K. Jaspers, *Philosophie II*, 229 참조.

60) J. P. Eckermann, *Gespräche mit Goethe*, Berlin: Deutscher Klassiker Verlag, 1970, 227.

61) K. Jaspers, *Kleine Schule des philosophischen Denkens*, München: R. Piper, 1974, 161.

62) K. Jaspers, *Kleine Schule des philosophischen Denkens*, 162.

63) K. Jaspers, *Kleine Schule des philosophischen Denkens*, 163.

64) K. Jaspers, *Kleine Schule des philosophischen Denkens*, 165.

65) K. Jaspers, *Kleine Schule des philosophischen Denkens*, 165.

66) K. Jaspers, *Kleine Schule des philosophischen Denkens*, 167-168.

* 이 글은 서강대학교 철학연구소에서 발행하는 『철학논집』, 제33집에 실린 글을 수정, 보완한 것이다.

서 양 고 전
속 의
삶 과 죽 음

2부

삶과 죽음에 관한
서양고전의 가르침

01 칸트 3비판서의 철학 사상
칸트의 인간관

백종현

1. 칸트철학 개요

철학자 칸트(Immanuel Kant, 1724~1804)는 1724년 동(東) 프로이센의 중심도시 쾨니히스베르크(Königsberg. 현재 러시아의 Kaliningrad)에서 태어났다. 1740년 쾨니히스베르크 대학에 입학하여 1746년에 대학을 졸업하고 1755년 대학의 사강사(私講師)로 강단에 서서, 1770년 쾨니히스베르크 대학의 '형이상학과 논리학' 강좌의 정교수가 되었다.

1781년에 대저『순수이성비판』을 출간하고 이어서 1783년에『(학문으로 등장할 수 있는 모든 장래의) 형이상학(을 위한) 서설』, 1785년에『윤리형이상학 정초』, 1788년에『실천이성비판』, 1790년에『판단력비판』, 1793년에『(순전한) 이성의 한계(들) 안에서의 종교』, 1795년에『영원한 평화를 위하여. 한 철학적 기획』, 1797년에『윤리형이상학』(제1편:『법이론의 형이상학적 기초원리』, 제2편:『덕이론의 형이상학적 기초원리』) 등 역저를 잇따라 내놓았다.

그 사이 그는 1786년과 1788년 두 차례에 걸쳐 대학 총장을 역임하였다. 평생 독신으로 지내다 1804년 80세를 앞두고 세상을 떠났는데, 후세 사람들은 기념 동판에 "내 위의 별이 빛나는 하늘과 내 안의 도덕법칙"이라는 그의 『실천이성비판』 결론 장의 한 구절을 새겨 넣고, 그를 기리고 있다.

칸트철학의 궁극적인 관심사는 "인간은 무엇이고, 무엇이어야 하는가?"
이다. 이 물음에 대한 답을 얻기 위해 칸트는 우선 세 가지 물음: 인간인
"1) 나는 무엇을 알 수 있는가, 2) 나는 무엇을 행해야만 하는가, 3) 나는
무엇을 희망해도 좋은가?'를 던지고, 이어서 2)와 3) 사이에 '나는 무엇에서
흡족함을 느낄 수밖에 없는가?'를, 그리고 끝으로 '우리가 인간이기 위한
최선의 조건은 무엇인가?'라는 물음을 묻는다. 이 물음들은 결국 진리[眞],
선[善], 미[美], 성[聖]과 인류 평화[和]의 가능 원리를 찾고자 하는 것으로서,
칸트는 이 다섯 가지 주제를 '이성 비판'의 방법을 통해 탐구하고 그 결실
을 그의 학문 활동 57년간(1747~1803)에 걸쳐 70편의 논저에 담아냈다. 그리
고 그것들이 그의 존재 형이상학[존재론·인식론], 윤리 형이상학[도덕학],
미학[예술철학], 종교 철학, 정치·법철학의 골격을 이룬다.

'이성 비판'이라는 칸트의 철학 방법은 계몽주의 시대정신의 반영인데,
그 결실로 얻어진 칸트의 '비판철학'은 그 자체로 계몽철학의 전형이다.
코페르니쿠스-갈릴레이-뉴턴이 과학에서, 로크-루소-몽테스키외가 정치
사회 이론에서 계몽정신을 구현했다면, 칸트는 철학의 본령인 형이상학에
서 그 학문성을 놓고 맞대결한 데카르트-스피노자-라이프니츠의 진영(이
성주의)과 로크-버클리-흄의 진영(경험주의) 사이에서 제3의 길을 개척함으
로써 '진정한' 계몽 정신을 시현했다. 그에 더하여 칸트의 철학적 사유는
저들 자연과학적, 정치이론적, 형이상학적 사상들뿐만 아니라 현실 사회
의 문물제도의 변화, 국가 형태의 변천과 세계 내에서 국가들의 역학적
관계까지도 항상 그 시야에 두고 있었으니, 칸트는 참으로 '세계시민적'

계몽주의자였다.

칸트의 철학은 계몽철학의 정점에 서 있다. 그러나 정점은 오르막의 끝이자 내리막의 시작이다. 계몽철학으로서 칸트의 철학은 모든 참된 발언의 본부를 인간 이성에 두지만, 그러나 그 이성은 자기비판을 통하여 한계를 자각한 이성이다.

칸트에서 철학이란 "개념들에 의한 이성 인식들의 체계"이고, 이때 이성 인식이란 원리적 인식(cognitio ex principiis), 즉 순수한 선험적 인식을 말한다. 그리고 칸트의 비판철학은 바로 이성비판을 통하여 순수한 선험적 이성 원리들을 발견하고, 그 원리들의 사용범위를 규정하는 것을 과제로 갖는데, 여기서 '이성'이란 다름 아니라 인간의 '마음' 또는 '나'의 다른 지칭이다.

흄(D. Hume : 1711~1776)의 『인성론』(1739/40)이나 바움가르텐(A. G. Baumgarten, 1714~1762)의 『형이상학』(Metaphysica, 1739, ⁴1757)의 〈경험심리학〉에서 볼 수 있듯이, 당대의 능력심리학은 마음의 능력을 '지(知: Erkennen/Denken, 인식능력) · 정(情: Fühlen, 쾌 · 불쾌의 감정) · 의(意: Wollen, 욕구능력)' 등과 같은 세 가지로 나누어 보았는데, 칸트도 이를 수용하여 이 능력들이 지향하는 최고 가치들, 즉 진 · 미 · 선의 선험적 원리 구명을 그의 철학의 1차 작업 과제로 삼았고, 그 성과가 그의 이른바 3비판서, 곧 『순수이성비판』 · 『판단력비판』 · 『실천이성비판』으로 나왔다.

칸트는 '이성 비판'이라는 철학적 방법을 통해 자기 사상을 전개하고 있는데, 그렇다면 여기서 '이성'은 무엇을 지칭하는가? 철학은 자연언어로 사유를 전개하거니와, 대개의 자연언어는 의미 형성의 긴 역사를 가지고 있고, 그만큼 의미가 다양하다. 그리고 여러 시대 여러 곳의 수많은 사람들의 생각과 느낌을 함유함으로써 생긴 그 의미의 다양성은 한편으로는 풍부성이지만 다른 한편으로는 애매모호성이다. '이성' 역시 그렇게 다기다양한 의미를 가지고 있고, 칸트 역시 그렇게 사용한다.

칸트철학은 '인간은 이성적 동물이다.'라는 기본적 사상 위에 서 있는데, 이를 기본으로 삼고 나면, 인간의 마음 능력은 일단 '이성적'이라고 해야 할 것이다. 그래서 가장 넓게는 인간의 마음 능력 전체를 '이성'이라 통칭하기도 하고, 때로는 이성을 이론적으로 또는 실천적으로 사용되는 양태에 따라 '이론적[사변적] 이성'·'실천적 이성'으로 구분하기도 하고, 이때 이론적 이성은 '지성'이라, '실천적 이성'은 단적으로 '이성'이라고 부르기도 하며, 이 지성과 이성 사이에 쾌·불쾌의 감정에 대응하는 최고 인식능력으로 '판단력'을 두어 마음의 능력을 세분하기도 한다. 칸트의 3비판서는 마음 능력을 이렇게 삼분하여 그 각각의 선험적 원리를 고찰하여 얻은 것이다. 칸트가 직접 작성한 인간 마음 능력의 구분표는 아래와 같다.(EEKU, XI 참조)

마음의 능력	상위 인식능력	선험적 원리	산물
인식능력	지성	합법칙성	자연
쾌·불쾌의 감정	판단력	합목적성	기예
욕구능력	이성	동시에 법칙인 합목적성(책무성)	윤리

인간 인식능력의 합법칙성의 선험적 원리는 존재의 세계 곧 존재자들에게 '존재'를 규정하는 최고 원리이다. 순수 직관의 원리인 공간·시간 표상과 순수 사고의 원리인 지성의 근간개념[범주]들이 그것인바, 이를 체계적으로 서술한 것이 칸트의 통칭 '제1비판서'인『순수이성비판』이다. 이 작업의 결과 이른바 칸트의 "초월철학(Transzendentalphilosophie)"을 통해 자연과학적 대상으로서의 존재자들은 그 존재 의미를 부여받았으나, 재래의 영혼·우주·신에 대한 '형이상학'은 그 학문성이 거부되었다. 그러므로『순수이성비판』은 자연과학적 지식의 철학적 정초이자, 사변적 형이상학의 비판적 퇴출을 겨냥하고 있다. 이로써 진리 영역이 한계 지어진다.

인간의 책무적 욕구능력(의지)의 선험적 원리는 당위 세계 곧 윤리를 가능하게 하는 최고 원리이다. 자연 세계와 윤리 세계가 구분된다면 그것은 그 세계에 타당한 법칙들이 다르기 때문이다. 자연 세계가 자연법칙의 유효 영역이라면 윤리 세계는 윤리/도덕 법칙이 유효한 영역이다. 그런데 흔히 인과법칙성을 벗어날 것을 요구하는 (하고 싶은 것은 하지 말라 하고, 하기 싫은 것은 하라고 하는) 윤리적 명령들은 인간에게 그렇게 행위할 능력, 곧 '자유'가 있음을 전제한다. 이에 칸트의 '제2비판서'인『실천이성비판』은 윤리란 자연적 욕구(경향성)을 이겨내는 자율의 힘에 의거하며, 그 자율의 힘에 의해 인간이 한낱 자연물이 아니라 '인격'임을 해명한다.

"합목적성" 곧 "오로지 목적들에 의해서만 가능한 사물들의 성질에 그 사물이 합치함"에서만 쾌의 감정이 일어나고, 그 반대의 경우에는 불쾌의 감정이 일어난다는 점에서 쾌·불쾌의 감정의 선험적 원리인 '합목적성'은 이론이성이나 실천이성과는 구별되는 또 다른 이성 기능인 판단력의 작동 원리가 된다. 한 송이 장미꽃을 보면서 우리는 "이 장미꽃이 빨갛다."라는 인식판단 외에도 "이 장미꽃은 아름답다."라는 미감적 판단을 내리는데, 그것은 인간의 마음에 '합목적성'이라는 자기자율적 원리가 있음을 말해주는 것으로, 이런 원리는 자연적인 것이든 예술적인 것이든 어떤 기예작품의 판정 원리로 작동한다. 칸트의 '제3비판서'인 『판단력비판』은 이러한 미적 세계와 합목적적 세계를 보여줌과 인간을 희망의 세계로 이끈다.

2. 칸트 『순수이성비판』의 결실: 초월철학

인간은 감각작용을 통해서만 대상 인식을 할 수 있다. 직접적으로 대상과 접촉하는 이러한 감각작용을 "직관"이라고 부르며, 이렇게 직관하는 인간의 능력을 "감성(Sinnlichkeit)"라고 일컫는다. 감각작용은 그러니까 직관활동으로서, 그것은 감성이 무엇인가에 의해 촉발되어 그때 주어지는 잡다한 것을 수용하는 것이다. 그런데 주어지는 잡다한 것들은 감성의 일정한 틀에 맞춰 '서로 곁하여' 그리고 '서로 잇따라' 정리 정돈되어 수용된다. 이렇게 감각작용을 통하여 수용된 것을 칸트는 "현상(Erscheinung)"이라고 일컬으며, 여기서 수용된 잡다한 것을 "현상의 질료"라 하고, 이 질료를 일정한 관계에서 정돈하는 '서로 곁하여' 곧 공간 표상과 '서로 잇따라' 곧 시간 표상을 "현상의 형식"이라고 부른다. 감각작용의 이러한 결과를 "현상"이라고 부른다면, 이러한 현상이 있도록 감각작용을 촉발한 '무엇인가'는 "사물 자체(Ding an sich)"라고 부를 수 있겠다. 또 저러한 현상을 경험적 대상이라고 부른다면, 저 '무엇인가'는 '초험적 대상'이라고 부를 수 있을 것이다.

대상 인식에서는 감각작용을 통하여 이렇게 우리에게 나타난 것이 무엇인가, 어떻게 있는 것인가를 아는 작용이 뒤따르는데, 이 무엇인가를 아는 인간의 능력을 칸트는 "지성(Verstand)"이라고 부르며, 이 지성의 아는 작용을 "사고작용"이라고 일컫는다. 그러니까 대상 인식이란 감성적 직관을 통해 수용된 것이 '무엇인가'(본질) 그리고 '어떻게 있는가'(존재)를 파악하는 지성의 사고작용으로 완성되는 것이다. 그런데 사고작용 역시 일정한 틀에 따라 수행되는 것이니, 이 사고작용의 틀을 칸트는 "범주"라고 일컬으며, 이 범주는 순수한 지성이 이미 갖추고 있는 대상 파악의 얼개라는 의미에서 "순수 지성개념"이라고도 부른다. 이 순수 지성개념이 바로 사고의 형식 곧 범주로 기능함으로써 사고작용이 일어나는 것이다. 그리고 이 사고작용을 통해서 우리에게 비로소 하나의 대상(Gegenstand)이 드러난다. 칸트는 이러한 문맥에서 이 대상 역시 '현상'이라고 부르는데, 그러니까 '현상'이란 칸트에게서는 이중적 의미를 갖는 셈이다.

우리는 편의상 감성에서 직관된 것을 '일차적 의미의 현상'이라고 부르고, 이것이 지성의 사고를 통해 한 사물로서 그리고 그것의 본질과 존재 방식이 규정되어 우리에게 '하나의 어떠어떠한 사물[존재자]'로 나타난 현상을 우리는 '엄밀한 의미에서의 현상'이라고 부를 수도 있겠다. 그러니까 지성 작용의 단계에서 볼 때는 '일차적 의미에서의 현상'은 이 '현상의 질료'이고, 지성의 작용 틀로 기능하는 이른바 '순수하고 선험적인 지성의 개념들', 곧 "범주들"은 이 '현상의 형식'이라고 생각해도 좋겠다.

칸트는 범주들에 따라서 지성이 잡다한 현상들을 하나의 대상으로 통일

인식하는 작용을 일컬어 "사고한다(denken)" 또는 "규정한다(bestimmen)"라고 하는데, 이때 이 사고함 내지 규정함은 선험적인 그러니까 주관적인 감성적 표상인 공간·시간 관계에 따라 일차적으로 정리된 자료를 다시금 선험적인 그러니까 주관적인 지성개념들인 범주들에 따라 통일(vereinigen) 결합함(verbinden)을 말한다. 그러므로 이러한 감성과 지성의 대상 인식 작용은, '그 자신 선험적이면서도 경험을 가능하게 하는 어떤 것'을 "초월적"(Prol, A204=IV373)이라고 일컫는 칸트의 용어법대로 표현하자면, 의식의 초월적 활동이다. 그리고 이러한 의식의 초월적 작용을 통해서만 우리 인간에게 대상 인식이 가능함을 해명하는 칸트의 철학이 '초월철학'이다.

1) 질료와 형식의 두 요소론

사물에 대한 경험적 곧 실질적 인식은 그것이 객관적으로 타당한 것인 한, 인식하는 의식이 감각적으로 수용한 것과 자기 자신으로부터 산출해 낸 것의 일종의 합성물(compositum)이다. 그러니까 사물 인식은 말하자면 "전혀 다른 두 종류의 요소"(KrV, A86 = B118), 곧 감각으로부터 유래하는 인식을 위한 질료[재료](Materie)와, 순수 직관과 사고의 내적 원천으로부터 유래하는, 저 질료를 정리 정돈하는 일정한 형식[틀](Form)을 갖는다. 여기서 '일정한 형식'에는 그 기능하는 방식이 서로 다른 두 가지, 곧 무엇인가를 수용하면서 정리하는 틀인 직관의 형식과 그 수용한 것을 종합 통일하는 틀인 사고의 형식이 있음이 말해지고 있다. "감성"이라 이름 붙여진 인간의 수용적 인식 능력에 그 원천을 갖는, 따라서 순수하고 선험적인 감성 작용, 즉 직관의 형식이 바로 공간·시간 표상이다(KrV, A19=B33 참조). "지성"이라 이름 붙여진 인간의 자발적인 인식 능력에 그 원천을 갖는, 따라서 역시 순수하고 선험적인 지성 작용, 즉 사고의 형식이 범주인 지성개념들이다. 그러니까 인간 인식의 1차적인 틀인 직관의 형식에 맞게 수용된 재료를 2차적인 틀인 범주에서 통일하는 것이 인간의 사물 인식 작용이다.

직관의 형식과 사고의 형식은 순수하게 주관적인 표상이다. 다시 말하면 그것들은 그 원천을 인식하는 인간의 주관 안에 두고 있다. 그런 한에서 그것은 선험적이다. 그럼에도 범주들과 공간·시간은 결코 생득적이거나 본유적인 표상은 아니다. 왜냐하면, 선험적인 표상들인 범주나 공간·시간은 주어지는 대상들이 없으면 전적으로 공허한 것, 아무런 내용도 갖지 않은 것이기 때문이다.(*KrV*, A51=B75 참조) 칸트는 직관에 속하는 것이든 지성개념에 속하는 것이든 일체의 것을 취득된 것으로 본다. 선험적인 표상들도 의당 취득된 것이며, 이를테면 "근원적으로 취득된 것"이다. 우리 인식 능력은 이 선험적 표상들을 어떤 감각적 대상으로부터 얻는 것이 아니라 자기 자신으로부터 생산해내기 말이다. 바꿔 말하면 선험적 표상들 자체야 본유적이 아니지만, 공간·시간과 범주들 같은 일정한 표상들을 있도록 하는 그 근거만은 주관에 본유적인 것이어야 한다. 그래서 칸트는 선험적 표상들의 "최초의 싹과 소질들"(*KrV*, A66=B91)은 이미 인간의 주관 안에 있다고 표현한다. 그러나 선험적 표상들이 주관 안에 이미 갖추어져 있는 것은 아니고, "경험을 기연[機緣]으로 발전"(*KrV*, A66=B91)되는 것이다. 감각 인상이 "그것들을 산출하는 기회원인"(*KrV*, A86=B118; 참조 B1)이다. 그러니까 감각 인상이 없었더라면 선험적 표상들, 아니 일체의 표상들이 없었을 터이다. 인식의 질료가 없는 곳에서는 인식의 형식에 관해서도 아무런 얘기를 할 수가 없다. 물론 그 역도 그러하지만.

사물 인식은 의식의 수용적이면서 자발적인, 이를테면 수동적-능동적 활동이다. 일정한 활동의 형식을 갖춘 인간의 인식 능력은 오로지 우리 감관을 촉발하는 무엇인가로 인하여 작동되어, 한편으로는 이 촉발하는 것에 대한 표상들을 얻고, 다른 한편으로는 "이 표상들을 비교하고, 그것들을 연결하거나 분리하고, 그렇게 해서 감각 인상들의 원재료를 경험이라 일컬어지는 대상에 대한 인식으로 가공"(*KrV*, B1)한다. 이런 뜻에서 이 두 요소, 즉 우리 밖에 있는 것이 우리 의식에 대해 미친 효과인 감각적 질료와 우리 의식이 대상을 수용하고 수용된 감각 재료들을 스스로 가공하는 데 사용하는 형식은 한 사물 인식이 성립하는 데는 불가결하다.

무엇인가 우리 밖에 있는 것이 우리 감성을 자극해서 우리 안에 감각 인상들을 일으키며, 그것은 또한 "그 개념들과 관련해서 전 인식능력이 발동"하도록 하여, 하나의 감각적 사물에 대한 인식을 성립시키는 "최초의 계기"(*KrV*, A86=B118)를 제공한다. "그러므로 시간상으로는 우리에게 어떠한 인식도 [감각] 경험에 선행하는 것은 없고, 경험과 함께 모든 인식은 시작된다."(*KrV*, B1) 그럼에도 우리는 감각 재료를 지성이 가공(加工)함으로써 비로소 그 감각이 관계 맺고 있는 대상을 인식한다. 인식함으로써 우리는 비로소 인식된 대상을 갖는다. 인식함으로써 알려져 있지 않던 무엇인가(x)가 우리에게 대상이 되는 것이다. 지성에 의한 가공이란 규정되어 있지 않은 한갓 감각적으로 주어지는 어떤 것을 하나의 대상으로 규정함이다. 지성의 이 자발적 활동과 관련하여 칸트는 질료를 "피규정체" 혹은 "규정될 수 있는 것(das determinabile)"이라고 부르고, 반면에 형식을 이 피규정체의 "규정" 혹은 "규정 작용(actus determinandi)"이라고 칭한다.(*KrV*, A266=B322 참조)

여기서 이야기되고 있는 형식은 단지 범주로 기능하는 순수 지성개념들이며, 이에 상응해서 질료도 한갓 "감각에 대응하는 것"(*KrV*, A20=B34)이 아니라 이미 직관의 형식에 따라, 즉 공간·시간적으로 정돈된 질료를 말한다. 지성은 사물 인식을 위해 자신이 예비한 일정한 형식에 따라 감성에 의해 공간·시간적으로 정돈되어 수용된 규정 가능한 것, 그러나 아직 규정돼 있지 않은 잡다한 것을 하나의 통일된 사물로 규정한다. 이런 지성의 활동을 통해 비로소 "어떤 것을 하나의 대상으로 인식하는 것이 가능"(KrV, A92=B125)하다. 어떤 무엇인가를 범주에서 규정함으로써, 곧 인식함으로써 무규정적이던 어떤 것이 인식하는 자에게 일정한 대상(사물)이 된다.(KrV, B138 참조) 사물 인식이란 요컨대 "객관의 규정"(KrV, B166)이다. 이 점에서의 칸트의 생각은 "사물의 본질은 형식에 있다."라는 것이다. 인간의 주관적 사물 인식의 형식이 바로 감각적으로 객관적인 사물을 사물로서 가능하게 하는 것, 곧 사물의 실질적 본질이다. 질료와 형식은 사물 인식과 사물 인식에서 규정되는 사물(대상)으로서의 존재자을 성립시키는 불가결의 두 요소이지만, 그러나 선험적 형식만이 인간의 경험적인 사물 인식에 보편성을 주는 근거이기 때문에, 이 선험적 형식만이 객관적으로 타당한 인식에서 인식된 대상의 순수 본질, 곧 보편적인 내적 근거를 이룬다. 이 점이 칸트 초월철학의 핵심 생각이며, 이 때문에 초월철학이 곧 존재론으로 간주될 수 있는 것이다.

2) 현상존재론

칸트에서 한 대상을 인식함이란 이렇게 어떤 것을 하나의 대상으로 규정함을 뜻한다. 그러나 대상을 본질적으로 규정함은 대상을 그 현존에서 생산해냄이 아니고, 한 대상을 그러그러한 대상으로서 가능하게 함이다. 그런데 하나의 대상을 그러한 대상으로 가능하게 만드는 것은 그 대상의 실질적 본질이다. 그리고 이 대상의 실질적 본질 규정은 바로 그 대상이 현존함을 전제한다. 이것은 대상의 본질과 대상의 현존은, 즉 어떤 대상이 그런 대상'임'과 그런 대상으로 '있음'은 별개의 범주임을 함축한다.

칸트에게서는 어떤 것이 무엇이고, 몇 개이며, 다른 어떤 것과 어떤 관계를 맺고 있는가의 규정, 곧 질(質)·양(量)·관계(關係)의 범주는 이를테면 대상의 본질 규정의 형식이고, 이 범주에서 규정되는 것은 기본적으로 어떤 것이 무엇이냐, 곧 어떤 것의 무엇'임'이지, 그 어떤 것이 있느냐 없느냐, 곧 어떤 것의 '있음'이 아니다. 있음, 사물의 현존, 현실성은 사물의 실질적 규정이 아니다. 칸트의 예를 그대로 옮기면, "현실적인 100탈러는 가능적인 100탈러보다 조금도 더 함유하는 게 없다."(*KrV*, A599=B627) 100탈러는 그것이 지금 내 지갑에 들어 있는 것이든, 내가 내일 일하면 품삯으로 받게 되는 것이든, 가령 쌀 한 섬을 살 수 있는 화폐 가치라는 점에서는 똑같다. 그러니까 100탈러가 무엇인지와 100탈러가 있느냐 없느냐는 별개의 문제이다.

한 대상의 실질적 본질 규정에는 '하나'·'실재[질]성'·'실체와 속성'과 같은 순수 지성개념들이 범주로 기능한다. '실체' 범주 없이는, 따라서 이 범주에 대응하는, 어떤 시간 관계에서나 동일한 것으로 지속하는 고정적인 것 없이는 시시각각 변전(變轉)하는 직관의 잡다한 질료들이 그 하나의 대상이라는 개념에서 생각될 수 없다. 곧 변전하는 것들이 '그' 대상으로 통합될 수 없다.(*KrV*, A182=B244이하: 제1유추의 원칙 참조) '하나' 그리고 '실재[질]성'이라는 범주 없이는 어떤 것이 '하나의 무엇임'으로 생각될 수 없다. 이런 이유에서 한낱 인간의 사고의 틀인 범주들은 "객관적 실재[질]성"을 갖는다. 즉 그것들은 대상으로서의 존재자의 실질적 순수 본질을 이룬다.

순전히 주관적인 사고 형식이던 순수 지성개념들이 그 개념 틀 안에서 인식된 대상, 곧 우리에게서의 존재자의 존재 구조를 이룬다.

지성은 대상을 대상으로서 규정한다. 그러나 지성은 사물 인식에서 단독으로 그렇게 하는 것이 아니라 오직 감성과 "결합"해서 그렇게 한다. "지성과 감성은 우리에게 있어 서로 결합할 때만 대상을 규정할 수 있다. 우리가 그것들을 떼어 놓으면, 우리는 개념들 없는 직관이거나 직관들 없는 개념을 갖는 것이지만, 이 두 경우에 우리는 아무런 일정한 대상과도 관계시킬 수 없는 표상들을 갖는 것이다."(*KrV*, A258=B314; 참조 *KrV*, A51=B75이하) 사물 인식에서는 어떤 경우에나 규정함[형식]에는 규정되는 것[질료]이 대응한다. 순수 지성개념에서 '실재[질]성'은 "감각 일반에 대응하는 것"(*KrV*, A143=B182), 곧 "실재적인 것"(*KrV*, A175 =B217)이다. '실재[질]성' 개념에 대응하는 이 직관 내용이 없으면 실재[질]성이라는 개념은 공허하다. 직관의 질료인 이 감각이 없으면 '실재[질]성'이란 한낱 형식적 개념일 따름이다. 감각이 인식된 대상의 내용, 실질, '무엇'을 이룬다. 그러나 감각 재료 자체는 한갓 잡다에 불과하다. 그 자체로는 '무엇'이라는 통일적 표상이 아니다. 직관은 감각에서 우리에게 아직 하나의 대상이라는 개념을 주지 못한다. 우리 인간은 '무엇'을 감각할 수는 없다. '무엇'을 감각하기 위한 감각 기관은 없다. 그러나 "감각을 동반하는 표상"(*KrV*, B147)인 지각은 주어지는 감각을 그저 취하기만 하는 것이 아니라 하나의 '무엇'인가를 '맞이하여 미리 취한다.' 즉 지각은 감각을 수용하면서 동시에 무엇을 예취(豫取)한다. 하나의 '무엇', 모든 감각마다에서 자신이 무엇인가를 선험적으로 인식하도록 하는 '무엇'이 지각에서 예취된다. 이에 따라서 지성은 본래가 감각과 결부되어 있는 것인 경험에서 주어지는 감각 인상을 넘어서 "종합적이면서 선험적으로" 하나의 '무엇'을 인식한다.(KrV, A175=B217 참조) 그러므로 하나의 '무엇'은 결코 후험적으로 취해지는 것이 아니고, 오직 선험적으로 보태져서[종합적으로] 인식되는 것이다. 이렇게 해서 우리에게 하나의 대상, 현상으로서의 이 사물 혹은 저 사물이 있다. 이런 방식으로 지성은 인식된 대상의 무엇임, 현상으로서의 존재자임[본질]을 규정한다.

　앞서 이야기했듯이 한 사물의 무엇임, 실재[질]성은 그 사물의 있음, 현존과는 구별된다. "사물의 순전한 개념에서는 그 사물의 현존의 성격이 전혀 마주치지 않는다."(KrV, A225=B272) 그러나 경험적으로 직관되고 따라서 경험적으로 인식되는 대상의 실질성[무엇임]은 그 인식된 대상의 현존을 고지(告知)한다. "현상에서의 실재적인 것(現象體 實在性)"(KrV, A265=B320 · A166 · A168 · B209 · A581=B609 참조), 곧 "(현상에서) 사물 자신을 이루는 것"(KrV, A581=B609)은 자신이 현존함을 증시(證示)한다. 현상으로서의 존재자의 실질, 곧 그것을 경험적 존재자로 만드는 바로 그것은 다름 아니라 직관의 실질(내용), 곧 본래가 (감각) 경험적인 것, 감각이다. 현상의 이 실질이 곧 현상의 "질료", "재료"(KrV, A375 · B207 · A225=B273)인 감각에서 감각된 것이다. "감각은 […] 우리 밖의 사물들에 대한 우리 표상들의 한낱 주관적인 것을 표현한다. 그러나 그것은 본래 표상들의 (그에 의해 실존하는 무엇인가가 주어지는) 질료적인(실재적인) 것을 표현한다."(KU, BXLIII=V189) "감각들 일반에 대응하는 실재적인 것은" 그러므로 상상물이 아니라 "그 개념 자체가 하나의 '임'을 함유하는 무엇인가를 표상"(KrV, A175=B217 · A143=B182; Refl 6324: XVIII647)한다. 감각에 수반되는 표상으로서의 지각은 '무엇'인가를 예취하면서 그 실질(적인 것)을 현실적인 것으로 표상한다. 지각은 "현실적인 것을 표시하는 그런 것이다."(KrV, A374) 지각에서 예취된 '무엇'을 지성은 그러므로 주어진 감각(실질)이 그것에 귀속하는 기체[실체]로서 어떤 현존하는 것을 표상한다. 다시 말하면, 지성은 이로써 '하나의 그러그러한 실제로 있는 대상'을 규정한다. 여기에서 우리에게 '현존하는 하나의 무엇인 것'이 나타난다. 이것이 우리에게는 실재하는 존재자이다. 이런 의미에서 지성은 인식된 대상의 무엇임과 어떻게 있음, 곧 존재자의 본질[임]과 존재[있음](방식)을 규정한다.

지각에서, 그것의 내용인 감각이 지각되는 사물의 실질을 이루는 바로 그 지각에서 그 사물의 현존함[현실성]이 고지된다. 그래서 지성은 그의 범주적 사고에서 "경험의 질료적 조건(곧, 감각)과 관련되어 있는 것은 실제로 있다"(KrV, A218=B266)라는 원칙을 요청한다. 경험적 사고는 보편타당한 사고의 틀에 맞게 "사물들의 현실성"을 인식하는 데에 "지각, 그러니까 의식된 감각을 요구한다."(KrV, A225=B272) 왜냐하면 지각 곧 지각에서 포착되는 사물의 실질이 그 사물의 "현실성의 유일한 특징"(KrV, A225=B273)이기 때문이다. 직관에서 주어지는 실질적인 것만이 어떤 사물의 현존함을 보증한다. 그러나 여기서 사물의 실질(적 본질)과 그것의 현존(성)이 혼동되거나 동일한 것으로 생각되어서는 안 된다. 실질(적 본질)성은 그 자체가 실재하는 것의 현존성은 아니고, 그 실재하는 것이 주어지기 위한 조건이다.

하나의 대상이라는 개념을 위한 재료를 제공하는 지각이 이제 그 대상의 현존함의 유일한 징표이기도 하다고 칸트는 말했다. 이것이 뜻하는 바는 첫째로, 지각된 것 곧 지각을 통해 인식된 대상은 그것이 단지 상상되거나 생각된 것이 아니라 바로 지각되었기 때문에 현실적으로 있다는 것이다. 그러나 이것은 더 나아가서 바로 그 지각하는 자[지각의 주체]와 그 지각에서 지각되는 것[지각의 객체]이 그 지각함[지각 작용]의 "진짜 상관자"(*KrV*, A30=B45 참조)로서 현실적으로 있음을 말하고자 한다. 실제로 현존하는 지각하는 주관 없이는 아무런 지각도 일어나지 않는다. 마찬가지로 지각 작용의 상관자로서 실제로 현존하는 대상이 없이는 아무런 지각도 일어나지 않는다. 지각이 한낱 상상이나 사고 유희가 아니라 실제로 현존하는 것의 '현실성의 특징'을 가질 수 있는 근거는, 바로 그것이 어떤 "현실적인 것"(*KrV*, A374)을 표상하는 데에 있다. 다시 말하면, 지각된 것의 현실성의 유일한 근거는 지각에서 표상되는 것의 현실성에 있다. 이런 반성을 통해 우리가 내릴 수 있는 결론은, 지각은 그 자체로서 지각하는 주체뿐만 아니라 지각되는 객체의 현존함을 지시한다는 것이다.

지각은 이를테면 지각하는 주체와 지각되는 객체의 만남 내지는 마주침이다. 사물 인식은 본래 하나의 '주체'[주관]와 '객체'[대상]의 '마주침'(*KrV*, A92=B124이하 참조)이다. 그러나 여기서 말하는 주체와 객체는 그 자체가 지각된 것 곧 현상은 아니다. 이 양자는 한갓 존재한다고 전제되는 것이다. 존재하는 것으로 단지 전제되는 이 양자는 그러나 지각 작용[지각함]과 현상으로서의 지각 대상[지각된 것]을 가능하게 하는 근거다. 이 양자는 하나의 지각, 따라서 경험 인식 일반을 가능하게 하는 원리다. 그래서 칸트는 전자를 "초월적 주체[주관]", 후자를 "초월적 객체[대상]"라 부르며(*OP*: XXII95 참조), 이때 '초월적'이란 "경험 인식을 가능하도록 하는"(*Prol*, A204=IV 373 참조)이라는 의미를 갖는다.

감각 일반에 상응하는 실질적인 것에 근거해서 지성은 직관된 대상, 곧 현상으로서의 존재자의 무엇임과 어떻게 있음을 규정한다. 여기서 지성은 그 감각적 실질을 내용으로 갖는 인식된 대상의 현존[현실성]을 정립한다. 그러나 현상으로서의 대상의 현실성 정립은 무엇보다도 이 "현상의 원인"(*KrV*, A288=B344 · A380) 내지는 근거로서 "초월적 객관"(*KrV*, A288=B344)으로 이해되는 "사물 그 자체의 정립"(*KU*, B340=V402)을 뜻한다. 왜냐하면, 인식된 대상 곧 현상이 실제로 존재하는 것으로 정립되는 "유일한" 근거는 다름 아니라 인식된 것의 질료인 직관의 실질이 그 직관의 상관자인 어떤 현실적인 것과 관련되어 있다는 사실이기 때문이다. 다시 말하면, 현상으로서의 대상의 현실성은 오로지 그 대상의 질료, 곧 감각이 그 근원을 어떤 현실적인 것에 두고 있음에 근거해서만 정립된다. 이는 더 나아가서 칸트가 "사물 자체로서의 모든 대상들의 초월적 질료(사물임, 실재[실질]성)"(*KrV*, A143=B182)라고도 표현했던, 현상으로서의 대상에서 감각에 상응하는 실질적인 것은 현상으로서의 대상의 현존을 고지할 뿐만 아니라 초월적 객체라는 의미에서의 '그 자체로서의 사물'의 현존을 지시한다.

여기서 우리는 현상으로서의 대상의 현존뿐만 아니라 그렇게 말하기가 곤란할 것 같은, 그 자체로서의 사물의 현존에 대해서도 이야기하고 있으므로, '현존'(현실성)의 개념에 대해 다시 한 번 해명을 덧붙이는 것이 필요할 것 같다.

칸트는 "우리에게 가능한 경험의 모든 대상들은 현상들, 다시 말해 순전한 표상들 외에 아무것도 아니며, [⋯] 우리의 사유 밖에서는 그 자체로 정초된 아무런 실존도 갖지 않는다."(*KrV*, A490=B518 이하)라고 말한 바 있다. 모든 현상들은 "그 자체로는 사물들이 아니고, 표상들 외에는 아무것도 아니며, 우리의 마음[의식] 밖에서는 전혀 실존할 수 없다."(*KrV*, A492=B520)라는 것이다. 그러나 이 말이 뜻하는 바는 경험 인식의 대상으로서 현상이 한갓 상상물 혹은 "망상"(*KrV*, A157 = B196, A222 = B269 참조)이라거나, 지성이 대상의 현존성을 창안해낸다는 것이 아니다. 여기서 칸트가 말하려는 것은 현존[현실성]의 정립됨[정립성]이다. 우리에게 그러그러한 것으로 인식된 모든 현존하는 것은 실질성을 갖춰 현존하는, 말하자면 객관적으로 실재하는 것이기는 하다. 그러나 현존[현실성, 실제로 있음] 그 자체는 전혀 사물의 실질 규정[내용]이 아니다.(*KrV*, A219 = B266 참조) 그것은 사물의 사태성 내지는 사물성이 아니다.(*KrV*, A223 = B270 참조) 현존 개념도 그 가운데 하나인 양태 범주들은 사물의 실질적 술어로서 기능하지 않는다. 양태 범주들은 대상임의 보편적 본질에 속하지 않으며, 대상으로서의 대상의 본질을 한정[정의]하는 그런 순수 개념에 속하지 않는다. '현존' 개념을 포함해서 양태의 순수 지성개념들은 "그것들이 술어로 덧붙여지는 그 개념을 객관의 규정으로서 조금도 증가시키지 않고, 단지 인식능력과의 관계만을 표현할 뿐이다."(*KrV*, A219=B266) 양태 곧 하나의 대상이 규정되어야 할 방식의 범주로서 '현존'은 사물의 "구성적 술어(determinatio)가 아니라"(Refl. 5255: XVIII133), 단지 형식적인 주관적 조건이며(*KrV*, A234=B286 참조), 그를 통해서 비로소 대상이라는 것이 규정될 수 있는 "지성[…]과의 관계에서의 사물의 설정[設定]"(*KrV*, A235=B287주)이다. 그리고 이 설정은 필연적 보편적 설정이기 때문에, 직관의 실질을 근거로 해서 객관적으로 규정된 현상으로서 현존하는 것은, 그것이 한갓 현상임에도 불구하고 단지 우리의 사고 안이나 우리의 의식 속에서만, 즉 주관적으로만 타당하게 존재하는 것이 아니라 객관적으로 타당하게, 곧 "항상 그리고 누구에 대해서나 마찬가지로 타당"(*Prol*, A78=IV298)하게 존재한다.

직관의 실질(내용)에 의거해서 그것의 무엇임이 규정되는 곧 인식되는 현존하는 것은 우리에게는 오로지 인식된 대상일 따름이다. 그런데 인식에는 이미 "감성에 독립적"(*KrV*, A251)으로 존재하면서 직관의 실질에서 자신의 현존을 알리는 현존하는 것이 전제되어 있다. 그것은 아직 무엇인지 알려져 있지 않은 어떤 것이다. 이미 인식된 대상은 더 이상 인식될 필요가 없다. 인식의 본래 대상, 즉 이제 인식되어야 할 대상은 그러니까 아직 알려져 있지 않은 어떤 것이다. 그 '어떤 것'은 아직 그것이 무엇인지 알려져 있지는 않지만, 그러나 현존하는 것으로 생각될 수밖에 없다. 진정으로 사물 인식이 문제되는 곳에서는 존재하지도 않는 것을 어떤 것이라고 부를 수는 없고, 존재한다고 생각되는 그러나 무엇인지 모르는 것을 어떤 것이라 부른다. 이 어떤 것이 무엇인가, 그리고 어떤 방식으로 존재하는가를 인식은 개념적으로 파악하고자 한다. 일단 어떤 현존하는 것이 그래서 무엇인가로 인식되면 그 '어떤 것'은 한낱 어떤 것이 아니라 이미 일정하게 규정된 대상, 곧 인식에서 그것의 실질 내용이 규정된 현상이다.

인식되어야 할 것으로서의 어떤 것은, 그로부터 현상으로서의 대상의 질료가 주어지는 한에서 초월적 객체라는 뜻에서의 '그 자체로서의 사물'로 이해된다. 그 자체로서의 사물, '어떤 것 = X'가 현존한다고 말해짐에도 불구하고 그것은 알려져 있지 않은 것이다. 왜냐하면, 그 자체로서의 사물이 현존한다고 말해진다 해도 그것은 실질 내용상 조금도 규정되지 않으며, 따라서 그것이 무엇인지에 대해 전혀 인식된 바가 없기 때문이다. 현존함이란 대상의 아무런 실질적 규정도 아니다. 그러나 이 말은 그 자체로서의 사물은 아무런 실질(내용)도 갖지 않는 한갓 현존하는 어떤 것임을 뜻하는 게 아니다. 아무런 실질 내용도 갖지 않으면서 존재하는 것이란 없다. "우리에게 알려지지 않은 것"(*KrV*, A492=B520)인 그 자체로서의 사물도 그것의 실질 내용[속성]을 가지고 있을 터이다. 다만 그것이 어떤 성질의 것인지가 [우리에게는] 언제나 문제로 남아 있는 것이다.(*KrV*, A38=B55 참조)

그것의 실질 내용[무엇임]은 우리에게 알려져 있지 않을 뿐만 아니라 결코 알려질 수도 없다. "사물들 자체에 속하는 그러한 속성들은 감관을 통해서는 우리에게 주어질 수도 없"는 것이니 말이다.(*KrV*, A36=B52 · A43=B60 참조) 그렇기 때문에 인식하는 자인 우리의 맞은편에는 언제나 한갓 어떤 것이 마주 서 있다고 생각될 뿐이다. 이 "어떤 것 = X", 그에 관해서 "우리가 전혀 알지도 못하고, 도대체(우리 지성의 지금의 설비로는) 알 수도 없"는(*KrV*, A250) 것인 그 자체로서의 사물은 그래서 질료의 면에서 현상을 가능하게 하는 근거로 간주된다. 그것은 우리 감성의 "진짜 상관자"(*KrV*, A30=B45)이자 또한 "감성적 직관의 잡다의 통일을 위한 통각의 통일의 상관자로 기여할 수 있을 따름이다."(*KrV*, A250) 이 감성적 직관을 매개로 해서 지성은 바로 그것을 하나의 대상이라는 개념에서 통일하는 것이니 말이다.

순수 지성개념은 인식의 형식으로서 대상에 관계하며, 그 질료는 우리에게 감각 경험적으로 주어진다. 감각 경험적으로 주어지는 질료의 내용은 다름 아니라 바로 그 감각이다. 감각은 그런데 한갓 상상이나 사념과는 달리 "대상의 실제적 현전[現前]을 전제로"(*KrV*, A50=B74) 한다. 그러나 이 대상은 우리에게 인식된 대상인 엄밀한 의미에서의 현상과는 달라야 한다. 왜냐하면, 규정된 대상은 규정하는 인식을 통해 비로소 '우리에 대해서 대상'이 된 것인 데 반하여, 저 대상은 '그 자체로서의 대상[사물]'으로서, 이로부터 규정되어야 할 질료가 규정 작용[형식 기능]에게 주어시는 것으로 간주되기 때문이다.

범주의 규정은 대상의 대상임, 존재자의 존재를 규정함이다. 다시 말하면 그것은 존재자가 무엇이며, 그것이 우리 인간에 대해 어떤 방식으로 있는가 하는 존재 양태를 규정함이다. 범주는 규정하는 인식에서 대상 일반을 가능하게 하는 보편적인 표상이기는 하지만, 그러나 이 대상과 저 대상을 구별 가능하게 하는 규정될 것으로서의 질료가 주어질 때만 의미 있게 기능할 수가 있다. 결론적으로 말해 칸트에게서 존재자의 존재를 규정하는 사물 인식은 바로 존재자의 무엇임과 어떻게 있음을 개념적으로 파악함이다. 그러므로 규정하는 인식을 가능하게 하는 근거(형식)로서의 범주에 관한 칸트의 이론은 현상, 곧 그것의 실질 내용[질료]이 어떤 현존하는 것에 귀속시켜야 할 현상으로서의 존재자 일반의 보편적 본질에 관한 이론이다. 이런 의미에서만 칸트의 범주들은 "존재론적 술어들"(*KU*, BXXIX=V181)이다. 초월적 개념으로서 범주는 "경험 일반을 가능하게 하는 조건"인 까닭에 "동시에" 이 경험 인식에서 인식된 "경험의 대상들을 가능하게 하는 조건"(*KrV*, A158 = B197)이기도 한 것이다. 그것들은 존재자를 존재자로서 가능하게 하는 근거(ratio essendi)이다. 그러나 이때 존재자는 우리에 대해서 그러그러하게 있는 대상인 것, 곧 현상일 따름이다. 그러므로 칸트에게서 초월철학인 존재론은 우리에게 경험 감각적으로 인식되는 것, 곧 현상의 존재론이다.

3. 칸트 『실천이성비판』의 성과: 인간 존엄성 해설

1) 귀책성의 근거로서의 자유

칸트 도덕철학은 '자유' 개념에 근거하고 있다. '자유' 개념은 도덕을 가능하게 하는 근거이자 칸트철학 체계의 핵심적 요소이다.

칸트는 "자유 개념은 […] 순수 이성의, 그러니까 사변 이성까지를 포함한, 체계 전체 건물의 마룻돌(宗石: Schlußstein)을 이룬다."(*KpV*, A4=V3이하)라고 말한다. 칸트에서 '순수 이성의 체계'란 다름 아닌 철학이니까, 그러므로 자유 개념은 그의 전 철학의 결정 요소인 셈이다.

그런데 '자유(自由)'는 일상적인 사용에서 흔히 어떤 것으로부터의 해방이나 독립을 뜻한다. 그러나 '스스로 말미암음'이라는 그것의 근원적 의미를 새길 때, 그것은 어떤 사태를 최초로 야기함, "제일의 운동자"(*KrV*, A450= B478)를 뜻한다. 그러므로 우리가 사람들과 함께 행위하며 더불어 사는 자연 세계 안에서 '자유'를 문제 삼을 경우, 그것은 자연적 사태 발생의 최초의 원인을 지시한다.

자연을 경험과학적으로 관찰할 때, 발생하는 모든 것은 원인을 갖는다. 자연 세계에 대한 경험과학적 관찰 자체가 '원인 없이는 아무것도 없다 (Nihil est sine ratione)', '무에서는 아무것도 생기지 않는다(Ex nihilo nihil fit)'라는 생성의 충분근거율에 준거해서 이루어진다. 경험과학적 사건들이 상호 연관되어 있다고 고찰되는 한, 그 사건들의 계열에서 한 경험과학적 사태 내지 존재자의 원인은 또 다른 경험과학적 사태 내지 존재자로 간주된다. 그러므로 자연 내의 사건에서 그것의 원인은 반드시 경험과학적 의미에서 있었던 것을 지시하며, 그 원인이 있었던 것, 즉 존재자인 한 그 원인 역시 그것의 원인을 가져야만 한다.(*KrV*, A532=B560이하 참조) 그래서 우리가 생성과 존재의 충분근거율에 충실히 따르는 한, 원인 계열은 무한히 계속될 뿐으로 문자 그대로의 '최초의 원인' 즉 자유란 자연 가운데서 찾아질 수가 없다. 이런 이해에서 칸트도 '자유'를 "문제성 있는 개념"(*KrV*, A339=B397)이라 말한다.

철학자 내지 과학자들이 세계(우주)의 운동 변화에 관심을 가진 이래,

이 운동 변화를 설명하기 위해 최초의 운동자, 부동의 원동자를 생각하기에 이르렀지만, 그 생각은—비록 '자기에서부터(a se) 시작하는'이라고 표현되기도 하나—무엇으로부터도 생겨나지 않은 즉 원인이 없는 존재자가 적어도 하나 있다는 것을 함축하며, 따라서 그것은 초논리적일 뿐만 아니라, 자연 가운데서 만나지지 않는, 따라서 초경험적인 것, 요컨대 '초월적'인 어떤 것을 상정하는 것이다. 그러므로 칸트도, 만약 어떤 현상 계열의 "절대적 자발성"(KrV, A446=B474)으로서 자유가 생각될 수 있다면, 그것은 이를테면 "초월적 이념(transzendentale Idee)"(KrV, A448=B476)이라고 본다.

초월적 이념으로서 자유란 도대체 무엇을 말하는가? 그것은 일종의 "예지적 원인(叡智的 原因: intelligibele Ursache)"(KrV, A537=B565)을 일컫는다. 칸트는 이 예지적 원인으로서 '자유'를 이른바 '순수 이성의 이율배반'의 해소를 통해 "구출"(KrV, A536=B564)해내고, 그로써 당위적 실천 행위의 근거를 마련한다.

칸트에서 인간은 이중적이다. 인간은 감성적 존재자이자 이성적 존재자이며, 경험적 능력과 더불어 선험적 능력을 가지고 있다. 사람은 감성의 세계(sinnliche Welt)에 속해 있으면서도 또한 예지의 세계(intelligibele Welt)에 속해 있다. 인간은 자연법칙의 필연성에 종속하면서도 자유법칙의 지배 아래에도 놓여 있는 것이다.

순수 이성 비판은 '나는 사고한다'라는 초월적 주관을 진리의 토대로 통찰하고, 우리의 인식 작용을 객관 자체와 선험적으로 관계하는 한에서 고찰한다. 객관과 선험적으로 관계하는 우리의 초월적 인식 작용은 객관 자체를 일정한 조건 아래서 의식의 대상으로 만든다. 이 의식의 대상은 '나는 사고한다'라는 초월적 통각에서 공간·시간의 감성의 수용 형식에 따라 정돈된 감각의 잡다가 지성의 사고 형식, 곧 범주들에 의해 하나의 대상으로 규정된 것이다. 그러므로 이른바 지성의 자발성(Spontaneität)이란 감각 표상들을 일정한 틀 안에서 경험의 대상으로 통일하는 개념들을 스스로 마련함 이상의 것이 아니다. 지성의 이 제한적인 자발성의 상위에 전적으로 순수하게 자발적인 능력인 이성이 있다. 이 이성의 순수한 자발성은 순수한 이념들을 낳고, 이것들은 감성이 수용할 수 있는 것을 훨씬 넘어가며, 감성의 세계와 예지의 세계를 구별하고, 그럼으로써 지성의 적절한 한계를 규정한다. 자유라는 개념이 순수 이성의 필수적 개념으로 등장하는 자리가 바로 이 순수 자발성이다.

이성의 자발적 활동은 어떻게 해서 자유 개념에 이르는가? 이성의 추리를 통해서이다. 이성은, 본디 경험적 대상 인식에서만 그 적용 권리를 갖는 범주에 따르는 지성의 "종합적 통일을 단적인 무조건재[무조건적인 것]에까지 끌고 가려 추구"(*KrV*, A326=B383)하는데, 이 무조건자에 이르러 "현상들의 이성통일"(*KrV*, A326=B383)은 성취된다. 그러므로 이성의 이런 활동을 가능하게 하는 조건인 이성의 필연적 이념은 바로 이 '무조건자'라는 이념이다. 그러한 이념으로서는, "세 종류"의 이성 추리 "곧 정언적 · 가언적 · 선언적 이성추리"(*KrV*, A304=B361)의 형식에 상응해서 "첫째로 주관[주체, 주어]에서 정언적 종합의 무조건자가, 둘째로 한 계열을 이룬 연쇄 항들의 가언적 종합의 무조건자가, 셋째로 한 체계에서 부분들의 선언적 종합의 무조건자"(*KrV*, A323=B379)가 찾아짐으로써 (불멸적인) 영혼 · 자유 · 신, 이렇게 더도 덜도 아닌 셋이 있다.

그러니까 '자유'는 한 주어진 결과에 대한 원인들의 계열의 절대적 총체성을 생각할 때 생기는 순수한 이성의 이념이다. 그러나 앞서 보았듯이 이 같은 이념은 사변 이성에 있어서는 불가피하게 이율배반(즉 '셋째 이율배반')을 낳는다.(*KrV*, A444=B472 · A445=B473 이하 참조)

'자신으로부터 비롯하는' 절대적 시초로서의 자유의 원인성은 무엇인가 있지 않으면 아무것도 생기지 않는다는 자연의 통일성을 구성하는 자연법칙에 어긋난다. 그럼에도 시간상의 한 원인이 다른 원인의 제약 아래에 있는 자연법칙에서와는 다르게 또 다른 원인성이 있다는 것을 받아들이지 않을 수가 없다. 발생하는 모든 것은 시간상 그것에 앞서는 어떤 것에 의해 필연적으로 제약받으므로, 만약 자유의 원인성이 없다면, 자연은 제약된 사건들의 계열을 무한하게 구성할 터이고, 그것은 다름 아니라 자연의 통일성을 파괴하니 말이다.

그런데 이 같은 이율배반의 문제는 물음을, 세계 내의 모든 사건들이 자연에서만 비롯하는가, 아니면 자유로부터도 비롯하는가(*KrV*, A536=B564 참조)라고 제기한 데서 발생한 것이라 볼 수 있다. 그래서 칸트는 이 이것이냐 저것이냐의 물음이 출발을 잘못했음을 지적함으로써 이 이율배반을 해소한다.

이제 이 이율배반 해소의 실마리는 '자유' 원인성의 의미 해명에 있다. 한 사건에 있어서 자유의 원인성이 의미하는 시초란 이 사건에 앞서 어떤 사건이나 사태가 있음을 부인하는 시간상의 절대적 시초를 말하는 것이 아니라, 한 사건에 잇따르는 다른 사건은 물론 자연법칙에 따르는 것이지만, 그러나 그 사건의 계기(繼起)가 자연법칙으로부터 나온 것은 아니라는 점에서 어떤 시초를 말하는 것이다. 그러니까 동일한 사건에 대해서라도 관점을 달리해서 보면, 자연법칙에 따른 것이면서도 또한 자유의 원인성에 의한 것일 수도 있다는 것이다.

무릇 "현상들은 그 자체로는 사물이 아니기 때문에, 이 현상들의 기초에는 이것들을 한낱 표상으로 규정하는 어떤 초월적 대상이 놓여 있을 수밖에 없으므로, 우리가 이 초월적 대상에다가 그것이 현상하게 되는 성질 외에 현상은 아니면서도 현상 중에서 그 작용결과를 마주치는 원인성을 덧붙여서 안 된다고 방해하는 것은 아무것도 없을 것이니 말이다."(KrV, A538 이하=B566 이하) 즉 우리가 '예지적 원인'을 생각하는 것을 방해하는 것은 없는 것이다.

그러나 이제, 그 자신 또다시 다른 어떤 원인을 가져야만 하는 자연적 사건 계열의 원인과는 달리, 만약 궁극적 원인으로서의 자유, 즉 '예지적 원인'이라는 초월적 이념으로서의 자유가 그럼에도 불구하고 어떤 현실적 의의를 갖는다면, ―아니, 가질 수밖에 없는데―, 그것은 인간의 실천적 행위의 의미 해석에서라고 칸트는 생각한다. 즉 인간의 실천적 행위에 대해 귀책성(歸責性: Imputabilität)이 말해질 수 있다면, 인간의 실천적 행위는 한낱 기계적인 연관 작용이어서는 안 되고, 자유로부터의 행동으로서, 즉 그 행위의 원동자인 의지가 자유로워야, 달리 표현해 실천이성이 순수해야 한다는 것이 칸트의 생각이다.

여기서부터 '자유' 개념을 둘러싼 논의를 새롭게 시작하지 않으면 안 된다. 자유롭다고 생각되어야 할 의지는 인간의 의지이며, 그런데 인간은 자연 안에 존재하기 때문이다.

자연 밖에 어떤 존재자가―가령 신과 같은 초월적 존재자가―자유롭다고 한다면, 일차적인 문제는 '자연 밖에 존재자가 있다'가 무엇을 뜻하는가, 그것이 의미가 있는 말인가 일 것이고, 그런 '존재자'가 '자유롭다'라는 것은 부차적 문제가 될 것이다. 그런데 어떤 것이 자연 안에 존재하는데, 그런데 자유롭다 한다면, 앞서의 이율배반의 문제가 함의하고 있는 바대로, 문제는 곧바로 '자유'의 원인성이라는 것이 보편적으로 납득되는 자연의 필연적 인과성과 어떻게 양립할 수 있는가로 옮겨진다.(*KrV*, A536=B564 참조)

자연 내의 한 존재자로서 인간과 그 인간의 의지는 자연의 인과법칙에 따라 무엇을 지향하거나 회피할 터이고, 따라서 소위 '의지' 작용의 결과도 앞서 있는 '감성계의 한 상태'에서 '규칙적으로 뒤따라 나온' 상태일 것이다. 그런데 우리가 자유를 근본적 의미에서 이해한다면, 그것은 "한 상태를 자기로부터 시작하는 능력"(*KrV*, A533=B561)이다. 한 상태를 스스로 개시한다 함은 그 상태에 앞서서 그 상태를 유발하는 어떤 다른 상태도 감성세계[자연세계] 안에 '있지' 않았고, 그러니까 어떤 자연적 '원인'도 있지 아니했는데, 어떤 상태가 자연세계 안에 비로소 발생함을 의미한다. 칸트가 『순수이성비판』의 '초월적 분석학'에서 입증하려고 애썼고 스스로 입증했다고 믿은 바는, 자연세계는 예외 없이 인과법칙에 따라 규정되며, 이때의 인과법칙이란 물리-화학적인 필연적 계기(繼起) 관계뿐만 아니라, 심리-생물학적인 필연적 계기 관계까지도 포함한다. 그러니까 칸트는 인간의 자연적인 심리적 성향에 따른 행위도 자연의 인과적 법칙에 따른 행위로 본다. 그러므로 행위에서 의지가 자유롭다 함은 "완전한 자발성"(*KrV*, A548=B576)을 말하며, 이로부터 자연 안에 어떤 사건이 발생함을 뜻한다. 그러므로 이를테면 '실천적 자유'는 현상에서의 발생의 원인은 그토록 결정적인 것이 아니며, "우리의 의사[의지] 안에" "저 자연원인들에 독립해서, 그리고 심지어는 자연원인들의 강제력과 영향력에 반하여, 시간질서에 있어서 경험적 법칙들에 따라 규정되는 무엇인가를 산출하고, 그러니까 일련의 사건들을 전적으로 자기로부터 시작하는 어떠한 원인성"(KrV, A534=B562)이 있음을 말하는 것이다. 그런데 이것은 자연의 법칙성, 즉 자연 안에서 발생하는 사건의 원인은 오로지 자연 안에 있을 수밖에 없다는 존재 생성의 충분근거율에 어긋난다.

바로 이 어긋남으로 인해 도덕[당위]의 '세계'와 자연[존재]의 세계의 구별이 있고, 자연적 존재자인 인간이 이 도덕의 '세계'에도 동시에 속함으로써 인격적 존재일 수 있으며, 인간이 인격적 존재로서만 그 자체로 '목적'이며 존엄하다고 말해질 수 있다고 칸트는 본다.

칸트의 도덕철학은 다름 아니라, 인간이 어떻게 어떤 의미에서 인격적 존재자이며, 어떤 경우에 스스로 존엄하다고 말할 수 있는가를 밝히며, 이 해명은 문제성 있는 개념인 '자유'와 인간의 실천적 행위의 관계 천착에 기초하고 있다.

2) '순수 실천이성의 사실'로서의 보편적 도덕법칙

칸트 도덕론의 단초는 인간은 행위에서 '자유롭다'라는 것이다.

세계가 오로지 자연으로 즉 존재자의 총체로만 이해된다면, 그 세계 안에 '자유'가 있을 자리는 없다. 그렇기에 '자유'는 이 자연세계를 초월해 있는 이념이라고 말해진 것이다. 그럼에도 인간의 '실천'적 행위는 이 자유의 바탕 위에서만 가능하다. 실천이란 마땅히 있어야만 할 것을, 그러니까 아직 있지 않은 것을 자신으로부터 있게끔 하는 것을 말하기 때문이다.

자연세계의 인과법칙에 지배받지 않는 이런 자유의 원인성의 이념을 칸트는 인간에서의 인격성, 인간 생활에서의 도덕성의 유의미성에서 본다. 모든 존재자들의 존재 근거로서의 '초월적 주관[의식](personalitas transcendentalis)'

이 자연세계의 일부를 이루는 존재자가 아니듯이 '도덕적 주체[인격체](personalitas moralis)'로서 파악되는 인간도 자연 세계에 속하는 '감성적' 존재자가 아니라, '예지적으로만 표상 가능한(intelligibel)' 것이다.

인간이 도덕적 주체로서 감각 세계를 초월해 있을 수 있다면, 그것은 그의 의지가 '감성의 충동에 의한 강요로부터 독립'할 수 있음으로써이다. 인간의 의지도 감성에 영향을 받고, 그런 한에서 "감수(感受)적 의사(arbitrium sensitivum)"이기는 하지만, 그러나 오로지 감성의 동인(動因)에 의해서만 촉발되는 "동물적 의사(arbitrium brutum)"와는 달리 인간의 의지는, '감성이 그것의 행위를 결정하지는 않는', 즉 "감성적 충동에 의한 강요로부터 독립해서 자기로부터[스스로] 규정하는" '자유로운' 것이다.(KrV, A534=B562 참조; Refl 5618 · 5619: XVIII257이하 참조)

자연 중에서 다른 존재자들과 교섭하며 행위하는 인간은 물리적으로도 생리적으로도 심리적으로도 관찰될 수 있다. 그리고 그런 관찰을 통해서 경험된 인간의 행위들은 자연의 인과 고리를 이어가는 사건들이다. 그러나 그 가운데 실천적 행위들은 인간 이성의 영향을 동시에 입고 있는 것이며, 이 이념이 이성의 순전한 자발성의 산물인 한 자연 현상으로 나타나는 실천적 행위들의 한 원인은 순수한 실천이성인데, 이러한 순수 실천이성을 칸트는 곧 '순수 의지'로 본다.

이러한 순수 의지에 따라서만 보편적 도덕법칙이 가능하다.

도덕법칙은 언제나 명령으로 등장하거니와, 칸트는 이런 도덕법칙들의 최고 원칙은 다음과 같이 정식화된다.

"너의 의지의 준칙이 항상 동시에 보편적 법칙 수립의 원리로서 타당할 수 있도록, 그렇게 행위하라."(*KpV*, §7: A54=V30)

　이 명령은 이성이 선을 지향하는 의지에게 부여하는 모든 도덕법칙들이 기초해야 할 기본율, 즉 원칙이다. 이 명령은 실천 행위로 나아가려는 이성이 자신에게서 선험적으로 의식하는 무조건적인 자기 규범이며, 그러므로 그것은 이성의 "자율"(*KpV*, A58=V33)로서 단정적인 "정언 명령"(*GMS*, B52= IV421)이다. 이 명령 내용이 선을 지향하는 모든 실천 행위들이 준수해야 할 도덕법칙의 '형식'으로 보편성과 필연성을 가짐은 자명하다는 뜻에서 칸트는 이것을 "순수 실천이성의 원칙"(*KpV*, A54=V30)이라고 부르고, 또한 "순수한 이성의 유일한 사실(Faktum)"(*KpV*, A56=V31)이라고도 부른다.

　순수 실천이성의 원칙을 '사실'이라고 부를 수 있는 것은, 이론이성에게 모순율과 같은 형식 논리의 원칙이 자명하듯이, 그것이 실천이성에게는 자명한 것이기 때문이다. '자명한 사실'이란 보편타당하고 필수적인 것이긴 하지만, 그렇다고 그것이 누구에게나 항상 인지된다거나, 모든 사람이 언제나 그것을 준수함을 함의하고 있는 것은 아니다. 모든 형식적 인식에서 그것의 '참[眞]'의 원리로서 모순율이 기능하고 있지만 모순율을 인지하지 못하는 사람이 많듯이, 모든 실천 행위에서 그것의 '참[善]'됨의 원리로서 저 원칙이 기능하지만 이것을 인지하지 못하는 사람도 많이 있을 수 있다. 또한 논리적 원칙을 잘 인지하고 있는 사람, 예컨대 논리학자라고 해서 항상 논리적으로 사고하는 것은 아니듯이 실천이성의 원칙을 '사실' 로서 납득하고 있는 사람, 예컨대 윤리학자가 항상 도덕적으로 행위하는 것은 아니다. '이성의 사실'은 사람들의 그것에 대한 인지나 준수와 상관없이 그것의 자명성으로 인하여 자명한 것이다.

그 자신 다른 어떤 것으로부터 증명되지 않는 이성의 사실로서의 모순 율에 모든 형식적 인식들이 기초함으로써 그것의 진리성을 보증받듯이, 모든 실천 행위는 이성의 사실로서의 이 '실천이성의 원칙'에 준거해서만 그것의 '선함'을 평가받을 수 있다. 이 실천이성의 원칙은 바로 '선'이라는 개념의 근거점이다. 선의 개념은 "도덕법칙에 앞서" 있는 것이 아니라, 바로 "도덕법칙에[의] 따라서[뒤에] 그리고 도덕법칙에 의해서"(*KpV*, A110=V63) 있는 것이다.

그러므로 선의 개념 자체이기도 한 이 실천이성의 원칙은 모든 도덕법 칙이 갖추어야 할 보편적 형식이다. 그것이 '형식'이기 때문에 실질적으로 는 아무런 도덕적 규정이 되지 못하는 것이 아니라 바로 '형식'이기 때문에 모든 도덕의 '내용[실질]'을 규정한다. 형식이란 다름 아닌 내용의 틀이다.

3) 의지의 자유와 인격으로서 인간

어떤 행위가 진정으로 도덕적이기 위해서는 도덕법칙에 대한 존경이 유일하고도 의심할 여지없이 그 행위의 동기이어야 한다. 그리고 이와 같 은 도덕적 동기는 의지의 자유로움에서만 가능하다. 인격적 주체는 "무엇 을 해야 한다(sollen)고 의식하기 때문에 자기는 무엇을 할 수 있다(können) 라고 판단하며, 도덕법칙이 아니었더라면 그에게 알려지지 않은 채로 있 었을 자유를 자신 안에서 인식한다."(*KpV*, A54=V30) 자유를 근거로 해서만 도덕법칙은 성립할 수 있다는 점에서 "자유는 물론 도덕법칙의 존재근거 (ratio essendi)"이지만, 도덕법칙을 우리가 우리 안에서 발견하지 못했다면 자유 역시 의식하지 못했을 것이라는 점에서 "도덕법칙은 자유의 인식근거(ratio cognoscendi)"(*KpV*, A5=V4)이다. 현전하는 도덕법칙에서 우리는 우리 자신이 자유로움을 의식한다. 당위는 이미 그 실행 가능성을 담보한다. 인간은 무엇을 하고 있고 할 수 있기 때문에 그것을 해야만 하는 것이 아니라, 오히려 그것은 인간으로서 마땅히 해야 하는 것이기 때문에 그것을 할 수 있다.

자유, 그것은 자율, 즉 자기가 정한 법칙에 복종함이다. "의지의 법칙에 대한 자유로운 복종의 의식은, 모든 경향성들에게, 오직 자신의 이성에 의해 가해지는, 불가피한 강제와 결합돼 있는 것으로서, 무릇 법칙에 대한 존경이다."(*KpV*, A142이하=V80) 이 도덕 "법칙에 따르는, 일체의 규정 근거에서 경향성을 배제하는, 객관적으로 실천적인 행위를 일컬어 의무"(*KpV*, A143=V80)라 한다. 그렇기 때문에 의무는 개념상 '실천적 강제'를 포함한다. 즉 싫어도 행위하도록 시킨다. 자연적 존재자로서의 인간이 선 아닌 다른 것을 욕구하기 때문에, 바로 그 때문에 그는 선을 행해야만 한다. 자기 마음이 자연히 그렇게 내켜서 하는 행위라면 그것을 우리는 당위라고 하지 않는다. 당위는 강요된 행위를 말함이고 그런 뜻에서 필연적이되, 그러나 이 강제는 밖으로부터의 것이 아니라, 자신에 대한 자신의 강제 즉 "자기 강제" 내지 "내적 강요"(*KpV*, A149=V83)이다. 그렇기 때문에 도덕은 밖으로부터 강제된 규칙 즉 자연법칙이 아니라, 자신으로부터의 즉 자유로운 자기 강제의 규칙, 이를테면 자율(自律)이다. 이 자율의 힘에 인격성은 기반한다.

인간으로 하여금 감성세계의 일부로서의 자신을 넘어서게 하고, 지성만이 생각해 낼 수 있는 질서에 인간을 결합시키는 것은 인간의 인격성이다.

그러니까 인격성이란 "전 자연의 기계성으로부터의 독립성으로, 그러면서도 동시에 고유한, 곧 자기 자신의 이성에 의해 주어진 순수한 실천 법칙들에 복종하고 있는 존재자의 한 능력"(*KpV*, A155=V87)이다.

그래서 인간의 의지가 자유롭다는 것은 실천이성이 인격적이라는 말과 같다. 의지가 자유롭다는 것은 다름 아니라 "도덕법칙이 의지를 직접적으로 규정한다"(*KpV*, A126=V71)라는 뜻이기 때문이다. 하나의 법칙이 어떻게 의지를 직접적으로 규정할 수 있는가, 바꿔 말하면 인간에게 어떻게 자유의지가 가능한가는 "인간 이성으로서는 풀 수 없는 문제"(*KpV*, A128=V72)이지만, 도덕법칙이 직접적으로 의지를 규정한다는 것은 명백한 '사실'이고, 그리고 "이것이야말로 모든 도덕성의 본질"(*KpV*, A128=V72)이다.

인격적 행위만이 도덕적 즉 당위적이기 때문에, 그것은 인간이 도달해야만 할 이성의 필연적 요구[要請]이다. 어떤 사람이 행위할 때 '마음 내키는 바대로 따라도 법도에 어긋나지 않는다[從心所慾不踰矩]'(『論語』, 爲政 二 참조)면, 그를 우리는 성인(聖人)이라 부를 것이다. 마찬가지로 실천 행위 "의지의 도덕법칙과의 온전한 맞음은 신성성(神聖性)"(*KpV*, A220=V122)이라고 불려야 할 것이고, 감성세계에 살고 있는 인간이 이런 신성성에 '현실적으로' 도달한다고 볼 수는 없겠지만, 그렇다 하더라도, 아니 바로 그러하기 때문에 그런 "온전한 맞음을 향해 무한히 나아가는 전진"(*KpV*, A220=V122) 가운데에서 우리는 인격성을 본다.

인간이 실제로 신적 존재자라면, 그의 행위는 항상 의지의 자율에 따를 터이다. 그렇다면 거기에는 당위가, 따라서 도덕도 없을 것이다. 인간은 감성적 욕구를 동시에 가지고 살아가는 시공상의 존재자이기 때문에, 바로 그 때문에 그에게는 당위가, 자신이 스스로에게 강제적으로라도 부과하는 정언적 명령이, 도덕법칙이 있는 것이다.(*GMS*, B111 이하=IV454 참조) 이것이 도덕법칙이 그리고 자율의 원인성이 인간의 행위에서 가능한 이유이고, '인간'에게서 갖는 의의이다. 인간은 항상 도덕법칙을 따르는 존재자는 아니지만, 스스로를 "도덕법칙들 아래에"(*KU*, B421=V448) 세움으로써 인간이 되고 인격적 존재자가 된다.

행위란 책임성의 규칙 아래에서 수행되는 행동을 말하며, 그러므로 행위의 주체는 의지의 자유에 따라 행동하는 자이다. 행위자는 그러한 행동을 통하여 그 행동의 결과를 '일으킨 자'로 간주되며, 그 결과는 그 행위자가 책임져야 한다. 아무런 "귀책능력이[책임질 역량이] 없는 사물"을 "물건"(*MS, RL*, AB23=VI223)이라고 한다면, "그의 행위들에 대해 귀책능력이[책임질 역량이] 있는 주체"는 "인격"(*RL*, AB22=VI223)이다. 그러므로 도덕적 인격성은 다름 아닌 도덕법칙들 아래에 있는 이성적 존재자의 자유(성)이며, 인격(자)은 다름 아닌 자기 자신이 자신에게 제시한 그 법칙들에 복종하는 자이다.

이성적 존재자로서의 인간은 자율적으로 도덕법칙을 준수함으로써 그러니까 인격이 된다. 이러한 인격으로서의 인간만이 존엄성, 즉 한낱 수단으로서가 아니라 그 자체가 목적으로서의 가치를 갖는다.

4. 칸트 『판단력비판』의 과제

1) 판단력 비판의 주도적 물음: '나는 무엇에서 흡족함을 느낄 수밖에 없는가?'

『순수이성비판』을 이끄는 "나는 무엇을 알 수 있는가?"라는 물음에서

'나'는 인식하는 자로서 '나'이며, 이 '나'가 지성이 수립하는 선험적 원리인 순수한 종합적 원칙들에 따라 '알 수 있는 것'은 '자연' 세계이다. 『실천이성비판』을 주도하는 "나는 무엇을 행해야만 하는가?"라는 물음에서 '나'는 행위자로서 '나'이며, 이 '나'가 순수한 실천이성이 수립하는 도덕법칙에 따라 '마땅히 행해야 하는 것'은 그의 인격의 의무로부터 나오는 행위, 곧 '선행'이다.

이제 칸트는 앎[知]과 하고자 함[意] 외에 또 하나의 인간의 기본적인 마음 활동인 느낌[情]의 선험적 작용원리를 추궁하니, 그것은 이를테면 '나는 무엇에서 흡족함을 느낄 수밖에 없는가?'라는 물음을 제기하고, 그 답을 찾는 작업이라 하겠다. 그리고 그 작업과정을 우리는 『판단력비판』에서 볼 수 있다.

'나는 무엇에서 흡족함을 느낄 수밖에 없는가?'라는 물음은 쾌 또는 불쾌의 감정으로서 '나'는 무엇에서 흡족함(Wohlgefallen) 또는 부적의함(Mißfallen)을 느낄 수밖에 없는가를 묻는 것인데, 이에 대해 칸트는 일단, 쾌 또는 불쾌의 감정으로서 '나'는 판단력이 세우는 선험적인 합목적성의 원리에 따라 '미적 기예(Kunst)'에서 (또는 마치 미적 기예의 산물인 것과 같은 자연사물에서) 흡족함을 또는 부적의함을 느낄 수밖에 없다는 것이다.

'쾌·불쾌의 감정'의 작용이 선험적 원리에 따른다 함은 그것은 한낱 주관적 경험적이지 않고, 순수하고 보편적이라는 것이다. 쾌·불쾌의 감정도 감정인만큼 '주관적'이기는 하지만 '순수'하고 그런 한에서 '보편적'이라는 것이다. 그러니까 그것은 내가 무엇에서 흡족함 또는 부적의함을 느끼지 않을 수 없는 작용(fühlen müssen) 원리가 있음을 말한다. 나의 감정이 어떤 것에서 흡족함을 느끼거나 부적의함을 느끼는 것은 그것이 '합목적성'에 부합하는지 어긋나는지에 달려 있고, 이를 판정하는 능력이 판단력이며, 그 판정의 한 결과가 '미감적 판단'이다. 그래서 '판단력 비판'의 선도적 물음은 '어떻게 보편적 미감적 판단은 가능한가?'이다.

이로써 앎(wissen)과 행함(tun)과 더불어 느낌(fühlen)도 철학의 중심 주제가 되었으며, 그로써 칸트철학은 인간 마음의 활동의 전모를 추궁하는 학문이 되었다.

2) 반성적 판단력

'판단력 비판'에서 '판단력'은 '지성'과 '이성' 사이의 중간에 위치한 판정능력을 지칭한다. 여기서 말하는 '지성' 곧 이론적 이성은 자연을 선험적으로 인식하는 데에 관계하고, 여기서 일컫는 '이성' 곧 원칙들에 따라 판단하고 행위하는 이성은 자유에 의해 우리 욕구능력을 선험적으로 규정하는 데 관계한다. 그렇다면 그 중간에서 판단력이 하는 일은 무엇인가?

자율적인 영혼 능력인 지성 곧 이론이성이 마음의 인식작용에 "법칙성"이라는 선험적 원리를, 그냥 '이성'이라고 일컫기도 하는 실천이성이 욕구작용에 "책무성"이라는 선험적 원리를 수립한다면, 판단력은 취미작용에 "합목적성"이라는 선험적 원리를 수립하는 마음의 능력이다. 그러나 자연과 자유만이 우리의 선험적 원리를 '구성적', 곧 대상 규정적으로 사용할 수 있는 영역이므로, 판단력의 신험적 원리는 단지 '규제적', 곧 주관 규정적으로 사용될 수 있을 뿐이다. 그럼에도 이러한 판단력이 지성과 이성 사이에 위치한다는 것은, 지성과 이성에 의해 독자적으로 그 법칙이 수립된 자연의 나라와 자유의 나라를 연결하는 교량의 역할을 기대하게 한다.

판단력이란 본래 "특수한 것을 보편적인 것 아래에 함유되어 있는 것으로 사고하는 능력"(*KU*, BXXV=V179)이다. 그래서 판단력은 일차적으로 "규칙들 아래에 [무엇인가를] 포섭하는 능력, 다시 말해 무엇인가가 주어진 규칙 아래에 있는 것(所與 法則의 事例)인지 아닌지를 판별하는 능력"(*KrV*, A132=B171)이라고 규정된다. 그러나 "판단력은 한낱 특수를 (그 개념이 주어져 있는) 보편 아래 포섭하는 능력일 뿐만 아니라, 또한 거꾸로, 특수에 대한 보편을 찾아내는 능력"(EEKU, XX209이하=H14)이기도 하다. 칸트는 앞의 기능을 '규정적', 뒤의 기능을 '반성적'이라고 일컬을 수 있다고 보는데, 그러니까 판단력은 '규정적'으로뿐만 아니라, 때로는 '반성적'으로도 작용한다는 것이다.(*KU*, BXXV이하=V179 참조)

규정적 판단력은 특수한 것을 지성[이론이성] 또는 이성[실천이성]에 의해 주어진 보편적인 것, 곧 자연법칙 또는 자유법칙 아래 포섭함으로써 규정하고, 반성적 판단력은 주어진 특수한 것에 대한 보편적인 것, 곧 "합목적성"의 원리를 찾음으로써 저 지성이나 이성과 마찬가지로 법칙수립자[입법자]가 되며, 이로써 주어진 특수한 것은 그 보편적인 것 아래에 포섭되어 있는 것으로 판단된다.

판단력은 어떤 경우에는 아무런 개념이나 법칙이 다른 인식능력으로부터 제시되어 있지 않은 상황에서도 주어지는 표상들이 있을 때 그것들을 객관적으로, 곧 객관과 관련해서 반성하여 판정하는 것이다. 그러나 객관적 규정적 판단에서와는 달리 이러한 객관적 반성적 판정에서 술어는 객관에 귀속되는 것이 아니라 단지 주관의 인식능력에 귀속된다. 이렇게 반성적으로 작동하는 판단력은 "판정능력(判別能力)"(EEKU, XX211=H16)이라고도 일컬어지고, 그 작동 원리는 합목적성이다.

"하나의 객관에 대한 개념은, 그것이 동시에 이 객관의 현실성의 근거를 함유하는 한에서, 목적이라 일컬으며, 한 사물이 오로지 목적들에 따라서만 가능한 사물들의 그런 성질과 합치함을 사물들의 형식의 합목적성이라 일컫는다."(*KU*, BXXVIII=V180)

바로 이러한 판단력은 이 '합목적성' 개념을 매개로 지성의 법칙수립과 이성의 법칙수립을 "연결"한다.

그렇다면 대체 이 개념이 어떻게 자유에서 자연으로, 초감성적인 것에서 감성적인 것으로, 예지체에서 현상체로의 이행을 가능하게 한다는 말인가? 실천이성은 우리에게 자유에 의해 궁극목적, 곧 최고선을 산출할 것을 요구한다. 반성적 판단력은 합목적성의 개념을 가지고서, 이 궁극목적이 실천이성에 의해 이 세계에서 산출될 수 있음을 지시한다. 그러므로 자연은 판단력에 기초해서 인간에 의해 자유롭게 규정될 수 있는 것으로 인식되며, 이성의 선험적 실천법칙에 의해 이 규정이 앞에 놓여진다. 지성의 자연에 대한 선험적 법칙수립을 통해서는 알려지지 않은 채로 있을 수밖에 없었던 것, 즉 자유에 의한 자연의 규정이 이제 자연의 합목적성 개념을 통해 지성에게 이해된다. 우리는 자유에 의해 자연에 영향을 미칠 수 있겠다는 것이다. 왜냐하면, 자연 자신이 마치 어떤 지성적 존재자에 의해 목적들을 향해 산출되었고 유기조직화된 것처럼 생각될 수밖에 없기 때문이다.

자연 인식은 수용성인 감성과 자발성인 지성을 통해 이루어지고 이 인식에서 자연은 우리에게 그 모습을 드러낸다. 인과법칙과 같은 순수한 지성의 자율 법칙에 의해 자연은 규정되고, 그러니까 자연세계는 기계적 인과법칙에 따라 운동하는 것으로 표상된다. 그런 만큼 자유에 의한 자연운행은 있을 수 없는 일이다. 그런데 인간의 도덕적 행위는 자연세계에서 일어나되, 그것은 자유의 원인성에 따라, 곧 순수 실천이성의 자유의 법칙인 도덕법칙에 따라 일어난다. 그렇기에 자연적 사건과 윤리적 사건은 별개의 것일 터이다. 그런데 만약 자연적 사건과 윤리적 사건의 합치가 일어난다면, 다시 말해 자연에서 일어난 일이 당위적이기도 하고, 윤리적으로 일어난 일이 실재적이기도 하다면, 그것은 자연이 합목적적으로 운행한다는 것을 말한다. 그때 '자연의 합목적성'이라는 반성적인 판단력의 자기자율적 원리는 자연과 자유, 존재와 당위를 매개 연결한다.

3) '판단력 비판'의 결실로서 미학과 목적론

반성적 판단력은 두 방면에서 활동하는데, 그에 따라 판단능력에 대한 비판 또한 두 가지로서, 하나는 "사람들이 미감적이라고 부르는" "판정들에서의 판단력의 원리에 대한 비판적 연구"(*KU*, BVIII=V169)이고, 다른 하나는 반성적 판단력이 내리는 "자연에 대한 논리적" 즉 목적론적 "판정들의 비판적 제한"(*KU*, BIX=V170)이다.

> "판단력 비판을 **미감적** 판단력 비판과 **목적론적** 판단력 비판으로 구분하는 것은 이에 기초하는 것이다. 전자는 형식적 합목적성 − 그밖에[보통은] 또한 주관적 합목적성이라고도 불리는바 − 을 쾌 또는 불쾌의 감정에 의해서 판정하는 능력을, 후자는 자연의 실재적 합목적성(즉 객관적 합목적

성)을 지성과 이성에 의해서 판정하는 능력을 뜻하는 것이니 말이다."(*KU,* BXLVIII이하=V192이하)

미감적 판단력 비판의 결실이 칸트의 미학, 특별히 자연미학 이론이며, 목적론적 판단력 비판의 결실이 그의 목적론 철학이다. 두 가지 중에서도 판단력 비판에 "본질적으로 속하는 것은 미감적 판단력을 내용으로 갖는 부문이다. 왜냐하면, 이 미감적 판단력만이 판단력이 온전히 선험적으로 자연에 관한 그의 반성에 기초로 삼고 있는 원리, 곧 자연의 특수한 (경험적) 법칙들에 따르는, 우리 인식능력에 대한 형식적 합목적성의 원리를 함유하며, 이 형식적 합목적성 없이는 지성은 자연에 순응할 수가 없을 터이기 때문이다."(*KU,* BL이하=V193) 그렇게 해서 저 '자연의 형식적 합목적성'이라는 초월적 원리가 이미 목적 개념을 자연에 적용하도록 지성으로 하여금 준비하도록 한 다음에야 판단력은 비로소 목적론적으로 작동할 수 있다. "우리 인식능력과의 주관적 관계에서 자연의 합목적성을 사물의 형식에서 자연 판정의 원리로 표상하는 초월적 원칙은, 내가 어디에서 그리고 어떤 경우에 그 판정을, 오히려 한낱 보편적 자연법칙들에 따라서가 아니라, 합목적성의 원리에 따라서 [자연]산물의 판정으로서, 내려야만 하는가는 전적으로 미정으로 남겨놓고, 취미에서 [자연]산물의 (그것의 형식의) 우리 인식능력에 대한 적합성을 결정하는 일은 (이 적합성을 개념들과의 합치에 의해서가 아니라, 감정에 의해서 판별하는 한에서) 미감적 판단력에 위임한다."(*KU,* BLI=V194) 그러므로 미감적 판단력은 사물들을 합목적성의 원리에 따라서 판정하는 특수한 능력이지만, "목적론적 판단력은 한 특수한 능력이 아니라, 단지 반성적 판단력 일반일 뿐이다."(*KU,* BLII=V194)

4) 미학과 미감적 판단력 비판

『판단력비판』의 '제1편 미감적 판단력 비판'에서 정초되는 칸트의 '미학'은 '미에 대한 이론'이기는 하되, '감각지각(aisthesis)의 학'으로서의 본질을 갖는다. '감각의 학'으로서의 미학은 '미'가 감각의 조화로운 통일성에 기초한다는 사실을 부단히 상기시킨다. 당초부터 '미학'은 '미(kallos, pulchritudo)'라는 열매에가 아니라 '감각지각' 내지 '감정'이라는 뿌리에 그 어원을 두고 있고, 칸트는 그 정신을 승계하고 있는 것이다. 그러니까 칸트에게 미학은 '미의 본질에 관한 학문'이라기보다는 아름다움의 감정[미감]에 관한 학문 또는 아름다움[미]의 판정 원리에 대한 탐구, 말하자면 '미적인 것을 판정하는 능력 곧 취미의 비판(Kritik des Geschmacks)'이다. 그래서 칸트의 미학은 미감적 판단의 성격을 해명하는 작업을 주 과제로 삼는데, 이는 순전한 취미 비판으로서의 미학은 근본에 있어서 감성학으로서 어떤 규준(Kanon)이 아니라 단지 "규범(곧 한갓 판정을 위한 전형이나 먹줄)"을 내용으로 갖는다는 것을 말한다.

순수 취미판단(Geschmacksurteil)은 본디 미적인 것(아름다운 것: das Schöne)에 대한 판단이다. 그래서 칸트는 엄격하게 말해서 "취미"란 "상상력의 자유로운 합법칙성과 관련하여 대상을 판정하는 능력"(*KU*, B68/9=V240)으로서 "미적인[아름다운] 것을 판정하는 능력"(*KU*, B3=V203)이라고 정의한다. 이 같은 심미(審美)력에 의한 취미판단은 "인식판단이 아니며, 그러니까 논리적이 아니라, 미감적/감성적"(*KU*, B4=V203)이다. "미감적/감성적이란 그 규정근거가 주관적일 수밖에 없다는 뜻이다."(*KU*, B4=V203) "이 장미는 붉다."라는 인식판단에서 술어 '붉다'는 '이 장미'라는 객관의 속성으로 언표되지

만, 예컨대 "이 장미는 아름답다."라는 취미판단에서 '아름답다'라는 술어
는 주관의 감정에 귀속하는 것이고, "미[아름다움]란 오로지 취미에 속하는
것"(*Anth*, VII241)으로서 한낱 주관적인 것이다. 그럼에도 "이 장미는 아름답
다."라는 미감적 판단 역시 '이 장미'라는 대상과 관련한 판단이고, 그런
만큼 대상에 대한 인식을 전제하는 것으로서 "언제나 지성과의 관계가 함
유되어 있기 때문"(*KU*, B4=V203)에 순수 지성개념들인 질·양·관계·양태
의 네 계기에서 고찰할 수 있다. 다만 인식판단에서와는 달리 "이 장미는
아름답다."라는 미감적 판단에서는 '아름답다'라는 판단의 '질'이 맨 먼저
고려되어야 하기 때문에 고찰의 순서 또한 질의 계기가 최우선한다.

질(Qualität)의 면에서 취미판단은 주관적이고, 감성적/미감적이고, 일체
의 이해관심 없이 내려진 것이다.

순수한 취미판단에서는 표상이 상상력에 의해 순전히 판단주관과 관계
맺어진다. 주어진 표상에서 느껴지는 쾌·불쾌의 감정은 "주관의 생명감
정(Lebensgefühl)"으로서 우리 마음이 이 표상에서 촉발되는 방식에서, 곧 그
표상이 우리의 생명력을 강화 내지 고양하는지 아니면 저지 내지 강하시
키는지에 따라서 나오는 것이다. 취미판단의 이러한 규정근거는 순수하게
주관적이고, 감성적/미감적이며, 논리적(개념적)이지 않다.(*KU*, B5=V204 참조)

"취미는 대상 또는 표상방식을 일체의 관심 없이 흡족이나 부적의함에
의해 판정하는 능력"이며, 그래서 '일체의 관심 없이'도 흡족한 대상은 "아
름답다고 일컫는다."(*KU*, B16=V211) "이로부터 저절로 나오는 결론은, 미적
인 것은 일체의 이해관심을 떠나 적의한 것이어야 한다는 것이다."(*KU*,
B115=V267)

취미판단은 질적으로는 미감적/감성적 곧 주관적이면서도, 양적으로는 보편성을 갖는다. 그래서 취미판단은 이른바 "주관적 보편성"(*KU*, B18=V212)을 요구주장하는 단칭판단으로 표출된다.

취미판단이 주관적이면서도 보편적 타당성을 갖는 것은 그 판단이 어떠한 이해관심과도 결합되어 있지 않기 때문이라는 것이 칸트의 견해이다.

그 미감적 곧 주관적 성격에도 불구하고 보편성이라는 술어는 "마치 그 아름다움[미]은 대상의 성질이고, 그 판단은 논리적인 (객관의 개념들로써 객관의 인식을 형성하는) 것처럼"(*KU*, B18=V211) 사용된다. 나는 나의 순수한 취미판단을 가지고서 다른 모든 사람들이 나에게 동의해야만 할 것을 요구주장하는 것이다. 물론 이 "보편적인 동의는 단지 하나의 이념[…]일 따름이다. 취미판단을 내리고 있다고 믿는 사람이 사실로 이 이념에 맞게 판단하고 있다는 것은 불확실할 수 있다. 그러나 그는 그럼에도 이 판단을 그 이념과 관계시키고 있다는 것을, 그러니까 그 판단은 취미판단이어야만 한다는 것을 미의 표현을 통해 알리고 있다."(*KU*, B26=V216)

취미판단도 인과 관계를 포함하고 있다. 다만 그 인과 관계는 작용 연결(nexus effectivus)이 아니라 목적 연결(nexus finalis)이다.

작용 연결은 어떤 원인으로 인하여 어떤 결과가 유래하는 관계로서, 그러니까 그 원인이 결과의 근거이다. 기계적 자연인과에서 원인, 즉 작용인(作用因: causa efficiens)은 결과인 어떤 것의 실존의 근거인 것이다. '며칠간의 따사로운 햇볕이 우리 집 정원의 장미꽃망울을 오늘 아침에 터뜨렸다.'라는 사태에서 햇볕의 내려쪼임은 장미꽃이 피어난 원인이다. 그런데 목적이 행위를 규정하는 경우에서는 목적 표상이 동시에 행위의 근거(이유)와 결과를 나타낸다. '건강을 위해 나는 섭생을 잘 한다.'에서 건강함은 섭생을 잘함의 이유이자 결과이다. 그러한 것을 곧 '목적(Zweck)'이라 일컫는다. 섭생을 잘함을 통해 결과적으로 건강함에 이르는데, 건강함은 당초에 섭생을 잘함의 목적이었으니, 섭생을 잘함이라는 행위는 그 목적을 따른 것, 즉 '합목적적(zweckmäßig)'이다. 그리고 이때 나는 섭생을 잘함에서 만족(Zufriedenheit)을 얻는데, 이때 만족이란 목적의 충족(Befriedigung des Zwecks)이다. 그리고 저 섭생을 잘함은 건강함을 실제로 있게 하는 것이니, 이를테면 객관적 실재적 합목적성을 갖는 것이다.

그런데 "이 장미꽃은 아름답다."라는 미감적 판단에서 내가 이렇게 판정하는 것은, 이 장미꽃에서 나의 상상력의 유희가 나의 어떤 목적이 충족된 것인 양 나의 마음을 "활성화"(KU, B37=V222)하고, 생기 있게 만들고, 지성의 법칙성과 합치함으로써 나의 생명력을 약동하게 하여 나의 쾌의 감정을 불러일으키기 때문이다. 그러니까 이 장미꽃은 의지적인 것이 아니므로 결코 어떠한 목적을 가지고 있지 않건만, 그럼에도 마치 나의 쾌감을 불러일으키기 위해서, 곧 자유로운 상상력과 합법칙적인 지성의 화합을 위해 있는 것처럼 인지된다. 이에서 나의 반성적 판단력은 '이 장미꽃은 아름답다'라고 판정을 내리고, 나는 미적 쾌감을 느끼는 것이니, 이 아름다운 장미꽃은 이를테면 나의 인식력들에 대해 합목적적인 것이다. 그러므로 이 합목적성은 한낱 주관적인 것일 뿐이며, 또한 이 아름다운 장미꽃의 근저에 어떠한 특정한 실재적인 목적도 없으니, 이 합목적성은 실제로는 아무런 목적도 없는 형식적인 것일 따름이다. 그것은 "형식의 합목적성"(KU, B38=V223)이자, 이를테면 "목적 없는 합목적성"(KU, B44=V226)인 것이다.

순수한 취미판단은 양태의 면에서 보면 "필연적"(*KU*, B62=V236)이다. 그런데 취미판단은 근본적으로 주관적이니, 취미판단은 '주관적 필연성'을 갖는 것이다. 어떻게 이 판단이 주관적이면서도 필연적인 성격을 갖는가?

그것은 취미판단이 주관적이면서도 보편타당성을 요구주장하는 감정의 원리에 근거하고 있기 때문이다. 이러한 "주관적 원리"(*KU*, B64=V238)를 칸트는 "공통감(sensus communis)"(*KU*, B64=V238)이라고 일컫는다. 취미판단의 보편타당성의 기반인 "감정의 전달가능성"은 "하나의 공통감"을 전제하는 것이다.(*KU*, B66=V239 참조)

미적인 것에서의 쾌감은 아무런 개념적 구성요소를 갖지 않지만, 인식능력들의 조화로운 균형에 의거하는 것으로, "바로 이렇기 때문에 **취미**를 가지고 판단하는 이도 (만약 그가 이 의식에서 착오에 빠지지 않아, **질료**를 형식으로, 매력을 미로 받아들이지만 않는다면) 역시 주관적 합목적성을, 다시 말해 객관에서의 그의 흡족을 다른 모든 사람에게 감히 요구하고, 그의 감정을 보편적으로 전달[공유]가능한 것으로 그것도 개념들의 매개 없이 전달[공유]가능한 것으로 상정해도 좋은 것이다."(*KU*, B155이하=V293)

여기서 칸트는 감정의 공유 가능성을 바탕에 두고 있는 취미를 인간 사회문화 일반의 표지(標識)라고 주장한다. "자기를 전달하고자 하는"(*MAM*, VIII110) "사회로의 추동"(*KU*, B162=V296)이 인간의 자연본성인 한에서, "사교성"을 인간성에 속하는 본질적 속성이라 한다면, 취미는 자기의 감정을 "다른 모든 사람들에게 전달할 수 있게 해주는 모든 것을 판정하는 능력"이라고도 할 수 있다.(*KU*, B162이하=V297 참조) "취미는 우리 인간을 사교적으로 만든다."(V-Anth, XXV187) "그러므로 취미는 상상력 안에서의 외적 **대상들**

에 대한 사회적인 판정의 능력이다."(*Anth*, VII241)

그러니까 인간 문명의 시작은 감정의 전달[공유] 가능성을 바탕으로 하는 미감적 판단력, 곧 '공통감(Gemeinsinn)'에서 비롯한 것이겠다. 기실 자연 법칙 수립의 기반인 '의식 일반(Bewußtsein überhaupt)'도 도덕법칙 수립의 기반인 '양심(Gewissen)', 곧 공동의 의식, 함께 앎(conscientia, Mitwissen)도 이러한 공통감을 전제하는 것일 것인즉, 이로 인해 지성과 이성이 판단력에서 접점을 얻는다고 하는 것이겠다.

5) 목적론적 판단력 비판

『판단력비판』의 '제2편 목적론적 판단력 비판'이다.

여기서 목적론이란 사물들의 합목적성에 관한 이론으로서, "이 세계 안의 사물들은 무엇을 위하여 서로 유용한가, 한 사물 안의 잡다함은 이 사물 자신에게 무엇을 위해 좋은가"(*KU*, B402=V437)라는 물음이 그 주제이다.

우리 이성은 유기적 존재자들의 내적 합목적성에 대해 다음과 같은 판정 원리를 갖는다. 즉 "자연의 유기적 산물은 그 안에서는 모든 것이 목적이면서 교호적으로 수단이기도 하다."(*KU*, B295/6=V376) 이러한 "유기적 산물에서는 아무것도 쓸데없는 것은 없고, 무목적적인 것이 없으며, 또 맹목적인 자연기계성으로 치부할 수 있는 것은 없다."(*KU*, B296=V376) 우리는 경험을 통해 이 원리에 이른 것이기는 하지만, 그러나 이 원리는 그러한 합목적성에 대해서 언명하는 그 보편성과 필연성 때문에 무엇인가 선험적 원리를 그 기초에 가질 수밖에 없다. 그래서 우리는 '자연의 객관적 합목적성'이라는 이념을 갖게 되며, 자연목적들이라는 개념은 "이성을 여기서는 우리를 더 이상 만족시켜 주지 못할 자연의 순전한 기계성과는 전혀 다른 사물들의 질서로 이끈다."(KU, B297=V377)

자연 중에서 유기적 존재자란 작용인뿐만 아니라 목적인에 따라서도 실존하는 것을 말한다. 그러나 작용인과 목적인의 화합이 어떻게 가능할까?

이 "전혀 다른 두 종류의 인과성의" "합일의 가능성, 즉 보편적 합법칙성 중에 있는 자연과 이 자연을 특수한 형식에 제한하는 이념의 합일 가능성"은 오직 "자연의 초감성적 기체(基體) 안에 놓여 있"(KU, B374=V422)다. 예지적 세계는 하나의 도덕적인 당위의 가능성을 설명할 뿐만 아니라, 유기적 물질의 가능성의 문제점을 해결하는, 우리가 인식적으로는 접근할 수 없는, 지점을 포함한다.

우리가 자연을 목적론적 체계로 볼 때, 그 궁극목적의 자리에 본질적으로 도덕적 존재자인 인간 외에 다른 것이 있을 수 없다는 것이 칸트의 파악이다. "인간은 그의 사명의 면에서 자연의 최종 목적"(KU, B390=V431)이다. "인간은 본래 자연의 목적이고, 이 점에서 지상에 살고 있는 어떠한 것도 인간의 경쟁자일 수는 없다."(MAM, VIII114) 그러나 이것은 언제나 "조건적으로만" 그러하니, 곧 인간이 자신이 최종 목적임을 "이해하고, 자연과 그 자신에게 그러한 목적관계를 부여할 의지를 가지고 있으며, 그러한 목적관계가 자연에 대해 독립적으로 스스로 충분하다는 […] 조건아래서만 그러"(KU, B390=V431)한 것이다.

"이제 도덕적 존재자로서 인간에 대해서는 (그러하니 세계 안의 모든 이성적 존재자에 대해서는) '무엇을 위해 (무슨 目的을 爲해) 그것이 실존하는가'를 더 이상 물을 수가 없다. 그의 현존은 자신 안에 최고의 목적 자체를 가지며, 그는 그가 할 수 있는 한, 이 최고 목적에 전체 자연을 복속시킬 수 있으며, 적어도 이 최고 목적에 반하여 그가 자연의 어떤 영향에 복속되지 않도록 자신을 지켜야만 한다. ─무릇 세계의 사물들이 그 것들의 실존의 면에서 의존적인 존재자로서, 어떤 목적들에 따라 활동하는 최상의 원인을 필요로 한다면, 인간이야말로 창조의 궁극목적이다. 왜 냐하면, 인간이 없으면 서로서로 종속적인 목적들의 연쇄가 완벽하게 기초되지 못할 것이니 말이다. 오로지 인간에서만, 또한 도덕성의 주체인 이 인간에서만 목적들에 관한 무조건적인 법칙수립[입법]이 찾아질 수 있으며, 그러므로 이 무조건적인 법칙수립만이 인간으로 하여금 전체 자연이 목적론적으로 그에 종속하는 궁극목적일 수 있게 하는 것이다."(*KU*, B398이하=V435이하)

"인간은 도덕적 존재자로서만 창조의 궁극목적일 수 있다."(*KU*, B412= V443 참조) 윤리적 존재자, 즉 '목적'으로서 인간은 자연의 합목적적 체계의 정점이고, 자연만물 창조의 "궁극목적"인 것이다. 이렇게 칸트의 반성적 판단력은 합목적성이라는 발견의 원리에 의거해 자연의 정점에서 도덕적 존재자로서의 인간을 발견한다.

5. 덧붙이는 말: 칸트의 생사관(生死觀)

1) 이성적 영혼론

칸트의 3비판서는 진·선·미의 초월적 원리들을 주제로 하고 있는 만큼, 삶과 죽음의 문제는 전면에 등장하지 않는다. 그러나 단편적(斷片的)으로나마 칸트의 '형이상학' 강의의 '이성적 영혼론(psychologia rationalis)'과 말년의 글 조각들인 『유작』에서 우리는 그의 생사관을 엿볼 수 있다.

> "인간은 두 가지 생(Leben)을 갖는다. 1. 동물적 생과 2. 정신적 생이다."(Refl 4237, XVII472) 동물적 생을 가진 인간이 하나의 동물, 하나의 생명체로 일컬어지고, 정신적 생을 가진 인간은 인격(체)이라 일컬어진다. "순수한 정신적 생은 근원적이고 독자적인 생이고, 반면에 동물적 생은 파생적이고 제한적인 생이다. 그러므로 태어남[탄생]은 생 일반의 시작이 아니라, 동물적 생의 시작으로서, 일정 정도 생기 없음(Leblosigkeit)이다. 완벽한 정신적 생은 동물[적인 것]의 죽음 후에 개시한다."(Refl 4240, XVII474)

칸트 당대에 "영혼과 물체[신체]의 연결(Verknüpfung der Seele mit dem Körper)" 및 이것들의 "상호작용(commercium)"을 말하는 심신 이원론과 상호작용설은 거의 일반론이었다.(V-Met/Heinze, XXVIII279이하 등 참조) 그러나 심신 이원론에 기초하고 있는 교호설에 칸트는 비판적이다.

"생은 영혼의 신체와의 상호작용에 존립한다. 생의 시작은 상호작용의 시작이고, 생의 종말은 상호작용의 종말이다. 상호작용의 시작이 태어남[탄생]이고 상호작용의 종말이 죽음[사망]이다. 상호작용의 지속[기간]이 삶

[생]이다. 생의 시작이 태어남[탄생]인데, 그러나 이것이 영혼의 생의 시작은 아니고, 인간의 생의 시작이다. 생의 종말이 죽음인데, 그러나 이것이 영혼의 생의 종말은 아니고, 인간의 생의 종말이다. 그러므로 탄생, 생과 사는 단지 영혼의 **상태들**이다. 무릇 영혼은 하나의 단순 실체이니 말이다."(V-Met/Heinze, XXVIII282이하) **"무릇 물체[신체]는 단지 영혼의 형식[틀]이다.** 그러므로 인간의 시작 내지 탄생은 단지 상호작용의 시작이며, 내지는 영혼의 변화된 상태이다. 인간의 종말 내지 죽음은 단지 상호작용의 종말이며, 내지는 영혼의 변화된 상태이다. 그러나 상호작용의 시작 내지 인간의 탄생이 생[명]의 원리의 시작이 아니며, 상호작용의 종말 내지 인간의 죽음이 생[명]의 원리의 종말이 아니다. 무릇 생[명]의 원리는 탄생을 통해 발생하지도, 죽음을 통해 중단되지도 않으니 말이다. 생[명]의 원리는 하나의 단순 실체이다. [⋯] 무릇 단순 실체는 자연법칙들에 따라서 발생하지도 소멸하지도 않는다. 그러니까 물체[신체]가 소멸해도 실체는 그대로 있다. 그러므로 물체[신체]가 발생했을 때 실체는 있었던 그대로이었던 것 또한 틀림없다. – 실체는 언제나 불변적으로 있다. 그에 따라 탄생, 삶과 죽음은 영혼의 단지 상이한 상태들이다. 그런데 상태란 이미 **하나의 현존재를 전제한다.** 무릇 시작은 하나의 상태가 아니다. 그러나 탄생은 영혼의 한 상태이다. 그러므로 영혼의 시작이 아니다."(V-Met/Heinze, XXVIII283)

"인간에서 생은 **두 겹**이니, 동물적 생과 정신적 생이 그것이다. 동물적 생이 인간으로서의 인간의 생이며, 인간이 살기 위해서는 물체[신체]가 필수적이다. [⋯] 거기서 영혼은 물체[신체]와 결합해 있다. 영혼은 물체[신체]에 작용하여, 그것을 생기[살아] 있게 한다. 그런데 물체[신체]의 기계가 파괴되어 영혼이 그에 더 이상 작용할 수 없으면, 동물적 생은 중단된다.

그렇지만 정신적 생은 중단되지 않는다. 그러나 말할 수 있는 바는, 영혼의 모든 활동들, 예컨대 사고, 의욕 등등은 물체[신체]를 매개로 일어난다는 사실이다. 이는 경험이 보여주는 바이다. 그러므로 물체[신체]가 영혼의 생의 조건이다. [⋯] 그런 한에서 영혼의 활동들은 물체[신체]에 의존적이다. 무릇 그렇지 않다면 상호작용이란 없는 것이겠다. 동물이 살아 있는 동안에 영혼은 그 생[명]의 원리이며, 물체[신체]는 도구, 기관(機關)이다. 이를 통해 영혼의 살아 있는 작용이 세계 내에서 실행된다. 그래서 만약 우리가 두 실체들이 상호작용하는 것으로 본다면, 하나가 다른 하나의 조건이라고 말할 수밖에 없다. 그래서 예컨대 물체[신체]가 병이 나면, 영혼은 사고할 수 없다. 모든 감성적 인식은 물체[신체]에 의거한다. 신체가 감각기관[器官]의 기관[機關]이기 때문이다."(V-Met/Heinze, XXVIII286)

"동물적 생은 우연적이고, 반면에 정신적 생은 그렇지 않다."(V-Met/Heinze, XXVIII286) 동물적 생의 시작인 탄생 자체가 양친의 우연한 결정, 우연한 생식에서 기인하고, 종말인 죽음 또한 자연에서 일어나는 우연한 사건에 기인하는 것이니 말이다.

"영혼이 물체[신체]에 구속되어 있는 동안에는 물체[신체]의 좋은 구성이 생의 장려이다. [⋯ 그렇지만] 물체[신체]는 생명 없는 물질이기 때문에, 생[명]의 방해자이다. 그러나 영혼이 물체[신체]와 결합해 있는 동안에는 이 방해자를 어떻게든 약화하려 하지 않을 수 없다. 그런데 물체[신체]가 완전히 중단되면, 영혼은 이 방해자에서 해방되는 것이고, 이제야말로 바르게 삶을 시작한다. 그러므로 죽음은 생의 절대적인 폐기가 아니고, 오히려 완벽한 생의 방해자로부터의 해방이다."(V-Met/Heinze, XXVIII287)

"순전한 '나'(das bloße Ich)에 대한 의식은 생이 물체[신체]에 있지 않고,

물체[신체]와는 구별되는 어떤 특수한 원리에 있음을 증명하고, 따라서 이 원리는 물체[신체] 없이도 계속 지속할 수 있고, 그로써 생[명]은 감소되는 것이 아니라, 오히려 증가됨을 증명한다. **이것이 선험적으로 주어질 수 있는 유일한 증명이다.** 이 증명은 우리가 선험적으로 통찰하는 영혼의 본성과 인식에서 유래한 것이다."(V-Met/Heinze, XXVIII287)

칸트는 그의 비판철학에서 영혼 '실체'론 비판하는데, 이는 곧 심신 이원론에 대한 비판을 함의한다.

'실체' 즉 '고정불변성'은 경험적으로만 사용할 수 있는 개념이다. '영혼'이 경험에 주어지지 않는 한, 그것을 '하나의 실체'라고 지칭하는 것에서 어떠한 성질들, 예컨대 '단순성'이니 '불사성'이니 하는 따위도 도출할 수 없다.(KrV, A348이하; B406이하 참조)

"인간의 죽음은 모든 경험의 끝이거니와 […] 인간의 영혼은 단지 인간의 생명 중에서만 밝혀질 수 있고, […] 죽음 후에는 […] 밝혀질 수가 없다."(Prol, A138=IV335)

"인간의 물질이 흩어져버린 죽음 후에 과연 영혼은, 설령 그 실체가 남아 있다 하더라도, 계속 살아갈 수 있는지, 다시 말해 계속 사고하고 의욕할 수 있는지, 다시 말해 과연 정신(무릇 이 말은 물체[신체] 없이도 자기 자신과 자기의 표상들을 의식할 수 있는 어떤 존재자를 뜻하는바)인지 아닌지를 아는 일은 단적으로 불가능하다."(FM, XX309)

2) 죽음(死: Tod)과 사망(死亡: Sterben)에 대한 관조

"생에 뒤따라오는 생기 없음이 죽음이다."(OP, XXI100) 그러나 생(生)과 사

(死)가 "시작과 끝이 아니다."(OP, XXI100)

"어떤 사람도 죽는 것(Sterben)을 그 자체로 경험할 수는 없다. ― 무릇 경험하기 위해서는 살아 있음이 필요하니 말이다."(*Anth*, B67=A75=VII167)

칸트는 "모든 사람이 모든 순간에 병이 나고 또 그럼에도 언제나 생기(belebt)를 얻어 끊임없이 다소간에 회복되는 것이 아닌지" 하고 생각해보며, 더 이상 생기를 회복하지 못하는 "항구적인 상태가 죽음"이 아닐까 생각한다.(OP, XXI118 참조)

"따뜻함[열기]의 감정[느낌](삶), 차가움[냉기]의 감정[느낌](죽음)"(OP, XXI118)

생과 사의 경계는 생의 공허함 또는 충실화에 의해 짙기도 하고 희미해지기도 한다.

"자기 일생의 대부분에 걸쳐 지루함으로 고통을 받고, 그래서 그에게는 매일매일이 길기만 했던 어떤 사람이 그럼에도 생애의 마지막에 이르러 인생이 짧다고 탄식하는 현상은 어떻게 설명될 수 있을까?― […]

생의 마지막 부분을 다양하고 다변하는 노동[일]들로 특징짓는 많은 시기들은 노인으로 하여금 그가 햇수에 따라 생각했던 것보다 더 긴 생애를 보냈다는 상상을 불러일으키고, 계획에 맞게 진척해나가, 의도했던 큰 목적을 달성한 일들에 의해 시간을 충실화하는 것(생을 행실로 연장하는 것)은 자기 생을 기꺼워하고 그러면서 동시에 생에 대해 포만감을 갖게 되는 유일하고 확실한 수단이다. "당신이 생각을 많이 하면 할수록, 당신이 행함을 많이 하면 할수록 당신은 (당신 자신의 상상 속에서일지라도) 그만큼 더 길게 살았다." ── 무릇 생을 이렇게 마침은 만족과 함께 일어난다.

그러나 생애 중에 **만족**(滿足)이란 어떠한 것인가? - 인간에게 이러한 만족은 이를 수 없는 것이거니와, (방정한 처신에서 자기 자신에 만족하는) 도덕적 관점에서도 그러하고, (숙련성과 영리함을 통해 얻으려 생각하는 자기의 안녕에 만족하는) 실용적 관점에서도 그러하다. 자연은 고통을 활동의 자극물로 인간 안에 넣어 놓았다. 인간은 언제나 개선을 향해 전진하기 위해서는 고통을 피할 수가 없다. 생의 마지막 순간에서도 생의 마지막 시기에 대한 만족은 단지 비교적으로 - 부분적으로는 우리가 자신을 타인들의 신세와 비교해보고, 또 부분적으로는 우리 자신과 비교해봄으로써 - 만 그렇게 말할 수 있을 뿐, 그러한 만족은 결코 순수하고 완벽한 것이지 않다. - 생에서 (절대적으로) 만족한다는 것은 행위 없는 **휴식**이고, 동기들의 정지 또는 감각들의 그리고 이 감각들과 연결되어 있는 활동의 둔화이겠다. 그러나 이러한 둔화는 동물의 몸에서 심장의 정지와 같은 것으로서 인간의 지성적 생활과 공존할 수 없는 것이다. 동물의 몸에서 심장의 정지가 있을 때, 만약 (고통에 의해) 새로운 자극이 일어나지 않는다면, 죽음이 뒤따르는 것은 불가피한 일이다."(*Anth*, BA174이하=VII234이하)

자유로운 죽음의 방식[*]
헤겔의 자살론

남기호

1. 자살 개념과 인간의 자유

우리나라는 10여 년 전부터 여전히 높은 자살률을 보여주고 있다. 신중한 존엄사 결정을 제외한다고 해도 자살은 너무나 자주 감내하기 어려운 삶의 최종적인 해결책으로 선택되고 있는 것이다.

죽음은 여러 가지 방식으로 이루어진다. 자연사, 병사(病死) 등의 자연적 죽음에서부터 안락사, 자살, 사형 등의 인위적 죽음에 이르기까지 그 종류가 다양한 만큼 원인도 천차만별이다. 그렇지만 인간의 삶이 자유를 본질로 한다면 엄밀히 말해 순수 자연적 죽음이란 인간에게 없다고 해야 할 것이다. 죽음은 인간에게 언제나 자유로운 삶으로부터 다가서는 것이겠기에 말이다. 삶의 자유를 이유로 죽음마저 단적으로 자유로운 것으로 특징짓는 행위가 바로 자살이다. 자살은 살아있는 자의 자유로운 결단으로 여겨지기 때문이다. 그러나 자살은 *진정* 인간의 자유로운 행위인가?

자살(自殺)은 말 그대로 스스로를 죽임이다. 이때 자신을 죽이는 주체 또한 자기 자신이기 때문에 자살은 스스로 죽음의 의미로 말하여지기도 한다. 스스로 죽기에 자살은 인간 자유의 절대적 표출이라는 것이다. 자유가 결코 부인될 수 없는 인간 모두의 본질이라면 자살은 전적으로 인간 각자의 자유로운 선택일 뿐이겠다. 그러나 이러한 선택은 진정으로 *자유로운* 행위인가? 자살이 과연 각자의 자유로운 선택 문제일 뿐인지 묻기 위해서는 본질적으로 인간의 자유가 무엇인지를 따져 볼 필요가 있다. 아울러 자살에서 죽는 자기는 누구이며 또한 죽이는 자기는 누구인지 물어볼 필요도 있다.

사실 서양 언어에서 자살이 스스로 죽음을 의미하는 말로 쓰인 것은 17세기 중반에 이르러서이다.[1] 스스로 고의적으로 자신을(sui, of oneself, deliberately) 죽임(caedere)에서 만들어진 이 말(Suicide, Suizid: a deliberate killing of oneself)도[2] 그러나 죽임의 타동사적 의미를 여전히 담고 있다. 그 이전에는 자살이 스스로를 죽임으로서 말 그대로 자기살해(killing oneself)로 주로 표현되었다. 오늘날에도 독일어에서는 여전히 이러한 의미의 단어(Selbstmord, sich umbringen)가 일반적으로 쓰인다. 그렇다면 자살은 어원적으로 자신에 대한 살해 행위를 의미한다고 할 수 있다. 그러나 살해 역시 인간의 자유 의지에 의한 것이다. 더구나 타인이 죽임을 당하는 것이 아니기에 자살은 죄를 물을 수 없는 자기 행위일 뿐인지도 모른다.

헤겔은 일찍이 자살을 인간의 자유의 능력으로 분석한 바가 있다. 그러나 그의 주된 관심사는 인간의 본질로서의 자유였지 이 자유의 표출로서의 자살이 아니었다. 그는 여전히 자기살해를 의미하는 정교화되지 못한 말들로 자살을 언급한다. 그래서 그가 인간의 부정적인 절대적 자유의 능력으로 자살을 언급할 때엔 적어도 이것을 자유 선택의 문제로 치부하고

만 것처럼 오해받곤 한다. 그럼에도 인간의 자유와 연관하여 자살이 분석되는 것은 헤겔의 가장 큰 장점이다. 이 글은 이러한 장점에 주목하여 소위 헤겔의 자살론을 재구성해 보려는 의도를 지닌다. 이를 위해서는 그가 언급하는 자살을 *의미상* 스스로 죽음과 스스로를 죽임으로 구별할 필요가 있다. 구별되는 죽음의 이 두 방식은 그러나 모두 자유로운 죽음이라 할 수 있다. 이 글은 헤겔의 자유에 대한 논의를 통해 진정 자유로운 죽음이란 무엇인지 살펴보려는 목적을 갖는다. 이를 통해 자살이 과연 인간의 자유 선택의 문제일 뿐인지에 대해서도 답변이 주어질 수 있을 것이다. 이러한 목적을 위해 이 글은 헤겔 저서의 발전사적 순서를 따르지 않는다.

2. 죽음의 능력으로서의 자유

헤겔에게도 인간이 자살할 수 있는 능력은 그의 자유에 놓여 있다. 그러나 자유롭게 스스로 죽음으로서의 자살은 자유롭게 스스로를 죽임으로서의 자살과 크게 다르다. 이 차이는 인간의 존재론적 본질로서의 자유의 실현 양태에 따라 판가름 난다. 따라서 중요한 것은 인간의 본질로서의 자유가 무엇인가 하는 점이다. 그에 따르면 자유는 다른 무엇보다 바로 죽음의 능력이다.

헤겔이 자유를 고민한 흔적은 이미 민족종교를 구상하던 그의 대학시기부터 나타난다. 이를테면 "위대한 성품들을 산출하고 돌보는 민족종교는 자유와 손을 맞잡고 나아"가야 한다는 것이다.[3] 이 시기 자유는 거의 항상 민족종교 내지 기독교 실정성 문제와의 연관 속에서 생각되었기 때문에 주로 시민적 정치적 의미를 지니는 것이었다. 이러던 자유가 그 자체로 개념적으로 논의되는 것은 다른 철학 체계들과 본격적인 대결을 시작하는 예나 초기에 이르러서이다. 특히 1802년 그의 자연법 논문은 그가 고민하던 자유가 단순한 선택의 자유가 아니라 모든 것에서(ab) 풀려날(solvere) 수 있는 절대적(absolute) 자유라는 것을 여실히 보여준다.

자유는 흔히 "이것 아니면 저것(entweder oder)"을 선택할 수 있는 가능성으로 이해되곤 한다. 헤겔은 자유 아니면 강제라는 피히테의 이분법적 자유 개념을 비판하면서 이러한 자유를 "경험적 자유"에 지나지 않는 것으로 평가한다. 그에 따르면 택일적 "선택 가능성"으로서의 경험적 자유는 "결코 필연성을 벗어날 수 없"다. 왜냐하면 만약 내가 +A와 −A 둘 중 어느 하나를, 예를 들어 +A를 선택한다면, 이 선택된 +A는 −A가 아닌 것(−A)과의 관계 속에서만 규정될 수 있기 때문이다. 선택된 +A는 −A에 결부되어서만 규정될 수 있다. 이때 −A는 물론 +A의 지배를 받지 않기에 이 +A에 "외적인 것"이다. 선택된 +A는 자신에게 외적인 이 −A의 절대적 필연성을 벗어날 수 없다. 자유가 오직 둘 중 어느 하나의 선택 가능성으로서만 생각된다면 말이다. 선택지가 둘 이상이라 해도 사정은 마찬가지이다. 그런데 둘 중 어느 하나를 선택할 수 있는 것은 근원적으로 보면 그 둘 중 어느 하나도 *아닐* 수 있기 때문이다. A의 +를 선택할 수도 −를 선택할 수도 있는 것은 근원적으로는 오직 +A도 −A도 아닐 수 있을 때에만, 따라서 +든 −든 A 자체가 아닐 수 있을 때에만 가능한 일이다. A의 자리에 무엇이 놓이든 간에 이렇게 +A와 −A 그 어떤 것도 아닐 수 있는 능력, 그래서 "+A와 −A의 절대적 결합"을 통해 이 A 자체가 *아닐* 수 있는 능력, 이 능력이 바로 "절대적 자유"이다.

스스로 어떤 것을 선택하여 정하는 것은 자신을 그 어떤 것 안으로 제한하는 것이다. 그러나 이렇게 자신을 제한할 수 있기 위해선 먼저 자신이 어떤 무엇*으로도* 제한되어 있지 않아야 한다. 어떤 것*으로부터* 제한되어 있지 않음, 그래서 어떤 것으로부터 벗어나 있음을 헤겔은 "본성적" "근원적 자유"라 한다.[4] 세계 내 모든 개별자가 타자들로부터 *분리*되어 실존할 수 있는 한, 모든 개별자는 이러한 본성적 근원적 자유를 지닌다고 할 수 있을 것이다. 그렇기에 바람에 못 이겨 자유 낙하하는 단풍잎조차 그것을 붙들었던 가지로부터 자유롭다 해야 할 것이다. 그러나 헤겔이 말하는 본성적 근원적 자유는 이러한 물리적 의미의 자유가 *아니다*. 이때의 자유낙하는 단풍잎에 내재하는 능력에 말미암은 것이 아니요, 단풍잎 스스로 발휘하는 능력도 아니기 때문이다. 동식물 또한 충동과 본능의 자연법칙에 *외적으로* 지배되는 *한*, 사정은 마찬가지이다. 그러한 한 "자연은 그 현존에 있어 어떠한 자유도 보여주지 않으며 오히려 필연성과 우연성을 보여줄" 뿐이다.[5] 헤겔에게서 본성적 근원적 자유는 오직 벗어나는 능력을 자기 안에 지니고 있는 개별자의 어떤 것으로부터 스스로 벗어나 있음을 뜻한다. 이 스스로 벗어나는 능력이 어느 정도까지 발휘될 수 있는지에 따라 그 자유가 절대적이고 무제약적인지, 아니면 상대적이고 제약된 것인지가 결정된다.

스스로 벗어나는 능력을 지녀서 자신을 *위해* 또는 자신에 대해 그런 능력을 발휘할 수 있는 개별자는 정신적 개별자뿐이다. 정신적 개별자만이 헤겔식으로 말해 자신의 근원적 자유 능력을 대자적(對自的)으로 실현시킬 수 있다. 어느 정도까지인지는 물론 그 개별자의 정신적 발전 수준에 따른다. 이때 정신적 발전 수준이란 단지 정신에 외적인 물질적 조건으로부터의 정신의 자립성을 일컫는다. 그래서 만약 의식이 정신의 한 능력이라면, 그리고 이 의식이 또한 동물에게서 어느 정도의 자립성을 지닌다고 한다면 동물도 *어떤* 의미에서는 근원적 자유의 능력을 지닌다고 하겠다. 그렇지 않다면 한 마리의 사슴조차 자신의 포식자로부터 스스로 도망칠 수 없을 것이기 때문이다. 그런데 헤겔에 따르면 인간이야말로 그러한 자유의 능력을 *절대적으로* 지닌다. 왜 그리고 어떻게 절대적인가?

이에 대한 좋은 설명은 셋째 『철학백과요강』(1830)의 서론과 곧 이어지는 논리학 예비개념(Vorbegriff) 부분에 나온다. 이 설명에 따르면 인간이 자신의 근원적 자유 능력을 절대적으로 발휘할 수 있는 것은 그의 *사유* 능력 때문이다. 한마디로 "사유 속에 직접적으로 자유가 놓여 있다".[6] 헤겔은 철학사 강의에서 아예 "바로 자유가 사유 자체이다"고까지 말한다.[7] 루소 철학의 공적을 평가하면서 말한 이 문장은 결코 사상의 자유 같은 것을 말하는 것이 아니다. 오히려 사유의 본질은 바로 자유이며 자유는 직접적으로 사유하는 활동 속에 존립한다는 것이다. 왜냐하면 사유는 자체가 "보편의 활동성, 따라서 추상적으로 자신과 관계하는 것"이기 때문이다.[8] 경험조차도 한편으로는 감성적 "내용과 그 규정들을 수용"하지만, 다른 한편으로는 경험된 "사태 자체의 필연성에 따라 근원적 사유의 의미에서 자유롭게 출현하는 형태를" 바로 "그 내용에 부여한다". 즉 경험은 경험되는 사태의 내용과 규정들에 의존적이지만 그럼에도 일단 경험된 내용과 규정들은 인간이 근원적으로 지니는 사유 속에서 그 사태의 필연성에 맞게 자유롭게 재구성된다는 것이다. 뾰족한 가시를 먼저 떠올리든 빨간 꽃잎을 먼저 떠올리든 그것은 자유이다. 그러나 어떤 것을 먼저 떠올리든 간에 반드시 내가 경험한 장미 한 송이가 전체적으로 그려져야 제대로

된 경험이다. 이 장미는 내 의식 *밖에* 개별자로서 실존한다. 경험이 가능할 수 있는 것은 이 장미를 *실재적으로*(realiter) 구성하고 있는 "형태(Gestalt)" 또는 "형상(Form)"이 또한 내 의식 *안에서 관념적으로*(idelaiter) 재구성될 수 있기 때문이다. 돌을 인식하는 것은 돌이 직접 내 머리 속에 들어오는 것이 아니다. 오히려 그것의 실재적 형상이 내 머리 속에서 관념적으로 재구성되는 것이다. 이때 재구성되는 형상은 지금 여기의 경험적 일회성을 넘어 의식적 지속성을 지닌다. 또한 이 관념적 형상은 다른 비슷한 장미들에도 적용될 수 있다. 그러한 한에서 관념적 형상은 보편적이다. 그리고 이 관념적 보편적 형상을 재구성하는 주체는 더 이상 내 의식 밖의 이 개별 장미가 아니라 이 장미를 경험한 나의 의식 자체이다. 이렇게 경험에서조차 사유는 "자기 내 반성된, 따라서 자기 내 *매개된* 직접성"을 지니며, 이렇게 매개된 직접성은 "보편성"이라 할 수 있다. 이 보편성은 외부의 개별자가 아니라 의식 자체에, 사유 자체에 속한다. 그렇기에 이 보편성에서 사유는 자기 자신에 머물러 있다. 즉 이 보편성 자체는 "사유가 자신에게 있음 일반(sein Bei-sich-sein überhaupt)"이다. 이렇게 경험에서조차 사유는 경험되는 사태에 의존적이지만 않다. 돌이 공에 부딪히면 공은 굴러간다. 그러나 외부 대상이 의식에 경험적으로 촉발되면 의식은 결코 그런 공처럼 반응하지 않는다. 찰나의 감각이라도 감관에만 머무른다면 경험이 아니다. 경험은 찰나의 감각이라도 그것의 관념적 재생이다. 그리고 이러한 경험에서 사유는 "그 내용에 자유의 가장 본질적인 형태를 부여"하는 것이다.[9] 물론 제대로 된 경험이려면 *사태의* 필연성에 따라 자유롭게 부여된 형태라는 입증도 있어야 하겠지만 말이다.

여기서 상론할 수는 없지만 헤겔은 사실 이미 예나시기에 사유가 지니는 이러한 재생적 구조를 통찰한 바 있다.[10] 중요한 것은 경험적이든 비경험적이든 사유가 언제나 "자기 자신에 대해 있고 이에 따라 자신의 대상 자체를 스스로 산출하고 제공한다"는 점이다.[11] 사유는 사유되는 대상으로부터 벗어나 자기 자신에 대해 있다. 그 대상이 외부의 경험적 실재이든 표상 속의 이념적 존재이든 간에 그렇다. 신을 생각한다고 신이 내 머리 속에 현전하는 것은 아니기에 말이다. 그러나 어떻든 간에 사유가 항상 벗어나 있는 것이 있다. 그것은 바로 사유가 지니는 정신적 관념성에 대립된 물질적 실재성이다. 사유는 자체가 물질적 실재성으로부터 *근원적*으로 벗어나 있다. 사유 밖에 물질적으로 실존하는 것은 개별자이다. 따라서 사유의 근원적 자유는 이 외적으로 실존하는 개별자의 개별성으로부터 벗어나 있음을 뜻하기도 한다. 사유가 개별자를 벗어나 이 개별자를 구성하는 보편 형상 또는 개념의 활동성인 한, 사유 내지 사유로서의 자유 자체는 개별성을 없애는 것, 다시 말해 "개별성의 무화(無化)"이다.[12] 물론 사유할 수 있기 위해선 최소한 사유하는 주체인 인간이 개별자로 실존해야 한다. 그러나 개별자로서의 자신을 생각하는 인간의 사유는 이미 관념적으로 자신의 개별성으로부터 벗어나 있다. 그리고 더 나아가 인간은 자유로운 자기 사유의 기초 조건인 자신의 개별적 육체로부터도 실재적으로 벗어날 수 있다. 자기 사유의 보편성을 위해서 말이다. 이것이 바로 자살이다. 사유로서의 자유는 근원적으로 벗어나 있음, 실존적으로 개별성의 무화, 그래서 우선 죽음의 능력이다. 사유는 그 자체로 모든 외적 실재성 또는 개별성으로부터 *전적*으로 벗어날 수 있다. 그렇기에 조금이라도 생각할 줄 아는 인간은 절대적으로 자유롭다. 생각하는 인간의 정신적 자유는 *본성상* 절대적이다.

"스스로 생각하지 않은 자는 자유롭지 않다". 그리고 "자유롭지 않은 자는 스스로 생각하지 않은 것이다".[13] 인간은 생각할 줄 알기 때문에 절대적으로 자유로운 것이다. 사유 자체가 그러한 절대적 자유의 능력이다. 그럼에도 "사유를 내팽개쳐 버리면서 자유에 대해 말하는 자는 자신이 무슨 말을 하는지 모르는 것이다".[14]

3. 죽음의 극복 능력으로서의 자유

사유로서의 자유는 실재적 개별성으로부터 벗어나 있기에 관념적 보편성을 지닌다. 다시 말해 사유하는 인간의 자유는 외적 실재성 내지 개별성을 넘어섬이자 관념적 보편성을 지님이다. 이 두 가지는 사유로서의 자유를 본질적으로 특징짓는다. 자유는 한편으로 실재적 개별성으로부터의 해방이자 다른 한편으로는 관념적 보편성으로의 도약이다. 이때 전자의 해방적 측면은 언제나 후자의 보편성을 기준이나 목적으로 한다. 인간에게 이유 없는 죽음은 없다. 그런데 어떤 것을 벗어나고 무화시키는 것은 그 자체*만으로*는 부정적이라는 데에 문제가 있다. 자유로운 인간은 이러한 부정의 능력을 자살에 이를 정도로 무한히 지닌다. 사유하는 인간의 본질은 자유이다. 그렇지만 죽게 된 이유가 관념적으로만 머무른다면 이 관념적 보편성도 죽음과 함께 사라진다. 아무리 옳다 해도 실현되지 않은 보편성은 반쪽 보편성이다. 참된 현실적 보편성의 *실현*을 통해 죽은 개별자는 보편적으로 다시 산다. 이러한 계기가 없는 죽음은 부정적이기만 하며 헛되다.

먼저 인간의 자유는 그 자체로 존중되어야 하며 어떠한 이유에서이든 결코 강제되어서는 안 된다. 왜냐하면 사유하는 인간의 자유는 결코 외적인 물리력으로 강제될 수 없기 때문이다. 이때 헤겔이 말하는 자유는 "도덕적인 것 이상의 형이상학적인" 의미를 지닌다.[15] 사유로서의 자유는 모든 실재적 개별성으로부터 벗어날 수 있다. 그래서 자유의 외적 조건이 억압적일 때 인간은 그 외적 조건을 전적으로 떠날 수 있는 것이다. 동물은 "두려움에서" 그냥 "자기 속에 다른 것이 지배하도록 놔두지만" "인간은" 아예 "자살할 수 있다".[16] 이러한 "죽음의 능력을 통하여" 인간은 자신이 "자유로우며 단적으로 모든 강제를 넘어서 있다는 것을 입증한다". 죽음의 능력은 모든 것을 부정할 수 있는 인간의 "절대적 자유"의 능력이다.[17] 이 자유의 의미에 대해 좀 더 살펴보자.

인간의 절대적 자유는 무엇보다 *관념적*이다. 뇌 없이 생각할 순 없지만 뇌의 물질적 요소가 생각은 아니다. 생각한다는 것은 대상의 물질성을 벗어나 그것을 이미지, 형상, 개념 등의 관념적 형식으로 재구성하는 것이다. 관념적인 것은 외적으로 실재하는 것이 아니다. 아무리 강하게 물질적으로 실재하는 것이라 하더라도 외적으로 실재하지 않는 것을 물리적으로 억압할 수는 없다. 강하게 휘몰아치는 태풍이 사랑을 없앨 수 없는 것도, 흉악범의 끔찍한 범죄 행위가 인간의 인격을 없앨 수 없는 것도 이 때문이다. 주먹으로 얼굴을 때리면 멍이 들지만 아프다는 나의 관념에 멍이 드는 것은 아니다. 그렇기에 생각하는 인간의 자유는 물리적으로 강제될 수 없다. "자유의지는 즉자 대자적으로 강제될 수 없다". 『법철학 개요』(1821)에 나오는 헤겔의 이 말은 그래서 무엇보다 존재론적으로 읽어야 한다. 여기서 자유로운 의지는 자유로운 사유와 같은 의미이다. 생각하려는 의지 없이 생각할 수도 없고 아무 생각 없이 의지하는 것도 어불성설이기 때문이다. 사유나 의지는 인간의 정신 활동을 이론적 측면에서 보느냐 실천적 측면에서 보느냐의 차이일 뿐이다. 중요한 것은 인간의 관념적 사유나 의지는 절대적으로 자유롭기에 결코 물리적으로 "강제될(gezwungen)" 수 없고 단지 그 사유나 의지의 외적 조건만이 "억압될(bezwungen)" 수 있다는 것이다. 억압될 수 있는 인간의 가장 일차적인 외적 조건은 생명체로서의 그의 육체이다. 그러나 아무리 육체적으로 고문당한다 하더라도 인간은 얻어맞은 종처럼 소리 내지 않는다. 자백하는 자는 이기적인 생각에서이건 이타적인 생각에서이건 이미 그러려는 자유의지가 있었기 때문에 자백하는 것이다. 육체적으로 억압당한다 하더라도 자유의지가 없다면 정신적으로 강제될 수 없다. "오직 강제되도록 *의지하는* 자만이 어떤 것을 하도록 강제될 수 있다".[18] "그래서 정복당한 민족은 언제나 자신의 의지가 거기에 있었기에 *정당하게* 탄원할 수 없다". 그 민족이 "정복당하고 억압될 수는 있어도" 그 민족의 자유의지가 "강제될 수는 없기" 때문이다. 그 민족은 차라리 "강제되지 않기 위해 자신을 희생할 수" 있었다.[19] 하이델베르그 법철학 강의에서 언급한 헤겔의 이 말은 이후 "피정복민"의 "봉기"는 그래서 "국사범(國事犯)이 아니"라는 주장으로도 이어진다.[20] 자유를 위해 목숨까지 내걸 수 있는 자만이 진정으로 자유롭다. 이것은 인간의 절대적 자유가 지니는 관념적 위력이라 할 수 있겠다. 사유 또는 의지로서의 절대적 자유를 위해 목숨까지 내걸고 억압적인 모든 외적 실재를 부정할 수 있는 것이다. 인간의 절대적 자유는 분명 이럴 수 있는 죽음의 능력이다. 헤겔의 인정투쟁이 꼭 한번쯤은 그렇게 치열한 이유도 여기에 있다.[21]

그러나 죽음의 능력의 모든 감행이 다 진정한 자유를 위한 것은 아니다.

자유는 관념적 보편성이라는 또 다른 본질을 갖기 때문이다. 자유는 *정신적* 존재자인 모든 인간에게 *그 자체* 관념적으로 다시 말해 정신적으로 존립할 수 있어야 하며 이 모든 인간의 자유로운 삶으로 실현될 수 있어야 한다. 이러한 계기가 없는 자살은 개별자로서 현존하는 자신을 죽이는 것 그 이상일 수 없다. 헤겔은 자살이 이렇게 개별자로서의 자신을 죽임일 때 결코 긍정적으로 평가하지 않는다. 오히려 억압적인 외적 조건에 맞서 이 조건이 모든 인간의 보편적 자유의 터전으로 바뀌도록 자신의 현존의 개별성을 스스로 내걸 수 있는 자유만이 진정한 죽음의 능력으로서의 자유이다. 이렇게 스스로 죽음을 의미하고자 헤겔이 즐겨 쓰는 표현이 바로 자기희생 또는 자기지양이란 말이다. 일일이 열거할 필요는 없겠지만 민족종교와 실정성 문제가 천착되는 청년기엔 주로 자기희생이란 표현이 쓰이다가 변증논리가 진척되는 예나시기에 이르면 자기지양이란 말이 자주 등장하게 된다.

사유하는 인간의 절대적 자유는 *보편적*이다. 자유로운 사유는 자체가 외적 실재성 또는 개별성을 넘어선 보편성을 지닌다. 그렇기에 자기 *안에* 보편성이 결여된 자유는 참된 자유가 아니다. 자유 낙하하는 물체를 자유롭다 할 수 없는 것도 이 때문이다. 목숨까지 내걸 *만한* 것은 겉보기엔 우선 나의 자유를 위해서이겠지만, 그러나 나 개인만의 자유를 위해서는 아니다. 오히려 나라는 생각할 줄 아는 한 인간 속에 있는 인간적 본질 또는 나와 같은 모든 인간의 보편적 인간성, 다시 말해 보편적 자유를 위해서이다. 자신에 대해 자유로운 즉 "대자적으로(für sich) 자유로운 의지의 보편성"을 지닌 주체를 헤겔은 "인격(Person)"이라 부른다.[22] 이 인격은 자기 내 *보편적* 자유를 위해 자신의 외적 현존의 모든 조건을 포기할 수 있다. 청년 헤겔이 아름다운 영혼의 "부정적 속성으로서" "최고의 자유"라고 말한 것이 바로 이러한 자유이다. 이 자유는 자유로운 "자신을 보존하기 위해 모든 것을 포기할 수 있는 가능성"이다. 청년 헤겔은 이와 같은 영혼의 아름다움을 예수와 소크라테스에게서 본다.

예수는 인간적 삶의 "품격이 상실된(entwürdigt) 세계와 연루되지 않기 위해" "모든 것을 떠날 것을" "요구했다". "그가 삶을 배반해서가 아니라 삶이 그를 배반했기" 때문이다.[23] 율법적 민족의 실정적인 세계 속에 살아가지 않기 위해서는 이 세계 내 자신의 삶을 전적으로 떠날 수 있어야 한다. 그리고 그 민족의 삶을 자신에 *맞세*울 수 있어야 한다. 이렇게 "대립시키는 것 자체가 자유의 행위"이다.[24] 그러나 자신의 삶은 이미 자신의 민족의 왜곡된 삶에 속해 있기에 "자신의 삶을 구원하려는 자는 그 삶을 잃게 될 것이다". 왜곡된 "삶과의 투쟁 속에 있는 삶"은 자기 모순적이다. 이 모순은 "올바른" 삶과 "그 현실 간의 모순"이라 할 수 있다.[25] 삶의 자기모순은 실존적으로 죽음이다. 율법의 실정성을 넘어선 *자유로운 삶*을 위해 그 모순을 떠안은 예수는 스스로 죽음의 운명 속으로 뛰어든 것이다.

소크라테스의 죽음 또한 크게 다르지 않다. 그는 "활동적인 삶의 번잡함 속에서 자신의 지혜를 길어 올렸으며", "가장 숭고한 평온함으로" "독배를 비우면서도" "자신의 제자들과 영혼의 불멸성에 대해 이야기했다". "인간의 정신이 자신의 가사적인 동반자"인 육체를 "*잊으면서 스스로*를 드러낼 수 있는" 바로 "그 지점까지" 말이다. 물론 소크라테스는 예수처럼 자신의 민족과 그렇게 철저한 대립 속에 있진 않았다. 오히려 그는 마지막 순간까지 쇠퇴해가는 자신의 민족의 *구성원으로서* "가르치려는 체 하지 않고 일상적인 대화를 시작했다". 당시 그리스 풍습(Sitte)에 따라 죽기 전 "건강의

신" 아스클레피우스(Asclepius)에게 "닭 한 마리를 바쳐달라고" 부탁하는 소크라테스는 그 때문에 청년 헤겔에게 후기 계몽의 이상형으로 남게 된다. 그는 진정 "순교와 고난 속의 영웅이 아니라 행위와 *삶 속의* 영웅"이었다. 그 속에서 그가 가르친 것은 예수도 그랬듯이 "인간이" 자신의 민족의 "무덤과 부패를 넘어" "자신의 자아(sein Ich)라 부를 수 있는 것" 즉 자신의 자유로운 "이성"이었다. 그는 마지못해 선고된 사형을 감내한 것이 아니라 스스로 "*한 사람*의 그리스인으로" 독배를 마시면서, 다시 말해 이렇게 "스스로 죽을 수 있는" 능력을 통해 "다른 어떤 것에도 의존하지 않는" *인간*의 자유로운 "이성" 자체가 드러나게 한 것이다.[26] 소크라테스는 외적인 어떤 것에도 의존하지 않으면서 그렇다고 그것을 무시하지도 않았다. 그는 오직 자신의 "다이몬"을 통해 "자기 자신을 아는, 그렇기에 참다운 자유"의 목소리를 들으려고 했다.[27] 자신을 나 개인이 아니라 이성적으로 사유하는 인간으로 아는 보편적 자유의 목소리를 말이다.

4. 생의 원리로서의 스스로 죽음

삶의 외적 조건 자체가 자유로운 삶을 불가능하게 할 때, 그래서 그 외적 조건이 죽음을 원리로 하는 것일 때, 이에 맞서 스스로 죽음은 오히려 죽음을 극복하는 위대한 자유의 능력이라 할 수 있다. 그러나 이 능력은 진정 위인들에게서나 찾아볼 수 있는 것일까? 청년 헤겔에게 소크라테스가 영웅인 것은 결코 그가 신적인 초월 능력을 가져서가 아니었다. "소크라테스는 우리보다 [그리] 많지 *않은* 힘을 가진 *한* 인간이 아니었던가".[28]

더구나 "아테네 민주주의의 타락 시기에" 소크라테스가 자신의 내면적 확실성 속에서 바로 서려 했던 것처럼 "우리 시대에도" "더 이상 존립하는 것에 대한 외경은 현존하지 않으며 인간은 타당한 것을 자신의 의지로서, 자신에 의해 인정된 것으로서 가지고자 한다".[29] 이것을 포기하고 외적 조건을 떠나는 것은 스스로를 죽임일 뿐이다. 남는 것은 없다. 개별자로서의 자신의 죽음뿐이다. 그러나 위대한 자유의 능력은 모든 인간에게 어떻게 가능한가?

이러한 문제의식은 예나시기에 이르러 헤겔이 스스로 죽음을 모든 인간의 삶의 원리로 파악하게 되는 단초가 된다. 인간의 삶 자체가 자기희생 또는 자기지양의 과정이라는 것이다. 반면에 스스로를 죽일 수 있는 자유는 단지 "완고함(Eigensinn)의 자유"일 뿐이다. 이 두 죽음의 방식의 대조는 특히 첫 『예나 체계기획들』(1803/04)에서 잘 나타나고 있다. 여기서 완고함이란 인간이 지니는 절대적 자유의 *추상성*을 첨예화시킨 말이다. 사유하는 인간의 절대적 자유는 외적 실재성 내지 개별성으로부터 벗어나 있음이다. 그런데 이 세계 내 외적으로 실재하는 모든 것은 엄밀히 말하면 보편성과 개별성의 통일*로서만 실존*한다. 한 그루의 나무가 소나무인 것은 그 나무가 하나의 개별자로 실존하면서 동시에 소나무의 보편적 성질을 자신의 무엇임(Wassein)으로 제한적이나마 실현하고 있기 때문이다. 자신의 무엇임을 수반하지 않는 순수 개별자란 이 세계 내에 실존하지 않는다. 사유하는 인간은 이러한 실존의 개별성으로부터 절대적으로 벗어나 그것의 무엇임만을 보편적으로 생각할 수 있다. 원래 합쳐져 있던 것에서 그것의 특정 성분만을 끄집어내는 것(abs-trahere, ab-ziehen)은 추상하는 것(abstrahieren)이다. 따라서 사유하는 인간의 절대적 자유는 추상적이다. 그런데 이러한 추상 능력이 발휘되기 위해서는 절대 추상되지 말아야 할 것이 있다. 바로 사유의 외적 기초 조건인 육체이다. 인간은 이 육체와 생각할 줄 아는 정신의 유기적 통일로서만 실존한다. 인간의 이 유기적 통일을 가리켜 헤겔은 나누어지지 않는 "개체"(In-dividuum)라 표현하곤 한다. 인간은 이러한 개별적 개체로서만 보편적으로 사유한다. 문제는 인간이 추상적으로 생각한 모든 보편성을 자신의 개체성 속에 응축시켜 놓을 수 있다는 데에 있다. 자기 *안에서만* 보편적인 자유는 참된 자유가 아니다. 그럼에도 인간은 개체로서 생각하는 자신의 의식을 또는 자기 의식적으로 생각하는 자신의 개체를 그 자체 절대적인 것으로 만들 수 있다. "의식의" 또는 "개체 자체의" 이러한 "절대적으로 있음(Absolutseyn)"이 바로 "완고함의 자유"이다. 완고함(Eigensinn)이란 자기만의 고유한(eigen) 의미(Sinn)로 모든 것을 추상적으로 생각하는 것이다. 그렇기에 완고한 개체는 자기 외의 모든 것에 부정적으로 대응한다. 그는 자신의 사유의 절대적 자유로써 어떠한 것에도 "의존하지 않고" "모든 것으로부터 절대적으로 추상할 수 있다". "자신이 붙들려 있어야 하는 모든 규정성(Bestimmt-heit)"으로부터도, 하다못해 자신의 육체로부터도 그는 자신을 분리시킬 수 있다. 완고한 인간의 "절대적 독립과 자유"는 그래서 궁극적으로는 오직 "죽음 속에서만 실현"될 수 있다. 이 죽음은 타인을 죽임일 수도 자신을 죽임일 수도 있다. 그러나 자신의 사유의 추상적 보편성에만 집착하는 인간은 이미 *그 자체가* 스스로를 죽인 것이다. 이 죽음은 바로 자기 자신의 자유를 규정하고 조건 짓는 자신의 개별적 "삶에 대한 모순" 또는 저항(Widerspruch)을 의미하기 때문이다.[30]

생에 대립되는 자유는 자유의 존립 조건의 부정으로서의 자유이다. 자유롭게 사유할 없는 육체는 이미 그 자체로 죽은 것이다. 이 죽음은 절대적 자유의 결핍 때문이 아니라 자기 안에서만 보편적인 그 자유의 추상성 때문에 초래된다. 자신의 절대적 자유의 실현이 그 자유의 부정이라는 것은 자기모순이다. 절대적 자유는 그 자체로는 이렇게 부정적이다. 진정 자유롭게 *있고자* 한다면 이러한 부정성에 머물러 있을 수 없다. 절대적 자유는 한마디로 구체성을 회복해야 한다. 구체적(konkret)인 것은 자기 안에서 함께 성장하는 것(concrescere, in sich zusammenwachsen), 그래서 원래 합쳐져 있던 것을 모두 성장시키는 것이다. 절대적 자유의 관념성이 실재성과, 그것의 보편성이 개별성과 함께 삶으로 성장하는 것이다. 이때의 실재성과 개별성은 절대적 자유의 실존 조건이라 할 있다. 그것은 절대적 자유가 생과의 구체적 관계를 회복하는 것에 다름 아니다. 아무리 고된 삶일지라도 삶 자체는 이미 자유의 요소를 포함하고 있다. 한 줌의 자유도 없는 삶은 없다. 그런 삶은 아무 생각 없는 삶이다. 소소한 무엇이라도 생각하고 의지하며 살아가는 한, 인간의 삶 속에는 이미 자유가 그 능력의 절대적 가능성과 더불어 실현되어 있는 것이다. 예나 첫 체계기획들에서 헤겔은 생과의 관계 속에 있는 이러한 절대적 자유를 부모와 자식 간의 인륜적 관계에서 포착하고 있다. 생과의 구체적 관계 속의 절대적 자유는 스스로 죽음이다. 자유 없는 삶이 없는 한 이 스스로 죽음은 생의 원리라 할 수 있다.

여기서 헤겔은 부모의 아이 출산과 교육을 부모 자신의 죽음의 산출이라 말한다. 아이가 부모를 선택해 태어나진 않는다. 오히려 아이는 부모 쪽에서의 사랑의 결실이다. 사랑은 인격적 자립성을 획득한 자유로운 두 개별자들이 만나 서로에게서 자기 자신을 발견할 때 일어난다. 이 타자

속의 자기 발견은 처음엔 사랑하는 사람들에게 관념적인 형식으로만 존립한다. 결혼은 이 관념적 사랑의 제도적 실현이며 가정은 그 사랑의 실재적 현실화이다. 그러나 이렇게 현실화된 사랑은 아직 사물적인 형태로만 존립하지 사랑하는 개별자들의 관념적 보편 그 자체로 존립하지 않는다. 관념적 보편은 정신적인 것이기에 정신적인 존재자에게서만 그 자체로 완전히 실현될 수 있다. 아이는 바로 사랑하는 개별자들의 관념적 보편으로서 통일된 자기가 그 안에 온전히 현실화되는 *정신적* 존재자이다.[31] 물론 부모의 관념적 보편이 아이 자신의 인격적 자립성으로까지 발전하기 위해서는 교육이 필요하다. 아이를 낳고 교육하는 것은 이렇게 두 개별자들이 성취한 관념적 보편을 자신들이 산출한 또 다른 정신적 개체에게서 현실화시키는 일이다. 개별자의 개별성의 극복, 그 개별자의 무엇임을 규정하는 보편성의 실현은 그 개별자의 죽음이다. 이 죽음은 단번에 죽는 자연적 죽음이 아니라 "*생성하는* 죽음([der] werdende Tod)", 그들의 보편적 자기의 아이 속에서의 성장과 함께 산출되는 죽음이다.[32] 인간의 보편적 자아는 세대를 거듭하며 이렇게 현실화된다.

자유로운 삶 속에서 스스로 죽음의 계기는 이렇게 삶의 일상성 속에 내재해 있다. 이것은 비단 부모와 자식 간의 관계만이 아니라 더 나아가 인륜적인 모든 관계에 적용될 수도 있다. 개별자가 자신의 개별성을 넘어 어떤 형태로든 보편성을 실현하는 자유 행위는 다 그렇다고 할 수 있기에 말이다. 아주 사소한 욕망 충족을 위해서일지라도 외부 대상과 순전히 개별자로서만 관계하지 않는 인간의 행위는 다 그렇다. 예나시기에 이미 부분적으로 분석되고 있지만 스스로 죽음이 인륜적 삶의 원리로까지 잘 부각되고 있는 것은 바로 『법철학 개요』에서이다. 특히 시민사회는 한편으로 "구체적 인격"을, 다른 한편으로는 "타자와의 관계"라는 "보편성의 형식"을 원리로 지닌다. 사회 속에서 각자는 자신의 특수한 욕망을 오직 보편성의 형식을 통해 "매개된 것으로서만" 충족시킬 수 있다.[33] 아무리 배고파도 사람은 좌판 위에 놓인 사과와 개별자로서 직접 관계하지 않는다. 여기에는 최소한일지라도 항상 교환 행위가 이루어지기 마련이다. 사람이 주인 없는 나무 열매만 따 먹고 살 수 없는 한 그렇다. 교환은 당사자들이 각자 자신의 소유물을 양도하는 것이다. 양도되기 이전에 각자의 소유물은 그의 인격과 하나로 통일되어 있다. 소유물은 관념적 자유의지의 구체적 현존 조건이기 때문이다. 양도한다는 것(veräußern)은 나의 인격을 구성하는 *외적인* 한 부분을 포기하는 것, 그래서 이 부분을 나에게 외적인 것으로 만드는 것(entäußern)이다. 나의 자유의지의 외화는 이렇게 양도 행위를 통해서도 이루어진다. 이때의 양도는 상호적이다. 그리고 양도의 이 상호 형식이 사회의 모든 구성원들에게서 통용될 수 있는 한 보편적이다. 자유의지의 외화는 항상 "본성상 외적인 것"의 양도이며[34] 그럼에도 이 양도는 보편적 상호 형식을 지닌다. 사과를 사 먹을 때 교환의 이 보편적 형식은 나에게 "수단으로 현상"하기 마련이다. 그러나 구체적 인격의 특수한 욕망은 생겼다 사라지길 반복하지만 보편적 교환 형식은 욕망과 그 충족의 항상적 수단으로서 존속한다. 인간이 발전시키는 것은 이 수단의 보편적 형식이지 일회적으로 악순환하는 욕망 자체가 아니다. 나는 나의 자연적인 배고픔 자체를 계발할 수 없다. 오직 그 배고픔의 충족 방식만을 세련되게 할 수 있다. 그렇기에 욕망하는 개별자는 그 충족을 위해 항상 보편성의 형식을 수단으로 사용하고 발전시킨다. 이때 개별자는 욕망의 악순환 속에서 살다 죽지만 그 충족의 보편적 형식은 세대를 거듭하며 "교양

(Bildung)"의 형태로 발전한다. 이 교양의 형태에는 교환뿐만 아니라, 계약, 노동, 도구, 분업에서 협동체, 공안(Polizei), 사법(司法), 헌법에 이르기까지 국가의 모든 인륜적 제도가 속한다. 자신의 욕망을 그 특수성과 자연성을 넘어 타인들의 욕망과 보편적으로 매개시킬 줄 아는 것은 그래서 개별자에겐 "고된 일"이겠지만 진정으로 참된 "해방"을 가져다 줄 수 있는 것이다.[35] 보편성의 형식을 통해 나는 내가 가진 "물건으로서는", 욕망하는 "자연으로서는 사라지지만", 인륜적 제도 속에서 "자유로워지며 부활한다".[36]

자신의 욕망이나 의지를 그 개별성을 넘어 보편성과 매개하는 것은 자신의 개별성을 스스로 지양하는 것이다. 이러한 자기지양의 끝은 개별자의 죽음이지만 보편자의 삶이기도 하다. 태어난 누구든 개별자로서 참여해 누릴 수 있는 삶의 보편적 조건 말이다. 생각하고 의지하는 인간은 누구든 이렇게 스스로 죽음을 *산다*. 개별자의 생 전체는 이렇게 잘 죽는 방식이다. 이것은 결코 자기 자신을 죽임이 아니다. 평생에 걸친 자기 삶의 개별성의 지양을 통해 모든 인간의 보편적 삶으로 다시 사는 방식이다. 자신의 삶이 전적으로 무가치해 보이는 자에겐 이런 설명이 낯설어 보이기만 할 것이다. 삶에 대한 회의의 "심연 속에 내려간" 자에게 헤겔은 다시 한 번 "그의 정신의 심오함으로 올라서" 보길 권유한다. 자신의 삶에 일말의 가치도 창출할 것이 없어 보인다면 그는 "낮은 인륜적 의식 단계"에 있는 것이다. 나의 자유의지의 구체적 현존이 바로 나의 삶이다. 삶은 결코 삶의 모든 활동성에 수반되는 "인격성에 대해 외적인 것이 아니다". 오히려 삶의 모든 활동들의 "총체성은 직접적으로 인격성"이다. 밥 먹을 때도 공부할 때도 동일한 나의 인격성으로 행하는 것이다. 수많은 활동들로 이루어지는 나의 삶은 따라서 나의 인격성과 내적으로 하나다. 그런데

한 인격은 외적으로 자신과 분리될 수 있는 것만 양도하고 포기할 수 있다. 삶 자체는 내 인격의 그런 부분이 아니기에 "나는 내 삶에 대해 주인이 아니다". 내 자신의 인격과 분리될 수 있는 것에 대해서만 나는 주인일 수 있기 때문이다. 그래서 "자신의 삶에 대해 인격이 지니는 권리"에 관해 말한다면 "이것은 모순이다".[37] 고되고 무가치해 보이는 삶의 "모든 규정성을 소멸시켜 버리고" 오로지 순수하게 추상적으로 사유하는 "자신에게 보편성을 부여하는" 인격의 자유는 완고한 "오성의" "일면적" "자유"에 지나지 않는다.[38] 개별자의 인격은 이러한 완고함의 자유에 머물러서는 안 된다. 물론 개별적 인격은 자신이 도달한 보편적 인격의 관점에서 자신의 개별적 생을 모두의 보편적 삶을 위해, 다시 말해 인륜적인 전체를 위해 희생할 수 있다. 이때 그는 "고차적 이념"의 단계에 서 있는 것이며 사물을 소유하는 의미에서가 아니라 자신의 개별성 전체를 극복하고 지배하는 의미에서 자신의 "삶에 대해 주인"이다.[39] 그렇지만 꼭 예수나 소크라테스 같은 위인만이 그런 주인이 될 수 있는 것이 아니다. 자기 삶 속에 소소한 인륜적 보편의 의미를 실현할 수 있는 자는 모두 그러한 주인이다. 관건은 개별자의 생의 구조 속에서 자기지양의 인륜적 의미를 찾는 것이다. 헤겔의 인륜성의 법철학 전체가 바로 이러한 작업이라 해도 과언은 아니다.[40]

5. 자살을 넘어 사유하기

사람은 보통 자기 생각의 추상적 일면성 때문에 목숨을 끊기도 하지만 어찌할 수 없는 생활고(生活苦) 때문에 그렇게 하기도 한다. 우리사회의 많은 자살 또한 흔히/ 후자 때문인 것으로 말해지곤[41] 한다. 헤겔이라면 이 후자의 이유도 추상적 자유의 사고방식으로 소급할 것이다. 그렇게 목숨을 끊는 것은 자유로운 삶이 불가능한 바로 그 외적 조건을 극복하려 하지 않는 자유 행위이기 때문이다. 그러나 극심한 공황상태로 삶의 벼랑 끝에 선 자에게 인륜적 보편을 향한 자유의지가 모자란다고 탓할 수만은 없다. 한 줌의 자유도 없는 삶은 없다. 그렇다고 한 줌의 자유로 만족하고 살 수도 없다. 헤겔 또한 이 문제를 개인의 의지 부족으로만 돌리지 않는다. 오히려 그에 따른다면 책임은 인륜적 공동체가 더 짊어져야 한다.

사람이 최소한 자유로운 인격으로서 생존할 수 없다면 그것은 공동체의 책임이다. 이것은 대략 두 가지 근본적인 이유 때문이다. 다른 무엇보다도 첫째, 헤겔 법철학에서의 법 개념은 자체가 바로 "자유의지의 현존"으로 정의된다.[42] 헤겔에게서 법은 생각하는 의지의 자유를 제한하는 것도, 더구나 강제하는 것도 결코 아니다. 오히려 강제법은 자유의지에 대한 외적 강제 즉 범죄의 출현과 더불어 나타난다. 생각하고 의지하는 인간 자유의 실존 *자체*가 법이 되어야 한다. 인간의 자유의지는 앞서 보았듯이 관념적으로만 실존할 수도 실재적으로 실존할 수도 있다. 그럼에도 절대적 자유의 관념적 실존의 최소 조건인 육체는 결코 포기되어선 안 된다. "나는 육체 속에서 자유로운 자로서 살아 있다".[43] 인간의 자유의지는 최소한 육체와 정신의 통일로서만 실재적으로 실존하며 이러한 실재적 실존이 절대적 자유의 관념적 실존의 최소 조건이다. 그리고 육체와 정신의 통일은 바로 삶 즉 생존(das Leben)이다. 따라서 생존이 위태롭다면 법이 지켜지지 않고 있는 것이다. 자유의지 현존의 최소 조건으로서 "생존권은" 개별

자를 위해 포기되거나 "양도될 수 없다".[44]

생존하기 위해서는 인간 정신의 본질을 이루는 "인격성", "보편적 의지의 자유, 인륜성, 종교" 등뿐만이 아니라 이 정신과 육체의 통일로서의 *인간적* 삶의 기본 조건인 최소한의 재산이 필요하다.[45] 그런데 재산은 헤겔에게서 둘째, 아무리 타인의 도움 없이 성취된 것이라 해도 본질적으로는 결코 나 혼자만의 노력의 결실은 아니다. 여기에는 내 노력의 결실에 대한 "타인의 인정"이 필요하다.[46] 타인이 인정하지 않은 나의 재산은 엄밀히 말해 법적으로 보호되는 재산이 아니라 아직 인정 투쟁의 관건이 되는 임시적 소유물일 뿐이다. 법적 공동체에서 나의 재산이 이미 보호받고 있다면 이것을 인정할 수 있는 타인이 최소한 존립하기 때문이다. 다시 말해 적어도 인간답게 생존할 수 있는 그의 최소한의 재산 역시 나에게서 인정받고 있기 때문이다. 죽은 자에게서 인정받을 수는 없다. 생존이 위태롭다면 법이 지켜지지 않고 있는 것이다. 그리고 법이 없다면 불법도 없다. 그렇다면 생존을 위한, 생사를 건 인정투쟁만이 남는다.[47] 그렇기에 위험에 처한 생존은 "타인의 법적 재산"을 침해할 수 있는 "긴급권(Notrecht)"마저 지닌다. 재산 침해가 정당하기 때문이 아니라 생존권이 더 근본적인 법이기 때문이다. "구체적 자유의 현실"로서의 "국가"가 여러 제도들을 통해 "생계 보장"과 빈곤 극복에 힘써야 하는 이유도 여기에 있다.[48] 복지는 본질적으로 인륜적 공동체의 자선이 아니라 *존립* 조건이다. 더구나 헤겔은 "주관적으로 돕는 것을 가능한 한 축소해야" 하며 "국가가 보편적 필요"뿐만 아니라 "개별적인 필요"까지 돌보아야 한다고 역설한다.[49] "생존권이란 인간 내의 절대적으로 본질적인 것"으로서 인간의 "자유의 현실성"이기 때문이다. 보편적 인간의 구체적 자유가 공동체 내에서만 현실적

일 수 있다면 생존권은 "시민사회의 목적"이자 "보편적 업무"가 되어야 한다.[50]

이 대목에서 비로소 헤겔이 청년기에 고민했던 시민적 정치적 의미의 자유가 앞서의 존재론적 근거를 갖춘 채 다시 출현한다. 헤겔에게 복지는 자유로운 공동체 삶의 기본이다. 이때의 복지는 물론 최저생계 보장 같은 것으로만 이해되어서는 안 된다. 여기서 상론할 수는 없지만 인간다운 생존권을 바탕으로 그는 당시 치안과 복지를 모두 담당했던 공안(公安, Polizei)에 의한 공정거래 규제나 교육의 의무, 사치의 감시, 협동체(Korporation)에 의한 부자의 오만 제한과 빈자의 항상적 지원, 사회경제적 지위 급락을 대비한 안전망 조성 등을[51] 언급하기 때문이다. 경제적으로 고도성장하고 있는 우리 사회에 극심한 생활고가 있다는 것도 *근본적*으로 보면 개인만의 능력 문제가 아니라 우리 사회의 공동체성의 문제라 할 수 있다. 사실 빈곤 자체가 자살의 주요 요인은 아니다. 오히려 *인간다운* 삶을 구성하는 다양한 요소들의 *상대적* 빈곤 내지 박탈이 주요인일 수도 있다. 여기서 주목해야 할 것은 한 사회 속에서 통용되는 삶의 인간다움의 척도뿐만 아니라 무엇보다 그러한 삶을 기본적으로 보장해 줄 수 있는 그 사회의 공동체적인 힘이다. 공동체성의 파괴는 개인의 사회적 위치를 급변하게 만들며 도태된 개인에겐 언제가 에밀 뒤르켐이 말한 '아노미성 자살'을 유발시킨다. 물론 이 아노미성 자살의 진 영역을 헤겔에게서 찾을 수는 없다.[52] 그러나 적어도 헤겔에게 분명한 것은 있다. 그처럼 공허한 자살의 궁극적인 대책은 인륜적 공동체성의 실재적 복원뿐이라는 것이다.

어느덧 우리 사회에도 복지가 늘 등장하는 정치적 화두(話頭)가 되었다. 그러나 정략적인 이유로 겉으로만 복지를 외치는 자를 믿지 말자. 복지가 필요한 것은 절대적 인간 자유의 최소 조건이라는 존재론적인 이유 때문이다. 이 자유의 조건을 위해 어떠한 자유로운 행위를 할 수 있는지는 이미 헤겔을 통해 말한 셈이다.

1) 알프레드 알바레즈, 『자살의 연구』, 최승자 옮김, 청하, 2006, 79~81.

2) Online Etymology Dictionary, suicide와 -cide 항목.

3) Hegel, *Frühe Schriften*, 110.

4) Hegel, *Jenaer Kritische Schriften*, 446-447.

5) Hegel, *Enzyklopädie(1830)*, §248.

6) Hegel, *Enzyklopädie(1830)*, §23.

7) Hegel, *Vorlesungen über die Geschichte der Philosophie III*, 307~308.

8) Hegel, *Enzyklopädie(1830)*, §23.

9) Hegel, *Enzyklopädie(1830)*, §12.

10) 남기호, *Hegels Begriff der Sittlichkeit in dessen Genese und in den Jenaer Systementwürfen*, 112~133 참조.

11) Hegel, *Enzyklopädie(1830)*, §17.

12) Hegel, *Jenaer Kritische Schriften*, 447.

13) Hegel, *Grundlinien der Philosophie des Rechts*, §5 Handbemerkung.

14) Hegel, *Vorlesungen über die Geschichte der Philosophie III*, 308.

15) Hegel, *Jenaer Kritische Schriften*, 474.

16) Hegel, *Grundlinien der Philosophie des Rechts*, §5 Handbemerkung.

17) Hegel, *Jenaer Kritische Schriften*, 448.

18) Hegel, *Grundlinien der Philosophie des Rechts*, §91.

19) Hegel, *Vorlesungen über Naturrecht und Staatswissenschaft Heidelberg 1817/18*, §42.

20) Hegel, *Grundlinien der Philosophie des Rechts*, §281 Zusatz.

21) 남기호, 「헤겔 인정 이론의 구조」, 『사회와 철학』 제18호, 사회와 철학 연구회, 2009, 228~235 참조.

22) Hegel, *Grundlinien der Philosophie des Rechts*, §35.

23) Hegel, *Hegels Theologische Jugendschriften*, 286.

24) Hegel, *Hegels Theologische Jugendschriften*, 387.

25) Hegel, *Hegels Theologische Jugendschriften*, 284~286.

26) Hegel, *Frühe Schriften*, 5~6, 92~93, 115, 118~119, 148~149, 223. 반면 데이비스 램은 헤겔의 소크라테스 묘사에서 '도덕적 혁명의 성공과 이것을 표현한 자들의 죽음 간의 논리적 연결'에 주목하여 이러한 '순교'를 '시민불복종' 내지 '사회 혁명의 논리적으로 필연적인 선조건'으로 본다. Lamb, Davis, *Hegel on civil disobedience in Hegel-Studien 21*, 151~166, 특히 163.

27) Hegel, *Grundlinien der Philosophie des Rechts*, §279.

28) Hegel, *Frühe Schriften,* 148~149.

29) Hegel, *Grundlinien der Philosophie des Rechts,* §138 Zusatz.

30) Hegel, *Jenaer Systementwürfe I,* 296.

31) 남기호, 「헤겔의 '사랑' 개념과 그 철학적 위상 변화」, 『시대와 철학』 제19권 4호, 한국철학사상연구회, 2008. 101~119 참조.

32) Hegel, *Jenaer Systementwürfe I,* 301~306.

33) Hegel, *Grundlinien der Philosophie des Rechts,* §182. 물론 이것은 시민사회의 대립된 이중성 중 긍정적 측면에 해당한다. 헤겔에 따르면 시민사회는 다른 한편으로 "자신들의 향유에 있어 스스로를 파괴할" 정도로 끝없는 "욕망의 만족"을 추구하는, 그러나 그 만족이 "전면적 의존성의 체계" 속에서 본질적으로 "우연적"일 수밖에 없는 "사인(私人)들"의 "대자적 특수성"을 또 다른 원리로 지닌다. §183-§187.

34) Hegel, *Grundlinien der Philosophie des Rechts,* §65.

35) Hegel, *Grundlinien der Philosophie des Rechts,* §187.

36) Hegel, *Grundlinien der Philosophie des Rechts,* §66 Handbemerkung.

37) Hegel, *Grundlinien der Philosophie des Rechts,* §70 Handbemerkung과 Zusatz. 서정혁은 헤겔이 생명을 추상법적 소유권의 대상으로 보고 이 측면에서 자살을 '옹호'한 것으로 해석한다. 그러면서 다른 한편으로는 헤겔이 '자살의 부당성'을 '이율배반적으로' 주장했다고 본다. 서정혁, 「헤겔의 『법철학』에서 '자살'의 문제」, 『철학』 제92집, 한국철학회, 2007. 133~138, 특히 135, 136.

38) Hegel, *Grundlinien der Philosophie des Rechts,* §5 Zusatz.

39) Hegel, *Grundlinien der Philosophie des Rechts,* §71 Handbemerkung.

40) 인간의 실존적 의미 지향에 주목하여 그 정신적 로고스 영역의 확대를 정신질환 특히 자살 심리치료의 주요 방법으로 삼고 있는 빅토르 프랑클의 로고테라피(Logotherapie) 또한 좋은 예가 될 수 있다. 빅토르 프랑클, 『삶의 물음에 '예'라고 대답하라』, 남기호 옮김, 산해, 2009.1, 129-152쪽 참조. 그의 네 가지 자살동기 분류에 대해선 29-31.

41) 에밀 뒤르켐에 의하면 빈곤 자체가 자살의 직접적 원인은 아니다. '경제 위기'시에 자살률이 급증하기도 하지만 '갑작스러운 번영'도 같은 결과를 가져'오기 때문이다. 오히려 상공업 사회에서 만성적인 자살은 인간의 '정신적' 삶과 '무제한적' 욕망과 사회의 '불충분한' 규제력 또는 '아노미'에서 발생한다. 에밀 뒤르켐, 『자살론』, 황보종우 옮김, 청아출판사, 2010, 161-371 참조.

42) Hegel, *Grundlinien der Philosophie des Rechts,* §29.

43) Hegel, *Grundlinien der Philosophie des Rechts,* §48.

44) 물론 도야된 개별자가 "인륜적 이념"을 위해 포기하거나 희생할 수는 있다. Hegel, *Grundlinien der Philosophie des Rechts,* §70.

45) Hegel, *Grundlinien der Philosophie des Rechts*, §66과 Handbemerkung. 또한 §128과 Handbemerkung 참조.

46) Hegel, *Grundlinien der Philosophie des Rechts*, §71 Handbemerkung.

47) 헤겔 법철학은 법 개념이 형성되는 이 인정투쟁 과정을 전제로 한다. Hegel, *Grundlinien der Philosophie des Rechts*, §57 참조. 자유의지의 모든 특수성 전체가 생존이다. 따라서 생존의 위험은 "무한한 침해의 위험"이며, 이 위험 속에는 "완전한 몰법성(Rechtlosigkeit)의 위험이 정립되어 있다". Hegel, *Vorlesungen über Naturrecht und Staatswissenschaft Heidelberg 1817/18*, §63. 헤겔 역사철학 강의에 따르면 새로운 현실적인 국가나 정부가 나타나는 것은 "부와 빈곤이[빈부격차가] 매우 커지고 다수의 대중이 더 이상 익숙했던 방식으로 자신의 욕망을 충족시킬 수 없을 때"이다. Hegel, *Vorlesungen über die Philosophie der Geschichte*, 113쪽. 또한 이정은, 「역사 발전에서 혁명(가)의 역할」, 『헤겔연구』 제28호, 한국헤겔학회, 2010, 127~132 참조.

48) Hegel, *Grundlinien der Philosophie des Rechts*, §240-§244, §260.

49) Hegel, *Vorlesungen über Naturrecht und Staatswissenschaft Heidelberg 1817/18*, §107.

50) Hegel, *Vorlesungen über Naturrecht und Staatswissenschaft Heidelberg 1817/18*, §118.

51) Hegel, *Grundlinien der Philosophie des Rechts*, §230-§256 참조.

52) 뒤르켐은 사회현상으로서의 자살을 크게 '이기적 자살', '이타적 자살', '아노미성 자살'로 구분한다. 이기적 자살은 '사회적 자아를 희생시키면서까지 개인의 자아를 주장하는' '지나친 개인주의로 인한 자살'이며, 이타적 자살은 '행위의 목표가' 자아 '자신이 참여하는 집단에 있는' 이타주의의 극단적 행위이고, 아노미성 자살은 '개인의 열망에 미치는 사회의 영향이 결핍됨으로써' '제동 없이 방치'된 개인에 의해 일어난다. 각 유형에 대한 평가의 차이는 있지만 이기적 자살과 이타적 자살은 헤겔에게서도 쉽게 찾아 볼 수 있을 것이다. 또한 자살의 치유책으로 제시한 뒤르켐의 '직업 집단 즉 조합'의 성격은 헤겔의 협동체와 많은 유사한 특징을 지닌다. 에밀 뒤르켐, 『자살론』, 황보종우 옮김, 청아출판사, 2010, 250, 268, 321, 491~500. 박병철, 「자살의 사회적 이해」, 『자살의 이해와 예방』, 한국자살예방협회 편, 학지사, 2009, 96-105와 비교.

* 이 글은 『가톨릭철학』 제16호에 발표된 필자의 논문을 부분적으로 수정한 것이다.

죽음을 알고 싶다면, 삶을 보라!
의지의 철학자 니체의 죽음관

백승영

철학은 무엇이며 우리는 왜 철학을 하는가? 이 질문에 대한 니체의 생각은 이렇다. '철학은 건강한 삶을 가능하게 하는, 삶의 지혜를 찾는 실존적 행위다. 여기에 철학의 의미와 가치가 있다.' 철학은 건강한 삶에 봉사하는 삶의 기술이자 삶의 실천이라는 것이다. 그렇지 않은 철학은 그에게는 현학에 불과하다. 그가 말하는 '건강'은 단순히 육체의 질병없는 상태가 아니다. 인간이라면 추구해야 하는 인간의 모습, 그러니까 인간다운 인간의 모습에 대한 대명사다. 니체는 그 모습을 '위대한 건강(Die große Gesundheit)' 이라고[1], 위대한 건강성의 소유자를 '위버멘쉬(Übermensch)'라고 부르면서, 인간을 건강하게 만드는 것을 자신의 철학적 소명으로 삼는다. 니체의 철학 전체가 교육적 색채가 짙은 것은 그의 이런 철학관 때문이다. "철학자라는 존재는 인간을 얼마나 고양시킬 수 있는지를 알아보기 위해 극도의 노력을 기울이는 사람으로 파악가능하다"[2]라는 단언처럼, 그는 철학적 교육자이고자 했다. 철학적 교육자 니체가 심혈을 기울여 제시했던 건강한 인간은 죽음을 어떻게 생각할까? 죽음을 건강하게 바라보는 시선은 어떤 시선인 것일까?

1. 죽음을 알려면 삶을 보라

죽음에 대한 건강한 시선을 니체는 '이성적 죽음'이라고 한다. 이성적 죽음은 자유의지의 행사인 자살을 의미한다. 삶의 건강성 확보를 철학의 소명으로 삼았던 니체가 자살을 옹호했다는 것은 의외로 여겨질 수 있다. 하지만 그에게는 정당한 이유가 있다. 자살이 인간의 건강성에 대한 보증서 역할을 하는 경우가 분명 있기 때문이다. 그래서 그가 옹호하는 자살은 낭만적 자살이나 충동적 자살과는 완전히 다르다. 살기보다는 죽기를 택하라는 염세적 자살에 대한 권유도 아니다. 오히려 위버멘쉬로서의 삶이라는 목적 때문에 선택되고 결단되는 죽음이다. 인간으로서 당당하게 살 수 없을 때 당당하게 죽는 죽음이고, 인간의 살 권리에 대한 존중에서 나오는 죽음이며, 삶을 완성시키는 죽음인 것이다. 니체의 이 생각은 세 가지 전제들이 연합해서 도출된다. ① 삶과 죽음의 공속성 및 삶을 위한 죽음 ② 죽음의 '의미'를 묻는 관점주의적 접근, ③ 건강한 삶은 힘에의 의지의 주체가 수행하는 위버멘쉬로서의 삶이라는 것.

① 니체에게 죽음은 삶과 적대적 대립이 아니라, 양극적 관계(Polarität)다. 남극과 북극, 음과 양, 밀물과 썰물처럼, 하나가 없으면 다른 하나도 없고 하나의 모습이 다른 하나의 모습에 관여하면서 서로가 서로의 존재를 지지해주는 모양새인 것이다. 그러니 죽음은 삶의 적대자도, 삶의 파괴자도 아니다. 오히려 삶을 위해 죽음이 있어야 하고, 삶의 모습이 죽음의 모습을 결정한다. 이런 죽음을 니체는 '삶을 완성시키는 죽음'이라고 부른다. 건강한 위버멘쉬로서의 삶을 완성시킨다는 뜻인데, 더 이상 위버멘쉬

로 살 수 없을 경우에 자신이 살아내었던 위버멘쉬적 삶을 마무리하기 위해 죽음을 결단하는 것이다. 그래서 '삶을 완성시키는 죽음'은 위버멘쉬적 삶을 추구했던 인간이 죽음과 맺는 최고로 합리적이고도 이성적인 선택이자 동시에 최고의 의지가 발휘되는 선택으로, 죽음에 대한 권유라기보다는 삶에 대한 권유라고 할 수 있다. 위버멘쉬답게 죽어야 위버멘쉬로서의 삶이 정당화되며, 이렇게 죽을 권리를 가지려면 위버멘쉬로 살았어야 하기 때문이다.

② 죽음이라는 주제를 다루는 니체의 방법은 '의미'에 대해 묻는 관점주의다. 관점주의는 니체의 철학하는 방식이자 그의 인식론을 대변하는 것으로, '이것은 무엇인가?'라는 질문을 '이것은 내게 혹은 우리에게 어떤 의미인가?'라는 질문으로 전환시켜버린다. 그래서 죽음의 문제를 다룰 때에도 '어떤 죽음이 의미있는 죽음인지'를 묻고, 그에 대한 대답으로 '삶을 완성시키는 이성적 죽음'을 내놓는다. 이 대답은 '죽음 이후의 삶이나 죽음 이후의 세계'라는 관념이 갖고 있는 '삶에 대한 무의미'를 폭로하는 것으로 이어진다.

③ 니체에게 죽음의 문제는 늘 삶의 문제로 전환된다. 그래서 '삶을 완성시키는 이성적 죽음'을 이해하려면 그가 삶을 어떻게 이해하고 있는지를 먼저 살펴야 한다. 이를 위해서는 힘에의 의지(Wille zur Macht)라는 니체의 독특한 철학적 설명원리에 대한 이해가 선결조건이다. 이 개념은 '살아있음(생명성)' 자체와 인간의 삶, 인간 삶의 건강성과 병리성, 인간 삶의 의미에 이르는 주제영역 전체를 해명하는 키워드 역할을 한다.

2. 건강한 삶과 병리적 삶, 어떤 삶을 살 것인가?

1) 인간존재의 의미, 위버멘쉬

> 나는 사람들에게 그들의 존재가 지니고 있는 의미를 터득시키고자 한다. 그것은 위버멘쉬요, 사람이라는 먹구름을 뚫고 내리치는 번갯불이다.[3]

니체는 위버멘쉬(Übermensch)를 인간 존재의 의미이자 실존적 목표로 제시한다. 위버멘쉬로 살아가는 것이야말로 인간을 진정한 인간으로, 삶을 진정한 삶으로 만든다는 것이다. 하지만 위버멘쉬로 사는 것은 결코 쉽지 않다. 우리 내면의 '짐승' 때문이다. 그것이 매 순간 우리의 발목을 잡는다. 그래서 우리는 짐승같은 인간으로 살 것인가, 아니면 위버멘쉬로 살 것인가를 매 순간 결단해야 한다. 우리는 짐승과 위버멘쉬 사이에서 줄타기를 하고 있는 셈이다. 한 번, 두 번 그리고 또 한 번, 그리고 또 다시... 우리가 살아있는 한 계속해서...

> "사람은 짐승과 위버멘쉬 사이를 잇는 밧줄, 심연 위에 걸쳐 있는 하나의 밧줄이다"[4]

그런데 위버멘쉬는 인간과는 종적으로 다른 존재나 인간을 초월해 있는 신적 존재를 의미하는 것은 아니다. 위버멘쉬는 인간이, 오로지 인간만이 구현할 수 있는 인간의 모습, 인간이라면 갖추어야 할 이상적인 삶의 모습이다. 차라투스트라가 사람은 '짐승과 신 사이를 잇는 밧줄'이라 하지 않고, '짐승과 위버멘쉬 사이를 잇는 밧줄'이라고 하는 것처럼 말이다. 물론 위버멘쉬는 언제든 구현가능하지만 언제까지라도 구현되지 않을 수 있다. 우리 내부의 짐승과의 싸움에서 이길 수도 있고 질 수도 있기 때문이다. 또한 특정 시점에서 위버멘쉬로 살다가도, 다음 순간에는 짐승으로 돌아 갈 수도 있다. 이렇듯 위버멘쉬는 한 번 도달했다고 지속될 수 있는 상태 는 아니다. 오히려 매 순간 의식적-의지적인 노력을 기울여야만 위버멘쉬 로 계속 남게 된다. 위버멘쉬로 살아간다는 것은 우리가 '지속적으로' 추구 해야 하는 실존적 과제인 것이다. 그 과제를 수행하면서 살아가는 것, 그 것을 니체는 건강한 삶이라고 생각한다. 도대체 위버멘쉬가 무엇이길래 그럴까?

위버멘쉬는 아주 많은 속성을 갖고 있지만[5], 핵심적인 것은 다음과 같 다. 첫째, 위버멘쉬의 가장 기본적이면서도 일차적인 의미는 '항상 자기 자신을 넘어서는(über-sich-hinaus-gehen)' 지향적 움직임에서 확보된다. 자신 의 현 상태를 넘어서려는, 즉 자기를 늘 극복하려는 부단한 의지적 노력을 기울이기에, 위버멘쉬는 현재의 모습에 만족하지 않고 늘 새로운 자기를 형성하고 창조하는 주체다. 이런 부단한 자기극복과 자기형성은 그의 힘 에의 의지(Wille zur Macht) 덕분이다. 즉 힘의 상승을 원하고 그 상승역학을 통해 삶 자체의 상승을 원하는 의지 덕분인 것이다(→3). 이런 자기극복의 지속을 니체는 생물학적 생명유지를 넘어서는, 건강한 삶의 기본적 특징 으로 여긴다.

위버멘쉬는 둘째, '자유정신(Der freie Geist)'의 소유자다. 정신의 자유로운 상태라는 뜻인데, 이 상태의 정신은 의미체계와 가치체계 일체를 자기극 복적-상승적 삶을 척도로 자율적으로 창조해낸다. 그러니 기존의 판단과 관습과 습관과 믿음과 지식 등은 물론, 외부의 잣대나 시선이나 신념으로 부터도 자유롭다. 그것들에 속박되지도 휘둘리지도 않는다. 오히려 자신이 창조해 낸 의미와 가치체계를 수단으로 자신의 세계를 구성하면서 자율적인 삶을 살아나간다. 셋째, 위버멘쉬는 주인의식의 소유자다. 자신이 자율적으로 구성해가는 삶에 스스로 책임을 지고 그런 삶이 아니면 거부한다. 또한 그는 내부의 여러 충동과 욕구와 욕망과 의지들의 질서를 유지할 수 있으며, 그 모든 것을 자기극복적·상승적 삶이라는 목적을 위해 활용할 수 있다. 그래서 그는 자기지배력의 소유자이기도 하다. 니체는 이런 모습을 주권적 존재라고 부르기도 한다. 위버멘쉬가 이런 존재이기에 넷째, 자신의 삶을 예술작품처럼 조형하는 삶의 예술가이자 창조자다. 자신이 빚어내는 삶이라는 예술작품을 그는 사랑하지 않을 수 없다. 긍정하지 않을 수 없다. 이런 사랑과 긍정은 곧 삶의 예술가이자 창조자로서의 자기 자신에 대한 사랑과 긍정을 의미한다.

하지만 위버멘쉬가 오로지 자신에게만 집중하고 자신에게만 애착을 갖는 그런 유아(唯我)론적 존재는 아니다. 오히려 그는 다섯째, 이 세계 전체가 '힘에의 의지의 관계세계'라는 것을, 그리고 자신도 그 관계세계의 '한 계기'라는 점을 인정한다. 그 관계세계에서는 홀로 존립할 수 있는 원자적 개체나 실체적 존재는 있을 수 없다. 모든 것이 관계네트워크 속에서 형성되며, '나'의 출생과 성장과 죽음에 이르는 전 과정도 마찬가지다. 위버멘쉬는 바로 이런 사실, 즉 세계 전체가 힘에의 의지의 관계세계이며 자기 자신도 그 관계를 같이 만들어가는 한 계기이자, 자기 자신 역시 그 관계에 의해 형성된다는 점을 인정하는 존재다. 그래서 '내가 내 삶의 주인이지만, 오로지 나만이 주인은 아니'라는 사실을 인지하며, 그것을 타인에 대한 인정과 존중이나 세계 전체에 대한 사랑과 긍정이라는 삶의 태도로 표출해낸다.

2) 병리적 삶과 건강한 삶

위버멘쉬로 살아가는 것은 결코 쉬운 일이 아니다. 위버멘쉬의 다른 특징들을 굳이 부가하지 않아도, 이미 제시된 것만으로도 충분히 어렵고도 고단하다. 도대체 니체는 왜 이런 쉽지 않은 길을 우리에게 요구하는 것일까? 그것이 건강한 삶이라고, 짐승같지 않은 삶이라고 여기기 때문이다. 짐승이 짐승다운 것은 아무 문제가 없지만, 사람이 짐승 같으면 사람이기를 포기한 것이나 마찬가지다. 니체는 '인간-짐승'을 인간의 병증이자 삶의 병리성으로 여긴다.

삶이 병들었다는 것은 몇 가지 증후만으로도 확인된다. 목표와 방향을 상실한 헛됨의 파토스와 피로본능에 지배되는 것, 삶을 창조적으로 조형하려는 의지가 마비된 채 평균성과 대중성과 안전과 안락에 안주하는 것, 인정과 사랑과 긍정이라는 덕 대신에 시기와 질투와 원한과 보복심리 같은 부정적 감정의 지휘를 받는 것, 주인의식과 자기지배의 주권적 힘이 약해져 내적 아나키와 카오스를 겪는 것 등은 그 대표적 경우다. 이 작은 병리적 징후들이 한데 어울리면 '아무 것도 의미없다'는 의미상실감과 '아무 것도 할 필요가 없다'는 무기력증이 생긴다. 위버멘쉬로 살려는 의지의 힘은 고갈되고 삶은 생명력을 잃은 채 쇠락해간다. 이것이 바로 '데카당스이자 허무주의'라는 인간의 총체적 병리상태이며, 인간으로서의 삶 자체를 불가능하게 만드는 위험 중의 위험이다. 니체는 인간의 총체적 병리성을 치유해서 삶의 근원적 건강성을 회복시키려 하고, 그 길을 '인간이 위버멘쉬로 사는 것'으로 제시한다. 그 길은 허무주의의 치유책이자 데카당스의 치유책이기도 하다.

니체의 치유책은 그가 병중의 '근본적'인 극복책을 찾으려 했기 때문에 주어진다. 즉 '인간을 어떤 존재로 형성시켜야, 어느 시대 어떤 상황 어떤 문제가 닥쳐도 무의미와 무기력의 늪에 빠지지 않고, 생명력의 퇴화를 경험하지 않고 잘 살아갈 수 있을까?'라는 것이 그의 문제였으며, 인류 전체에 적용되는 이 보편적인 문제에 답변을 제시하려 니체는 심혈을 기울였던 것이다.

3) 영원히 회귀해도 좋을 만한 삶을 살라

위버멘쉬로 사는 것이 어렵고도 고단하기에, 우리는 어느 순간 인간-짐승으로 남기를 선택할 수도 있다. 니체도 그런 위험을 잘 알고 있다. 그래서 그는 우리에게 실존적 결단을 내리라고 촉구한다. 일시적인 마음의 변덕이나 급작스러운 심경의 변화가 아닌, 강력한 실천 의지를 지닌 결단을. 이를 위해 그는 '영원회귀'를 사유실험의 형태로 제시한다.

어느 낮이나 어느 밤에 한 악마가 가장 고독한 고독감에 잠겨 있는 네게 살며시 다가와 다음처럼 말한다면 너는 어떻게 하겠는가? '네가 지금 살고 있고 과거에 살았던 이 삶을 너는 다시 한 번 그리고 셀 수 없이 여러 번 살아야만 한다. 거기에는 아무것도 새로운 것은 없을 것이다….' 저 사유가 너를 엄습한다면, 그것은 현재 있는 너를 변화시킬 것이며 그리고 아마도 분쇄해버릴 것이다. 그리고 모든 일 하나하나에 던져지는 '너는 이것이 다시 한 번 그리고 수없이 계속 반복되기를 원하는가?'라는 물음은

네 행위에 최대의 무게로 놓일 것이다.[6]

'너는 네 삶과 이 모든 것이 그대로 영원히 반복되기를 원하는가?'라고 물어보는 악마의 목소리. 이 목소리를 가정법의 형태로 던지면서 니체는 무의미한 삶의 영원회귀와 의미있는 삶의 영원회귀라는 두 선택지를 우리 앞에 내놓는다. 만일 삶의 매순간이 의미 있고 필연적이어서 그것의 영원회귀를 바랄 정도의 것이라면, 악마의 목소리는 최고의 축복이다. 반면 영원히 돌아오는 것은 고사하고 단 한 번만 반복된다고 말하더라도, 그 목소리가 저주처럼 들리는 삶도 있을 것이다. 이 둘 중 어떤 삶을 선택할 것인가? 전자를 선택하는 것이 바람직하지 않겠는가? 인간이라면 마땅히 자기 자신과 자신의 삶을 사랑하고 긍정하고, 그것의 영원회귀를 바랄 정도로 의미 있는 것으로 여겨야 하지 않겠는가? 니체의 생각은 이런 것이다. 그런데 그 선택은 자기 자신이 삶의 예술가임을, 삶의 창조자이자 의미의 주체임을 인정하고 긍정할 때에야 비로소 가능하다. 이런 인간이 건강한 인간이다. 반면 결단을 요구하는 목소리를 저주로 듣는 인간은 그런 자기긍정의 주체가 아니다. 스스로가 삶의 예술가이자 주인이 되어 심혈을 기울이는 삶은 그에게는 불가능하다. 그러니 삶의 영원회귀를 바랄 수도 없다. 이것은 생명력의 퇴화와 삶의 쇠락에 대한 증후다. 니체에게 이런 인간은 허무주의자이자 데카당, 병든 인간일 뿐이다.

니체가 '영원회귀'를 사유실험의 형태로 제공하는 이유는, 바로 영원회귀를 축복의 말로 받아들이는 삶을 살아내기를 희망하기 때문이다. 그것은 곧 데카당스와 허무주의를 극복해 낸 건강한 인간에 대한 희망, 위버멘쉬에 대한 희망이다.

내 문제는 무엇이 인간을 분리하는가가 아니다. 오히려 어떤 종류의 인간이 좀 더 고급한 자로서 선택되고 원해지고 훈육되어야 하는가이다.[7]

3. 힘에의 의지를 말하는 이유

1) 살아있는 자연과 우주, 힘에의 의지 덕분이다

니체에 의하면 인간도 유기체고 자연도 유기체다. 아니, 우주 전체가 유기체다. 유기체이기에 살아 있는 것이며, 그 생명성은 내적으로 그리고 외적으로 형성되는 '관계' 덕분이다. 그런 한에서 이 우주 속에 존재하는 것은, 도대체가 '있다'고 말할 수 있는 것은 모두 살아 있는 것이다. "존재─우리는 그것에 대해 '삶'이외의 다른 표상을 갖지 않는다.─죽어 있는 것이 어떻게 '있을 수' 있는가?"[8] 그런데 그 유기적 생명성을 가능하게 한다는 '관계'의 정체는 무엇일까? 관계를 '맺는 것'은 또 무엇일까? 니체의 대답은 이렇다.

오직 생명[삶]이 있는 곳, 거기에만 의지도 있다.
나는 그것이 생명[삶]에 대한 의지가 아니라 힘에의 의지라고 가르치노라.[9]

의지다. 그것도 힘에의 의지(Wille zur Macht)다. 즉 '항상 힘상승과 강화와 지배를 원하고 추구하는 의지작용'이다. 의지는 비록 추상명사로 표현되지만 그 실체는 동사다. 원하고 바라고 추구하고 욕망하는 '활동'인 것이다. 그래서 그 자체로 움직이는, 살아 있는 것이다. 그런데 의지는 쇼펜하우어나 다윈이나 스피노자가 말하는 것처럼 단순한 자기보존의지나 맹목

적인 삶에의 의지일 수 없다. 의지는 활동하고 작용하는 한 늘 '그 이상(以
上)'을, '좀 더'를 원한다. 의지는 늘 불만족 상태에 있는 것이다. 만족하지
않아야, 무언가를 원하고 바라고 추구하는 활동이 생기는 것이기 때문이
다. 의지가 그런 것이기에 늘 현재 이상(以上)을, 상승과 강화를 추구할 수
밖에 없다. 그런데 의지의 속성은 그것만이 아니다. 의지는 '이기고자 하고
지배하기를' 원한다. 상승과 강화를 추구하는 의지는 동시에 다른 의지들
을 이기고 지배하려는 지향성을 갖는다는 것이다. 그래서 의지들 사이에
갈등과 충돌이 발생한다. 이런 갈등과 충돌, 즉 의지들의 힘겨루기가 바로
의지들 사이에 성립하는 '관계'의 실체다. 그러니 힘에의 의지의 속성에는
관계맺음이 포함된다. 이런 특징을 지닌 의지를 두고 니체는 힘에의 의지
라는 대표명사를 사용하는 것이다.

니체는 이 세계 전체, 온 우주 전체가 바로 이런 의지들의, 즉 힘에의
의지들의 거대한 관계네트워크라고 이해한다. "이 세계가 본질적으로 관
계세계"[10]이기에, 이 세계는 늘 살아있다. 우리 인간도 마찬가지다. 인간
역시 힘에의 의지들의 각축 장소이고, 자연의 다른 생명체들과 마찬가지
로 늘 생성과 변화를 경험하는 살아있는 관계체. 이 내용을 니체는 다음
처럼 간략하게 말한다.

> 이 세계는 힘에의 의지다. 그 외의 다른 것이 아니다. 너희들도 힘에의
> 의지다. 그 외의 다른 것이 아니다.[11]

2) 힘에의 의지로서의 나

우리 인간 역시 자연과 세계 전체와 마찬가지로 힘에의 의지들의 관계

체라는 것, 이 생각은 인간에게서 가장 핵심적인 부분이 의지라는 점을 이미 누설한다. 실제로 니체는 인간의 의식 전체와 행위 일반에서 힘에의 의지가 규제원리로 작동한다고 본다. 이성의 활동도 육체의 감각지각도 예외일 수 없다. 그러니 '순수' 이성이나 정신, '순수' 감각지각 같은 것은 불가능하다. 오히려 이성인식이나 감각경험의 내용과 방향은 '항상' '이미' 힘에의 의지에 의해 결정된다. 의지의 규제와 인도를 받는 것이다. 인간의 행위 일체도 마찬가지여서, 영양섭취라는 생명유지행위도, 남을 돕는 도덕적 행위도 의지의존적이다. 이렇듯 인간이라는 유기체 전체는 힘에의 의지의 규제를 받기에, 인간의 모든 면이 힘에의 의지의 현상이라고 할 수 있다. 그런데 힘에의 의지는 '그 이상'을, '좀 더'를 원하는 의지, 즉 상승을 추구하는 의지다. 그래서 힘에의 의지가 정상적으로 활동하는 한, 인간 유기체의 모든 활동과 운동은 상승운동이며, 그런 상승운동을 니체는 진정한 생명성이자 건강한 삶으로 이해한다.

힘에의 의지로서의 '나'는 정신성과 육체성과 의지가 유기적 결합을 통해 구성해가는 존재이며, 바로 그렇기에 순수한 물리적 도식이나 정신적 도식으로 환원되거나 이원화될 수도 없다. 오히려 하나의 전체이자 총체적 존재다. '정신'이나 '이성'이나 '육체'나 '의지'는 설명의 필요에 의해 '구분'될 수는 있어도 그 활동의 측면에서 보면 결코 '분리'될 수 없게 연계되어 있다. 어디서부터 이성이고 어디서부터 감성이고 의지며 어디서부터 감각지각인지가 확연하지 않은 형태로 한데 어우러진다. 니체는 이런 총체성으로서의 '나'를 '신체(Leib)'라고 부른다. 그러니 육체성이나 자연성이나 의지와 구분되고 분리되는 '이성'이나 '정신'은 신체라는 유기체 속의 특정 과정에 붙여진 '명칭'에 불과하다. 그것의 역할은 신체 전체가 추구하는 '상승적 삶'이라는 목적을 위한 수단이다.

> 형제여, 네가 '정신'이라고 부르는 그 작은 이성, 그것 또한 네 신체의
> 도구, 이를테면 네 큰 이성의 작은 도구이자 놀잇감에 불과하다.[12)]

인간이 신체적 존재여서 여러 기능들이 서로 어우러질 때, 신체는 내적 분열과 혼란과 카오스로 귀결되지 않는다. 오히려 견고한 조화와 질서와 통일이 구현된다. 바로 이런 '다양성 속의 통일'을 그때 그때 만들어가는 것이 바로 우리 자신(Das Selbst)이고, 그때 그때의 다양성 속의 통일이 바로 '우리 자신'을 형성해낸다.

3) 이성적이기를 원하는 의지

인간을 의지의 인간으로 상정하는 것은 매우 의미심장하다. 이성의 문제해결능력에 대한 이의제기이기 때문이다. 니체는 인간이 이성적이고도 합리적인 존재라는 사실에 의구심을 갖는다. 그는 이성적이고도 합리적인 존재가 되기를 '바라고 추구하며 원하는 존재'라는 것이 인간에 대한 더 적절한 설명이라고 생각한다. 이성성을 그토록 강조하고 이성적인 사람이 되기를 그토록 권유하는 것은 역설적으로 인간이 결코 이성적이거나 합리적이지 않다는 것을 반증하는 것이며, 이성에 대한 강조는 곧 이성적이기를 '원하는' 우리의 의지에 대한 강조라는 것이다. 거기엔 이성적 판단의 수행능력에 대한 회의가 들어 있다.

우리의 이성은 잘 알고 있다. 무엇을 하고 무엇을 하지 말아야 하는지를. 이성주의 철학자 칸트의 정언명법을 굳이 거론하지 않아도 인간을

목적으로 삼는 것이 수단으로 삼는 것보다 더 낫다는 것을 우리는 안다. 타인의 행복감을 고려하는 행위가 그렇지 않은 행위보다 더 낫다는 것을, 어려운 상황에 처해 있는 사람을 돕는 것이 그냥 지나치는 것보다 더 낫다는 것을 안다. 그런데 우리 이성의 한 부분을 차지하는 그 내용들이 실제로 수행되는 경우는 제한적이다. 이성의 내용과 실천의 심각한 괴리가 발생하는 것이다. 오로지 나만이 사람인 것처럼, 타인은 전혀 사람이 아닌 것처럼 수단화시키고 인격적 모독을 가하며 비뚤어진 마음으로 비방하거나 괴롭히고, 사적 이익을 위해 누군가에게 불이익을 주거나 제거하는 일이 작게는 일상사에서 크게는 정치적 행위에 이르기까지 다반사로 일어난다.

우리의 이성은 분명 그런 일이 옳지 않다고 알고 있다. 하지만 '옳지 않으니 하지 말아야 한다'는 것이 행위로 이어지지 않는 경우가 다반사다. 행위로 옮기려는 의지가 너무나 약하기 때문이다. 행위로 옮기지 말라는 의지가 더 강했기 때문일 수도 있다. 그러니 이성이 알고 있는 옳은 행위의 실제적 수행은 오로지 의지의 문제다. 타인을 존중하려는 의지, 타인을 배려하려는 의지가 힘을 얻어야, '인간을 수단으로 삼지 말아야 한다'는 이성적 판단은 머릿속 관념이 아니라 실제 행위가 된다. 상황이 이렇다면 의지가 갖고 있는 문제해결능력을 인정하지 않을 수 없다. 이성적이기를 원하는 의지가 비로소 이성적인 사람을 만드는 것이다. 그렇다면 의지는 죽음이라는 근원적 문제상황에서 어떻게 발휘될까?

4. 죽음은 삶의 완성

죽음이라는 주제는 니체 철학에서 대부분 배경으로만 등장한다. 죽음이 철학적 고찰의 직접적 주제로 등장하는 글은 극소수에 지나지 않으며, 그런 글에서조차 명시적이고도 논증적인 사유는 진행되지 않는다. 그 밖의 죽음 관련 언명들은 단지 파편적 형식으로만 제시되어 있다. 니체 철학의 여러 주제들 중에서 죽음이라는 주제가 특히 접근하기 어려운 대상으로 남아있는 이유는 바로 여기에 있다. 그럼에도 불구하고 죽음은 니체 철학에서 간과될 수 없는 주제다. 그에게 죽음이라는 문제는 곧 삶의 문제이며, 삶은 니체 철학의 핵심주제이기 때문이다. 게다가 니체 스스로 죽음을 위버멘쉬적 삶과 연계시켜 이성적 죽음의 형태로 제시해놓은 글도 엄연히 있다. 『차라투스트라는 이렇게 말했다』의 〈자유로운 죽음에 대하여〉가 바로 그것이며, 이 텍스트는 죽음과 삶과 의지의 결단에 관한 니체의 사유로 들어가는 아리아드네의 실 역할을 한다.

1) "제때 죽도록 하라!"가 암시하는 삶과 죽음의 구도

'제때 죽도록 하라' 차라투스트라는 이렇게 가르치노라. '하긴 결코 제때 살지 못하는 자가 어떻게 제때 죽을 수가 있겠는가? (...)

나는 완성을 가져오는 죽음, 살아 있는 자에게는 자극이 되고 서약이 될 그런 죽음을 보여주겠다.

나는 그대들에게 내 방식의 죽음을 기리는 바다.

내가 원해서 찾아오는 그런 자유로운 죽음 말이다. (...)

그렇다면 어느 시점에 원할 것인가?

이미 목표를 갖고 있을 뿐만 아니라 뒤따를 상속자까지 두고 있는 자는 바로 그 목표와 상속자를 위해 제때 죽기를 원한다.

너무나도 많은 자들이 버티고 있다. (...)

너무 오랫동안 나뭇가지에 매달려 있는 것이다.[13]

'제때 죽도록 하라.'[14] 죽음에 관한 니체의 사유로 진입하는 유도장치다. 죽음에는 알맞은 때가 있다고 한다. 너무 빨리 죽는 것도, 너무 늦게 죽는 것도 아닌 죽음. 이 죽음은 자연적으로 찾아오는 죽음일 수는 없다. 오히려 개인의 자유로운 의지로 결단하는 죽음인 자살이다. 차라투스트라의 눈에는 "많은 사람들은 너무 늦게 죽고, 몇몇은 너무 일찍 죽는다." 즉 대부분의 사람들은 자연적으로 죽을 때까지 살아가며, 자연사를 죽음의 최고 형태로 받아들인다. 죽음의 적당한 때를 알지 못하거나, 죽음에 적당한 때가 있다는 것 자체를 받아들이지 못한다. 그래서 자연사와 대립되는 자살을 도덕적 비난의 대상으로 삼기도 한다. 차라투스트라에게 자연사는 제때 이루어지지 않은 비겁자의 죽음이나 마찬가지다. 또 어떤 경우에는 너무 일찍 죽기도 한다. 죽어야 할 때가 아닌데 죽음을 선택해, 죽음을 낭비하고 죽음이 가져야 할 의미를 퇴색시킨다. 이 두 경우 모두 제때 죽는 죽음일 수 없다.

차라투스트라는 제때 이루어지는 죽음은 '제 때에 살아야'만 가능하다고 한다. "하긴 제때 살지 못한 자가 어찌 제때 죽을 수 있겠는가? 그런 자는 차라리 태어나지 않았어야 했다. 나는 잉여인간(Die Überflüssigen)에게 이렇게 충고한다." 제때에 산다는 것은 잉여인간[15]과는 정반대로 사는 것,

즉 위버멘쉬로 사는 것을 의미한다. 생명의 실이 이어지고 있을 때 창조자이자 삶의 예술가로 '의미'있게 살려고 하고, 삶의 열등으로 인해 삶을 부정하지 않는 것, 살아야 할 때 제대로 살려는 노력을 하면서 그것의 가치를 인정하고 자랑스러워하는 것. 이렇게 위버멘쉬로 사는 사람만이 위버멘쉬로 죽을 수도 있다. 그래야 그의 죽음은 비겁의 소산도 아니고, 그래야 의미도 얻는다. 이렇게 차라투스트라는 삶과 죽음을 연결시킨다. 이 구도 하에서 제때 이루어지는 죽음에 대한 차라투스트라의 설명이 진행된다.

2) 죽음의 확실성과 죽음에 대한 공포

차라투스트라의 첫 번째 설명은 죽음의 확실성과 죽음에 대한 공포에 관한 것이다. 그 시작은 "잉여인간들조차도 자신들의 죽음을 중요하게 받아들인다 [...] 모두가 죽음을 중요하게 여긴다"로 표출된다. 우리는 죽음의 본질에 대해서는 확실한 인식을 갖지 못한다. 우리가 확실하게 말할 수 있는 것은 '내가 죽는다는 것이 확실하다'는 것 뿐이다. 죽음은 누구도 피해가지 않기에, 우리의 삶에서 일어날 일 중에서 유일하게 확실한 것이 바로 죽음이다. 게다가 죽음은 누구에게나 중대한 사건이다. '누구나 예외 없이 죽고, 죽음은 자연적 사건이기에, 그것을 특별하게 내 문제로 삼을 필요가 없다'는 큰소리도 죽음과 직접 대면하게 될 때까지만 유효하다. 죽음을 하찮게 여기던 사람들도 죽음의 순간에는 태도가 변한다. 그토록 확실하고 중대한 사건이지만 죽음은 인간의 친구는 아니다. 축하의 대상도 아니다. 차라투스트라의 표현으로는 "그런데도 죽음은 아직도 축제가 아니다. 인간은 가장 아름다운 축제를 벌이는 방법을 아직도 배우지 않았다"로 제시된다. 차라투스트라가 죽음에 대해 말하는 이유는 바로 이것이다. 죽음을 축제의 대상으로 여길 수 있는 방법을 알려주겠다는 것이다.

그런데 무엇이 인간과 죽음을 멀리 떨어뜨리고, 축제를 벌이는 일을 막는 것일까?[16] 죽음에 대한 공포가 바로 그것이다. 죽음은 우리의 개체성과 정체성의 상실이나 소멸을 의미한다. 우리의 본능적 욕망은 계속 살아가는 것인데, 죽음은 일대기를 포함한 우리의 모든 것을, 우리 자신을 끝장내는 것으로 여겨진다. 그래서 우리는 우나무노가 잘 묘사해주었듯이, "나는 죽기 싫다. 죽기 싫을 뿐만 아니라 죽는 것을 원하기조차 싫다. 나는 영원히, 영원히, 언제까지나 살고 싶다. 나는 이 '나'로 살고 싶다"[17]라고 절규하게 된다. 개체성 및 정체성 소멸에 대한 이러한 공포는 죽음에 대한 두 가지 대처방식을 가능하게 한다. 죽음을 우연적 사건으로 만들어버리거나, 개체의 불멸에 대해 믿음으로써 죽음의 공포를 이겨내는 것이 바로 그것이다.

첫 번째 대처방식은 죽음의 확실성이나 예외없음을 애써 부정하고 싶은 심리에서 기인한다. 우리는 언제 죽을지 불확실하다고 하면서 죽음과의 대면을 최대한 연기하고 싶어한다. 죽음에 대해 애써 무심한 체하고, 죽음에 대해 눈 감으며 생각조차 하지 않으려 한다. 이런 태도를 가진 사람은 죽음을 급작스럽게 엄습하는 우연적 사건으로, 아무런 예고없이 불쑥 찾아오는 불청객으로 여긴다. 하이데거가 경고했던 것처럼 죽음은 이러저러한 사건들 중의 하나로, 신문의 경제란에 금융사건이 나오듯 부고란에 등장하는 하나의 사건으로 간주된다. 여기서 죽음은 인간의 실존조건이 아니다. 죽음에 대한 또 다른 대처방식은 '불멸성'을 믿음으로써 개체의 무화에 대한 공포를 이겨내는 것이다. 이 방식은 죽음을 인정하지만, 죽음이라는 사건에 의한 개체성의 상실만큼은 인정하고 싶지 않은 심리를 표현한다. 이런 심리는 첫번째 경우와는 달리 죽음의 확실성이나 예외없음을 회피하지는 않지만, 자신의 단적인 변화를 거부하고 자신의 영속을 결사적으로 바란다. 영원이 곧 안전이고 변화는 그렇지 않다라고 완고하게 믿고 싶어한다. 따라서 여기서 죽음은 끝이 아니다. 죽음 이후의 삶에 대한 비전, 삶 이후의 또 다른 삶이 실재한다는 생생하고도 강력한 희망으로 이어진다. 그리스도교를 포함한 인간의 영적 전통은 그 대표적 경우다.

죽음의 우연적 사건화와 개체성의 불멸에 대한 믿음. 죽음이 주는 공포에 대처하는 이 두 방식은 니체에게는 불신거리다. 이것들은 죽음에 대한 적절한 대처방법이 아니며 죽음의 진정한 의미를 흐린다. 그래서 차라투스트라는 "히죽히죽거리면서 도둑처럼 몰래 찾아드는 죽음, 그러면서 지배자인 척하는 죽음", 죽기 싫다며 죽음과 "싸우면서 죽는" 죽음, "위대한 영혼을 낭비하는 죽음"이라고 부르며 불만을 터뜨린다. 그렇다면 축제가 될 수 있는 죽음, 인간에게 공포의 대상이 아니라 친구가 될 수 있는 죽음은 어떤 것일까?

3) 죽음은 삶의 완성이다

차라투스트라는 '삶을 완성시키는 죽음'이라고 한다. "나는 완성을 가져오는 죽음, 살아있는 이에게는 자극이 되고, 서약이 될 죽음을 그대들에게 보여주겠다. 완성을 가져오는 자는, 희망하는 자와 서약을 하는 자에 둘러싸여 승리에 찬 죽음을 맞는다 [...] 이렇게 죽어가는 자가 살아있는 자들의 서약을 축성하는 곳이 아니라면 그 어떤 축제도 열려서는 안된다. 이렇게 죽는 것이 최선이다." 소크라테스가 제자들에게 둘러싸인 채로 자신의 죽음을 받아들이는 장면을 연상시키는 글이다. 니체는 소크라테스의 죽음이 그의 삶의 궁극적 귀결이라고 생각한 것 같다. 소크라테스는 제자들의 탈출권유에 따라 죽음을 모면할 수도 있었지만, 죽음을 받아들이기로 결단하고, 제자들에게 둘러싸인 채로 독배를 마신다. '육체는 정신의 감옥'이라던 그의 가르침이 그의 삶을 '진리 추구자'의 모습으로 형성시켰었는데, 그는 그가 살아왔던 대로 죽음도 맞이한 것이다. 그러자 그의 가르침은 죽음을 넘어서 그를 따르기로 서약했던 플라톤을 위시한 제자들 속에 살아남는다. 이렇듯 소크라테스의 죽음은 그의 생명만큼은 종식시켰지만, 그의 삶을 종식시킨 것은 아니었다. 오히려 소크라테스의 삶이 의미있는 삶이었음을 부각시키고 그 의미있는 삶을 세대를 거쳐 이어가게 만든 것이다. 물론 니체에게 소크라테스의 죽음이 온전한 의미에서의 삶의 완성은 아니다. 그가 "제때 사는 삶", 즉 위버멘쉬적 삶을 살지는 않았기 때문이다.

차라투스트라가 제시하는 삶의 완성을 가져오는 죽음은 ① 우선 죽음을 결단하는 자의 삶을 완성시킨다. 위버멘쉬로서 제때 살았던 자만이 죽음을 자신의 삶을 완성시키는 계기로 만들 수 있다. ㉠ 위버멘쉬로 살았던 자는 오로지 그 목적만을 위해 자신의 죽음을 결단하기 때문이다. 위버멘쉬라는 삶이 더 이상 불가능할 때에 말이다. 그는 자신의 삶이 의미를 가진 채로 마감되기를 바라기에, 죽음을 선택하는 것이다. 이 죽음은 절망적인 삶으로부터 도피하기 위한 낭만적 죽음과는 다르다. 우울증이나 공격성향 혹은 사회부적응증에서 기인하는 병리적 죽음도 아니다. 삶의 열등을 견디기 어려워 죽음을 맞이하는 것도 아니다. 삶에 대해 진지한 자세로 임했기에 죽음도 똑같은 진지함으로 대하는 것이다. ㉡ 게다가 죽음을 결단하면서 그는 자신이 서 있는 자리에 멈추어 서서 자기 자신과 대면하고,

그 순간을 자신의 삶을 재평가해보는 기회로 삼는다. 자신의 삶의 진행이 과연 위버멘쉬의 삶이었는지, 아니면 단순히 자기보존이나 습관적 경향 혹은 그 외의 비본질적인 목적을 추구하지 않았는지에 대한 진지한 반성이 이루어지는 것이다. 이때 그 자신이 왜 인간인지, 인간이 된다는 것은 무엇인지, 자신이 해야 할 가장 중요하고 본질적인 것이 무엇인지가 명확해진다. 자신의 본성과 삶의 목적이 무엇인지에 대해 분명하고 진실되게 깨닫게 된다. 이런 반성은 삶의 나머지 순간 동안 자신이 무엇을 해야 하는지를 알 수 있게 해준다. 죽음은 이렇게 삶을 위한 계기가 된다.

② 삶의 완성을 가져오는 죽음은 살아있는 자의 삶도 완성시킨다. 살아 있는 자들은 죽음을 결단하는 자를 바라보면서 자신의 죽음에 진지하게 직면한다. 타인의 죽음을 자신의 삶을 돌아보고 새로운 삶을 전개시키는 기회로 삼는 것이다. 그들 역시 이 생에서 무엇을 할 것인지, 왜 더 살려고 사는지를 묻게 되며, 주어진 삶에서 삶의 의미를 발견하려 노력하게 된다. 이렇게 제때 살았던 자의 죽음은 산 자들의 삶에 '자극'이 되고, 삶에 대한 굳은 '서약'을 가능하게 하는, 일종의 사회적 효용도 갖는다.

이렇듯 자신의 삶도 완성하고 타인의 삶도 완성시키는 죽음만이 "최선의 죽음"이자 "축제"의 대상일 수 있다.

4) 자유로운 죽음

'제때의 죽음'은 자유로운 의지적 결단의 소산이다. "나는 그대들에게 내 방식의 죽음을, 내가 원해서 나를 찾아오는 자유로운 죽음을 권한다"라는 차라투스트라의 말처럼, 자신이 원해서 스스로 선택하는, 자유의지의 결단에 의해 실현되는 자발적 죽음이다. 개인의 자유로운 결단에 근거하는 이런 죽음은 위버멘쉬라는 확실한 목적을 위해 수단으로서 선택된 죽음이다. 그래서 삶을 위한 가장 합리적이고도 이성적인 결단이기도 하다. 이렇듯 '제때의 죽음'은 이성적인 자기파괴이자 충분히 의지적인 자기파괴를 의미하며, 이런 죽음을 선택함으로써 개인은 죽음에 대한 권능을 행사한다. 그러니 죽음은 예상할 수 없는 숙명적 사건도, 개인이 압도되는 무기력한 죽음도 아니다. 오히려 죽음은 삶과 동등한 권리를 갖고 있는 것으로 이해되며, 삶이 최고의 자산이라는 독단을 폐기하면서 개인의 자유가 최고로 실현되는 죽음이 된다.

그런데 그 결단은 언제 내려야 할까? 물론 그 '언제'는 특정한 물리적 시점과는 관계가 없다. 오히려 죽음을 결단하는 자의 심리적 시점이다. 하이데거의 죽음의 선구가 심리적 결단의 시점이듯 말이다. 차라투스트라는 그 결단의 심리적 시점을 다음처럼 정리한다. ① 우선 "벗들이여, 그대의 죽음이 인간과 대지에 대한 모독이 되지 않기를 바란다"고 한다. 위버멘쉬가 '대지의 뜻'이자 '인간 존재의 의미'이기에, 더 이상 그렇게 살지 못할 때, 죽음을 결단해야 한다는 것이다. ② "이미 목표와 상속자를 갖고 있는 자는, 바로 그 목표와 상속자를 위해" 죽음을 결단해야 한다. 앞에서 제시했듯, 죽음이 개인적-사회적 효용을 갖는 경우를 의미한다. ③ "실을 잣는 자 [...] 실을 길게 잡아끌며 그 자신은 언제나 뒤로 물러나는" 자처럼 되는 시점도 포함된다. 운명의 여신 모이라가 인간 운명의 실을 잣는 장면[18]을 염두에 둔 이 말은 생물학적 생명 유지를 말하는 것이다. 위버멘쉬라는 목표를 추구하지 않는 삶은 비록 생명은 계속 연장되고는 있더라도, 실제로 퇴보하는("뒤로 물러나는") 것이나 마찬가지다. 그렇게 살게 된다면 죽음을 결단해야 한다.

제때 죽는 죽음, 자유로운 죽음이자 이성적 죽음은 죽음의 최고 형태다. 위버멘쉬라는 확실한 목표를 위해서 자신의 자율적 결정을 통해 자신의 삶을 무화시키는 죽음이고, 죽는 자의 삶을 의미있게 만들면서 살아있는 자에게는 위버멘쉬를 삶의 생동적 목표로 추구하게 만드는 죽음이자, 개인적-사회적 효용성을 갖는 죽음으로, 더 이상 살 필요가 없어서가 아니라 더 이상 살아서는 안 되기 때문에 선택되는 죽음이다. 차라투스트라의 말처럼, "생명의 성전에 더 이상 말라빠진 화환을 걸어놓지 않을 것이다"라고 선언하는 죽음인 것이다.

5) 자연사의 문제

하지만 죽음을 결단하는 것은 쉬운 일은 아니다. 앞에서 말했던 죽음에 대한 공포 때문이다. 그 공포가 자연사를 선호하게 만들기도 한다. 하지만 자연사는 '생명의 성전에 말라빠진 화환을 걸어놓는 것'이나 다름없다. 니체는 일찍부터 자연사를 비이성적 죽음이라고 못박는다. "자연적 죽음은 온갖 이성과 독립적인 죽음으로서 비이성적 죽음이다. 이것은 마치 가련한 껍데기 실체가 핵심의 지속 기간을 결정하는 것과 마찬가지다. 마치 병들과 왜곡되고 바보같은 간수가 고결한 죄수의 죽음 시점을 결정하는 주인 역할을 하는 것과 같다."[19] 자연적 죽음은 생명력이 퇴화된 육체가 내 운명을 결정짓도록 놔두는 것이나 다름없다고 한다. 이것은 자발적으로 선택하는 자유의 표현으로서의 죽음이 아니다. 오히려 제때 이루어지지 않은 비겁자의 죽음이다. 차라투스트라의 표현으로는 "결코 익은 맛을 내지 못하는 사람들도 많다. 여름에 썩어버렸기 때문이다. 그런데도 아직 나뭇가지에 매달려 있다면 그것은 비겁이다. 너무나도 많은 자들이 버티고 있다"라고 되어있다. 차라투스트라는 이런 자들 때문에 "빠른 죽음을 설교하는 자"라도 나타나기를 바란다. 제때 죽으려 하지 않는 자들, 즉 잉여인간이 대다수인 데에는 "천천히 죽는" 죽음에 대한 설교도 한 몫을 하고 있다는 생각에서 말이다. "들려오고 있는 것은 단지 천천히 죽고 '이 땅의(irdisch)' 모든 것을 참고 견디라는 설교 뿐이니"로 표현된 그 설교의 정체는 그리스도교의 죽음관이다(→6).

차라투스트라는 이와는 달리 '떠날 때'를 제대로 알아야 한다고 한다. 비록 어려운 일이지만 그것이야말로 자신의 죽음을 그리고 자신의 삶을 의미있게 만들기 때문이다. "명성을 갖고자 하는 사람은 적절한 시간에 그 명예와 작별해야 한다. 제때 떠날 수 있기 위한 어려운 수련을 쌓아야 한다."

6) 삶을 완성시키는 이성적 죽음의 의미

삶을 완성시키는 자유의지의 결단으로서의 죽음. 이 죽음을 '이성적'이라고 하는 차라투스트라의 변론은 분명 무자비하게 느껴질 정도로 차가운 자살변호론이다. 하지만 무차별적인 자살변호론도 아니고, 죽음을 삶 위에 놓는 염세적 선언도 아니다. 오히려 삶을 위한 아주 완곡한 실천적 함축을 담고 있다. ① 죽음을 차라투스트라의 말처럼 "도둑처럼 찾아오는" 불유쾌한 악마로 받아들이지 말고 의식적·의지적으로 선취해야 한다는 메시지를 전한다. 죽음을 선취하고 죽음 앞에 자신을 세워보는 것은 반성의 기회이자 결단의 계기가 된다. 위버멘쉬라는 높은 이상과 목적이 아니라 자기보존이라는 부수적인 목적을 추구하며 살고 있지는 않는지에 대한 가혹한 반성의 기회, 영원히 되돌아온다고 해도 환영하고 긍정할 만한 삶을 구성하려는 결단의 계기 말이다. ② 매 순간 죽음을 준비하라는 의미를 갖는다. 아무런 준비없이 삶을 살았던 것처럼 아무 준비없이 죽어가는 것은 끔찍한 일이다. 준비 없이 죽음에 맞닥뜨리는 사람은 대개는 절망하거나 엄청난 회한에 빠지게 된다. 죽어야만 하는 자신에 갇혀버리기 쉽다. 〈이반일리치의 죽음〉 속 주인공이 죽음 선고를 듣고서 처음에 그러했듯이 말이다. 그래서 '삶을 완성시키는 죽음'은 죽음에 임했을 때 이반일리치 같은 상황에 빠지지 말도록 삶을 구성하고 죽음을 준비하라는 권유인 것이다.

③ 삶을 완성시키는 죽음은 자살의 사회적 측면을 진지하게 고려한다. 자살이 개인이 갖는 사회적 의무를 회피하는 것이기에 사회나 국가에 대한 부당행위라는 것은 아리스토텔레스와 토마스 아퀴나스까지 소급되는 자살부정론의 논거다.[20] 반면 니체는 사회에 손실이 되지 않는, 오히려 사회에 도움을 주는 행위로서의 자살의 경우를 말한다. 자신의 삶도 완성하고 타인의 삶도 완성시키는 죽음이기 때문이다. 이런 유형의 자살 행위에서 인간의 선택은 죽음과 불멸성 사이에서 이루어지지 않는다. 그 선택은 오히려 지금 죽는 것과 지금으로부터 일정한 시간 후에 죽는 것 사이에서 이루어진다. 이때 그는 자신의 사후의 미래를 고려하지 않는다. 그 자신의 행복에만 집착하지도 않는다. 오히려 지상에서 살아가고 있는 다른 인간 존재 및 자신이 영향을 미칠 수 있는 세계의 진행에도 관심을 갖는다. 자신의 죽음이 포함된 상태와 계속 생명을 유지할 때의 상태를 비교한 후, 그는 선택을 하는 것이다. 차라투스트라가 삶을 완성시키는 죽음을 인간이 선택할 수 있는 최고의 죽음이라고 하는 것은 이런 사회적 측면을 고려하기 때문이기도 하다.

④ 삶을 완성하는 죽음은 인간의 자유와 존엄에 대한 적극적 옹호 메시지일 수 있다. 개인의 자율적 결정을 통해 삶을 무화하는 자살은 삶에서 가장 놀라운 자유를 성취할 가능성을 제시한다. 죽음도 선택할 수 있고 삶도 선택할 수 있는 자유의 획득은 자신의 운명을 주체적으로 결정할 수 있는 권리의 행사다. 또한 자기 자신에 대해 스스로 판단하고 심판하며 죽음의 시기마저 스스로 결정한다는 것은 인간 존엄에 대한 강력한 옹호 논거다. 계몽주의자 몽테뉴나 루소 혹은 흄이 자살을 인간의 죽음 결정권리로 이해하며 휴머니즘의 대열에 끼는 것처럼, '삶을 완성시키는 죽음'도 이 전통의 일환이다. 이 죽음은 인간의 주체성과 주권성 및 권리를 최대한 존중하면서 인간의 인간다움, 인간의 건강성을 확보하려 한다. 그렇기에 차라투스트라가 변호하는 죽음은 무의미한 삶에 대한 절망으로 인한 죽음, 광기로 인한 자기살해, 절망에 항거하는 수단으로서의 자살, 전략적 자살, 유행적 자살 같은 것과는 범주 자체가 다르다. 후자의 경우들은 위버멘쉬적 삶 자체를 거부하고 부정하는 죽음, 삶의 의미 확보에 실패한 죽음이자 비겁자의 죽음이다. 병리적 죽음일 뿐 축제의 대상은 될 수 없다.

⑤ '삶을 완성하는 죽음'에는 결코 간과할 수 없는 또 하나의 함축이 있다. '개인의 삶을 판단하고 평가할 권리는 오로지 그 삶을 살았던 개인에게만 귀속된다'는 것이다. 부모도, 신도, 사제도, 의료인도 그 누구도 그것을 대신할 권리를 갖지 않는다. 오로지 삶을 살았던 그 자신만이 '살아 있을 때 명료한 의식 상태에서 자신의 삶에 대한 진정한 평가와 총결산'을 할 '권리'를 갖는다. 이런 권리를 행사하는 죽음은 구원에 대한 열망으로 인한 죽음의 선택이나, 불멸에 대한 믿음을 전제로 하는 죽음과는 다르다.

'삶을 완성하는 죽음'에서는 신이나 초월세계 혹은 사후의 생명이나 사후의 구원은 그 어떤 기여도 할 수 없다. 이런 것은 삶을 완성시키지도 못하고, 그렇기에 죽음에 대해서도 아무런 역할을 하지도 못한다.

7) 나사렛 예수의 죽음

차라투스트라는 삶을 완성하는 죽음이 아닌 예로 나사렛 예수의 죽음을 든다. "진정, 천천히 죽기를 설교하는 자들이 숭배하는 저 히브리 사람은 너무 일찍 죽었다. 그의 너무 이른 죽음이 그 이후 많은 사람에게 재앙이 되었다." 히브리 '사람' 예수.[21] 그리스도교가 숭배하는 예수를 니체는 그리스도교 교회와 늘 구별한다. 예수의 복음도 그리스도교 교회의 계명과 차별화한다.[22] 여기서도 마찬가지다. 나사렛 사람 예수는 이제 차라투스트라에게 안타까움의 대상이다. 그가 너무 일찍 죽어버렸기 때문이다. 제때 죽지 못한 것이다. 물론 그가 제때 죽지 못했다는 것은 그가 제때 살지 못했음에 대한 방증이다. 예수는 위버멘쉬라는 인간의 존재의미를 알지 못했고, 그렇게 살아내지도 못했다. 차라투스트라는 "그가 내 나이만큼만 살았더라도 그는 자신의 가르침을 철회했었으리라. 그는 그럴 수 있을 정도로 고귀했었다 [...] 젊은이는 미숙하게 사랑하고 미숙하게 증오하지[23]..."라고 할 정도로 나사렛 예수의 가능성을 인정한다. 그가 오래 살아 차라투스트라의 바램처럼 건강하게 살고 죽었다면, 그를 "숭배"하며 "천천히 죽어라!"를 설교하는 그리스도교도 지금과는 달랐을 수 있다. 하지만 그가 제때 죽지 않았고, 그 결과 현재의 그리스도교가 인류의 "액운"이 되어버린 것이다. 차라투스트라는 이렇게 생각한다.[24]

그리스도교의 '천천히 죽는' 죽음은, 지상에서의 삶을 견뎌내야 할 인고의 대상으로 삼는 자들을 전제한다. 인내하고 감내하면 그에 대한 보상으로서 의미있는 삶이 사후에 진행된다고 믿는 자들을. 이에 차라투스트라는 성숙한 자기부정을 대안으로 제시한다. 제때 죽는 죽음은 '삶을 위해서' 삶을 부정한다. 그 부정에 의해 삶은 결코 해를 입지 않는다. 그러니 삶에 대한 비방도 삶에 대한 불경도 아니다. 이런 성숙한 자기부정을 차라투스트라는 다음처럼 묘사한다. "더 이상 긍정의 말을 할 때가 아닐 때, 신성한 부정의 말을 하는 자는 죽음에 대해서도 자유로우며 죽음을 맞이해서도 자유롭다. 그런 자는 이렇듯 죽음과 삶을 받아들인다. 벗들이여, 그대들의 죽음이 인간과 이 대지에 대한 모독이 되지 않기를 바란다."(→6)

8) 차라투스트라의 상황

차라투스트라는 자신의 가르침을 자신에게도 적용시킨다. "벗들이여. 나의 목표를 상속할 자가 되도록 하라 [...] 나는 그대들이 황금빛 공을 던지는 것을 보고 싶다. 그래서 나는 이 땅 위에 조금 더 머물고자 한다. 나를 용서하라!' 즉, 이성적 자살이 위버멘쉬라는 '목표' 때문에 수행되고, 또 그 목표를 이어갈 '상속자'를 위한 것이기도 하기에, 차라투스트라 역시 그렇게 살다가 그렇게 죽기를 원하고 있다. 하지만 아직은 죽기를 결단할 적절한 때가 아니다. 그가 아직도 상속자를 찾지 못하고 있기 때문이다. 스스로의 힘과 의지로 자신들의 위버멘쉬적 삶('황금빛 공을 던지는')을 수행하는 사람이 나오고, 차라투스트라가 위버멘쉬의 길을 더 이상 걷지 못하게 되면, 그도 "생명의 성전에 더 이상 말라빠진 화환을 걸어놓지 않을 것"이라고 외치게 될 것이다. 그 때까지 그는 계속해서 '제때 사는 삶'을 살아가야 한다.

5. 존엄사와 이성적 죽음

『차라투스트라는 이렇게 말했다』에서 전개된 이성적 자살론은『우상의 황혼』에서 현대의 생명의료 윤리의 쟁점 중의 하나인 의사조력자살 (physician assisted suicide) 및 존엄사(euthanasia)의 문제와 연결되는 구도로 확대된다. '의사들을 위한 도덕'이라는 소제목을 갖고 있는 이 글은 이성적 죽음을 권장할 만한 존엄사 유형으로 비명시적으로 전제하고 있으며, 이 전제를 토대로 존엄사를 수행하거나 돕는 일을 의사들의 도덕적 의무로 제시한다.

의사들을 위한 도덕 ─ 삶의 의미와 살 권리가 상실되어버린 후에 의사들과 의사들의 처방에 의존하여 계속 근근이 살아가는 것은 사회에서는 심한 경멸을 받아 마땅하다. 의사들은 나름대로 그런 경멸을 전달하는 자여야만 한다. 처방전이 아니라, 매일매일 새로운 구역질을 한 웅큼씩 자기들의 환자에게 전달해야 한다.... 삶의 관심이, 상승하는 삶이 갖고 있는 최고의 관심이, 퇴화하는 삶을 무자비하게 억압하고 밀쳐내도록 요구하는 경우들을 위해서 ─ 이를테면 생식권리, 태어날 권리, 살 권리...등을 위해서 의사들의 새로운 책임을 창출하는 것...... 더 이상은 당당하게 살 수 없을 경우에 당당하게 죽는 것, 자발적으로 선택한 죽음, 제때에 자식들과 다른 이들이 지켜보는 가운데 명료한 의식상태에서 기뻐하며 죽는 것 : 그래서 작별을 고하는 자가 아직 살아 있는 동안 진짜로 작별을 고하는 것이 가능한 죽음. 또한 자신이 성취한 것과 원했던 것에 대한 진정한 평가와 삶에 대한 총결산이 가능한 죽음 (…) 삶에 대한 사랑에서 사람들은 우연적이거나 돌연적인 죽음이 아니라 자유로우면서도 의식적

인 죽음을 원해야 한다. (…) 사회, 아니 삶 자체가 그렇게 해서 더 많은 이득을 얻는 것이다.[25]

이것은 존엄사 옹호론이다. 하지만 현대 생명의료윤리에서 검토되는 존엄사의 조건과는 다른 조건을 제시한다. 아름답고 존엄하고 행복하고 품위있는 죽음으로서의 존엄사는 죽음을 맞이하는 사람의 최선의 상태를 위해 그 사람의 죽음을 의도적으로 야기하는 것이다. 현대의 생명의료윤리는 존엄사 허용여부를 논할 수 있는 최소한의 조건을 한 개인의 회복불가능한 신체적 질환과 극도의 고통으로 상정하고 있다. 이런 현대적 조건과는 달리 니체가 전제하는 존엄사의 조건은 오로지 앞서 제시한 이성적 죽음의 경우다. 이성적 죽음이야말로 합리적이면서도 도덕적 정당화가 가능한 존엄사의 조건이며, 이것은 자의적 존엄사(voluntary euthanasia)의 한 경우다. 오로지 이 경우에만 니체는 공리주의 존엄사 옹호 논거와 의무론적 옹호 논거를 모두 선취하는 방식으로 동원해 정당화한다.

먼저 의무론적 옹호론으로 이해될 수 있는 부분은 인간의 권리와 관계된 언명이다. 인용문에서 니체는 인간답게 살 권리가 상실된 상태, 의미있는 삶을 구성하기가 더 이상 불가능한 상태에 있는 개인은 자신의 죽음을 의도적으로 야기할 권리가 있다고 한다. 인간 권리의 본질적 특징은 그 권리를 '포기할 권리'도 있다는 것이다. '더 이상은 당당하게 살 수 없을 경우에 당당하게 죽는 것', 즉 생명권을 포기할 권리 역시 인간의 권리다. 따라서 자신의 생명을 스스로 포기하는 자살은 인간의 권리이고, 대리인에게 자신의 생명을 끊어주는 행위를 요청할 수 있는 것 또한 인간의 권리에 속한다. 공리주의적 존엄사 옹호론으로 이해할 수 있는 부분은, 개인의 죽음이 관련된 모든 이의 관심과 욕구의 충족도를 고려해서 최선의 결과를 가져오는 경우에 대한 언급이다. 차라투스트라의 변론이 제시해놓았듯, 이성적 죽음이 충족시켜야 할 조건에는 개인적 효용성과 사회적 효용성의 충족도 포함되어있다. 그래서 자의적 존엄사 역시 한 개인의 죽음이 그 자신에게나 사회 전체에 효용성이 있을 경우에는 정당화된다.

그렇기에 의사조력자살을 수행하는 것을 의사들의 의무로 제시할 수도 있는 것이다. 즉 한 개인이 자율적 판단에 의해 죽음을 결단하고 그것이 이성적 죽음의 형태라는 것이 분명할 때, 그리고 그 결단을 실행하는데 의료적 도움이 필요할 때, 의료인은 그의 결단을 존중해 그를 도와야 할 도덕적 의무를 갖는다. 의료인은 히포크라테스 선서의 악행금지 원칙 때문에, 환자의 자율성을 존중하라는 또 다른 원칙을 따라야 하는 도덕적 의무를 게을리해서는 안 된다. 이때 그들은 생명유지나 연장을 의료행위의 목적으로 삼을 필요가 없다. 오히려 생명권리 포기의 형태로 요구되는 인간 권리의 주장을 존중해야 한다. 니체는 의료인에게 이런 도덕이 필요함을 지적하는 것을 넘어 삶의 의미와 살 권리가 상실되어버린 환자들에게 '경멸'과 '구역질'을 한 웅큼씩 선사해야 한다는 강력한 권유마저 서슴치 않는다. 이 권유는 비인간적인 너무나 비인간적인 권유처럼 들리지만, 니체가 요청하는 죽음의 형태가 이성적 죽음임을 고려한다면, 인간적인 너무나 인간적인 죽음에 대한 권유라고도 할 수 있다.

이성적 죽음으로서의 존엄사 상황(여기서는 적극적 존엄사나 소극적 존엄사라는 행위 차원의 존엄사 구분은 이미 무의미하다). 이 상황에 대한 옹호는 앞서의 차라투스트라의 글에서와 마찬가지로, 자신의 삶을 스스로 판단하고 판결할 권리가 개인에게 있다는 점에 대한 또 한 번의 옹호다. 삶은 전적으로 삶을 영위했던 개인의 책임이기 때문이다. 또한 그런 상황에서의 이성적 죽음이야말로 한 개인이 자신의 삶 전체와 화해할 수 있는 소중한 기회가 된다는 점에 대한 강조다. 자신의 의식상태를 명료하게 유지하면서 자신의 모든 것을 재검토할 수 있는 기회, 자신이 완전히 마무리하지 못한 일을 끝맺고, 자신의 인간 관계도 의식적으로 정리할 수 있는 기회, 최후의 시간에 개인이 자신의 죽음을 살아서 맞이할 수 있는 기회인 것이다. 이런 기회를 통해서 인용문에서처럼, '작별을 고하는 자가 아직 살아있는 동안 진짜로 작별을 고하는 것'이 가능해지고, '자신이 성취했던 것과 원했던 것에 대한 진정한 평가와 삶에 대한 총결산이 가능'해진다. 이런 죽음에서 개인은 자신의 최후의 시간들도 의미있는 시간으로 만들 수 있다. 소크라테스가 독배를 들었던 그의 죽음의 시간이 그러했듯이.

6. 고통과 그리스도교 죽음관

니체가 제시하는 이성적 죽음은 구원을 열망하고 불멸에 대한 믿음을 전제하는 죽음과는 다르다. 니체는 구원과 불멸에 관한 사유체계의 종합판으로 그리스도교 죽음관에서 찾는다.

1) 고통이 필연인 이유

현실의 삶은 고통의 연속이다. 고통은 우리가 살아있는 한 결코 피할 수 없는 삶의 필연적 계기다. 그 이유는 여러 가지다. 먼저 생명체인 한에서 우리는 생로병사의 법칙에서 자유로울 수 없으며, 태어남과 늙어감과 병듦과 죽음이라는 계기 모두에서 육체적 고통과 정신적 고통은 늘 발생한다. 이것이 생명체를 지배하는 자연의 섭리며 우리 인간도 거기서 예외가 아니다. 또한 살아가면서 부딪치는 이러 저러한 의도치 않은 사건들 때문에도 우리는 고통을 받는다. 그 불가피성은 우리가 관계 세계 속에서 살아간다는 점에서 기인한다. 이 세계에서 일어나는 일들을 완벽하게 내 의도나 통제하에 둔다는 것은 결코 있을 수 없는 것이다. 하지만 고통이 삶의 필연적 계기인 결정적인 이유는 따로 있다. 우리가 힘에의 의지의 주체이기 때문이다. 고통은 바로 그 의지의 본성 때문에 발생한다. ① 의지가 '항상' 상승적 삶을 추구하기에, 의지는 결코 만족하지 못한다. 만족을 한다면 더 이상의 추구는 없고, 추구하지 않는 의지는 힘에의 의지가 아니다. 그래서 의지가 힘에의 의지인 한, 의지는 늘 불만족 상태에 놓이게 된다. 그 불만족 상태가 의지가 느끼는 불쾌감인 고통이다. ② 또한 의지의 상승운동에서도 고통은 발생한다. 현상태를 넘어서려는 움직임이기에 자기파괴의 고통을, 새로운 모습을 창조해내려는 움직임이기에 자기창조의 고통을 동반하는 것이다. 이렇듯 힘에의 의지 자체가 고통받는 의지이자 고통을 주는 의지이기에, 힘에의 의지가 활동을 멈추지 않는 한 고통은 사라지지 않는다. 하지만 이 몇 중의 고통이야말로 우리가 건강하게 살아있다는 증거다. 우리는 건강하게 살아있기에 고통받으며, 고통을 받기에 성장하고 발전하는 건강한 모습을 유지한다. 이렇듯 고통은 삶의 필연적 계기여서, 피할 수도 없거니와 피할 필요도 없다.

2) 그리스도교 죽음관

그런데 '구원과 불멸에 대한 열망'은 고통을 삶의 필연으로 인정하지 않는다. 오히려 피할 수만 있으면 피하고 싶어한다. 하지만 여의치 않으니 구원과 불멸이라는 기제를 통해 정당화하려 한다. 그래야 고통의 의미를 확보해서 고통스러운 삶을 '인내'하면서 살아낼 수 있기 있기 때문이다. 이런 모습은 니체에게는 죽음을 통해 삶을 벗어나려는 것이나 다름없다. 니체가 그리스도교 죽음관을 "삶 전체를 메스껍게 만드는 독"이라고 신랄하게 비난하는 것은 구원과 불멸에 대한 열망을 부추기기 때문이다.

물론 그리스도교 죽음관을 하나로 단정짓는 것은 어렵다. 하지만 죽은 자의 부활이 죽은 자의 육체적 소생이나 육체에서 분리된 영혼만의 재생이 아니라 새롭고도 완전한 생명으로의 부활을 의미하고, 자연적으로 이루어진 생명인 불완전한 생명이 아니라 전혀 새로운 형태의 생명이자 완전한 참생명의 획득을 의미한다는 입장이든(가톨릭), 죽은 후에 육체와 분리되어 그리스도와 함께 있는 영혼이 그리스도 재림시에 부활하는 육체와 재결합을 한다든지 혹은 우리가 죽자마자 그리스도 곁에서 새로운 육체, 즉 우리의 이전 육체와 유사한 영체를 부여받는다는 입장이든(장로교, 칼뱅교), 죽음 이후에도 인간 영혼은 계속 살아 육체의 부활 이후에 완전한 부활이 이루어진다는 입장이든(루터교) 간에, 그리스도교 죽음관의 기본 입장은 죽음 이후의 불멸성과 구원론에 입각하고 있다.

이런 입장들은 그리스도교가 종교적으로 쇠락한 시기에는 '이 세계보다는 저쪽 초월 세계에 우선권을 두는 그리스도교적 삶의 처신'으로 이해되었고, 초월 세계에 대한 이기적이고도 개인주의적인 구원관과 죽음관으로 표출되었다. 즉 지상 세계는 눈물의 골짜기이자 천국에 들어가기 위한 대기실로, 삶의 고통스러운 측면들은 신의 뜻이나 죄의 보속으로, 죽음은 죽음 이후의 판결에 대한 것이자 영원한 생명을 위한 것으로 이해된 것이다. 이런 류의 그리스도교적 삶의 처신과 죽음에 대한 이해는 죽음에 대한 강박관념과 공포가 삶의 중심으로, 에로스의 중심으로, 의식의 중심으로 들어온 대표적 예라고 할 수 있다. 니체에게 이것은 지상에서의 건강한 삶, 위버멘쉬적 삶을 포기시키는 것이나 다름없다. 물론 인간의 불멸이나 영생이라는 관념 자체가 인간을 신체적 존재로 규정하는 니체에게는 이미 거짓이다. 또한 현실 삶을 고통의 원인으로 상정하고 고통으로부터 구원받기를 원하는 것은 고통을 그 자체로 긍정하지 못하는 무능력의 소산일 뿐이다.

이런 이유들이 니체를 그리스도교 죽음관에 대해 '삶 자체를 메스껍게 만드는 독'으로 선언하게 만든 것이다. 여기에 니체는 짤막한 논평 하나를 추가한다. "죽어가는 자들을 다루는 그리스도교 죽음의 코미디를 보라. 죽어가는 자의 약점을 이용해 양심이 고통받게 한다. 죽는 방법을 인간과 인간의 과거에 대한 가치판단으로 악용한다."[26] 죽어가는 사람의 자기판결의 권리를 빼앗는다는 것이다. 그러니 그리스도교 죽음관은 인간의 권리에 대한 옹호일 수도 없다.

7. 이성적 죽음관과 존엄사 옹호론의 메시지

니체의 이성적 죽음관 및 존엄사 옹호론은 그 스스로도 인정하고 있듯이 분명 급진적이고 격렬하며 비도덕적으로 들릴 만한 부분을 갖고 있다. 하지만 이런 죽음관 속에 니체가 삶을 건강하게 만드는 메시지를 담았다는 것도 확실하다. 그 메시지는 다음처럼 요약할 수 있다.

① 죽음에 대한 관심은 곧 삶에 대한 관심이다. 죽음에 대해 숙고하는

것은 우리 의식의 변화를 일으키기 위한 것이며, 이것은 다시 삶의 변화를 위한 것이다. 우리는 죽음을 도둑처럼 찾아오는 유쾌하지 않은 악마가 아니라, 삶에 대한 가혹한 반성의 기회로 의식적·의지적으로 선취해야 한다. ② 삶은 본래의 신성한 목적을 지니고 있으며, 우리는 이런 목표를 가진 삶을 살아야 한다. ③ 다시 돌아온다고 해도 긍정할 만한 그런 삶을 구성하고 창조해가는 주체가 되어야 한다. ④ 자신의 죽음을 다루는 방식은 곧 한 인간의 이성성의 표시이자 동시에 의지력의 표시일 수 있다. 죽음이 성숙한 인간이 행사하는 이성적 자기부정의 의지적 표현일 때, 죽음은 삶을 완성하는 계기가 된다. ⑤ 매 순간 죽음을 준비하여 죽음에 실제로 임했을 때 비탄이나 회환에 빠지지 않도록 삶을 구성해야 한다. 그래야 '당당하게 살 수 없는 경우 당당하게 죽을' 수 있는 것이다. 이런 죽음에서 ⑥ 한 개인이 자신의 삶 전체와 화해할 수 있는 소중한 기회도 제공된다. 아직 살아있는 동안 자신의 모든 것을 재검토하고 마무리짓지 못한 일을 끝맺고, 모든 것을 의식적으로 정리할 수 있는 기회 말이다. 그래야 진짜 이별도, 진정한 평가와 삶에 대한 총결산도, 자신의 최후의 시간들도 의미 있게 만들 수 있다. ⑦ 우리 자신을 변화시킴으로써 우리 주위의 세계가 변하며, 그리하여 단계적으로 인간의 미래 전체가 바뀌게 된다.

이렇게 죽음이 주는 삶을 위한 메시지들 때문에 니체는 자신의 죽음관이 새로운 도덕의 내용이 될 수 있으리라 여겼던 것 같다.

죽음을 현명하게 생각하는 것, 그리고 죽음에 현명하게 대응하는 것은 지금은 도무지 이해할 수 없고 아마도 비도덕적으로 들리는 미래의 도덕에 속할 것이다.[27]

1) "아직 증명되지 않은 미래의 조산아인 우리. 우리는 하나의 새로운 목적을 위해 하나
의 새로운 수단을 필요로 한다. 말하자면 새로운 건강을, 이전의 어떤 건강보다도
더 강하고 더 능란하고 더 질기고 더 대담하며 더 유쾌한 건강을 필요로 한다 (…)
즉 위대한 건강을 ―이것은 사람들이 보유하는 것만이 아니다. 끊임없이 획득하고
또 획득해야만 하는 것이다." 『이 사람을 보라』 〈나는 왜 이렇게 좋은 책들을 쓰는지―
차라투스트라는 이렇게 말했다〉 2: KGW VI 3, 335~336.

2) 『유고』 KGW VII 3 34[74], 163.

3) 『차라투스트라는 이렇게 말했다』 〈머리말〉 7: KGW VI 1, 17.

4) 『차라투스트라는 이렇게 말했다』 〈머리말〉 4: KGW VI 1, 10.

5) 『차라투스트라는 이렇게 말했다』 전체가 위버멘쉬가 갖추어야 할 속성들의 목록이라
고 할 수 있을 정도다.

6) 『즐거운 학문』 341: KGW V 2, 250.

7) 『유고』 KGW VIII 2 11[413], 433.

8) 『유고』 KGW VIII 1 2[172], 151.

9) 『차라투스트라는 이렇게 말했다』 2부 〈자기극복에 대하여〉: KGW VI 1, 145.

10) 『유고』 KGW VIII 3 14[93], 63.

11) 『유고』: KGW VII 3 38[12], 339.

12) 『차라투스트라는 이렇게 말했다』 1부 〈신체를 경멸하는 자들에 대하여〉 : KGW VI
1, 35.

13) 이하 『차라투스트라는 이렇게 말했다』에서 인용한 글은 모두 『차라투스트라는 이렇
게 말했다』 1부 〈자유로운 죽음에 대하여〉: KGW VI 1, 89~92의 것이다.

14) 횔덜린의 〈엠페도클레스의 죽음〉(1525-1533)에서 영감을 받은 구절이다. 니체는 젊은
시절부터 횔덜린을 즐겨 읽었다. '제때 죽도록 하라!'는 니체의 편지글에도 나온다.
그는 바그너의 죽음에 대해 전해 들은 후, '제때 죽는 것은 어려운 일'이라고 적었다.
1883년 2월 21일 Meysenbug에게 보낸 편지(『서간문』 KSB 6, 335)

15) 잉여인간은 정신적 천민성과 노예성을 지닌 무리 대중에 대한 니체의 표현이다.

16) "죽음이라는 확실성과 공통성이 인간에 대해 거의 아무것도 해줄 일이 없다는 것,
그리고 인간으로 하여금 자신이 죽음의 친구라고 느끼게 하는 것으로부터 가장 멀리
있다는 것. 이 얼마나 진기한 일인가?" 『즐거운 학문』 278: KGW V 2, 203.

17) M. de Unamuno(1962), 60.

18) 호메로스는 운명의 여신 모이라(Moira)를 단수로 사용하지만, 헤시오도스 이후에는
3명의 여신으로 등장한다. 인간 운명의 실을 잣는 클로토, 인간 운명의 실을 나누어주
는 라케시스, 인간 운명의 실을 끊는 아트로포스.

19) 『인간적인 너무나 인간적인』 II 〈방랑자와 그의 그림자』: KGW IV 3, 270 이하.

20) 아리스토텔레스 『니코마코스 윤리학』 5권 10장, 토마스 아퀴나스 『신학대전』 II 부,

II 편, 64문 조목 5.

21) 니체는 예수에게서 늘 신성보다는 인성에 초점을 맞춘다. 그래서 '사람(Mensch)'이라고 부르곤 한다.

22) 니체는 예수를 복음의 전달자로, 교회를 예수의 복음을 화음으로 변질시킨 존재로 이해한다. 『차라투스트라는 이렇게 말했다』 2부 〈사제들에 대하여〉에서 제시된 그 내용의 결정판은 『안티크리스트』다.

23) 니체가 읽고서 많은 것을 기록해 놓은 렉키의 책에는 "예수가 웃는 것을 본 사람은 아무도 없다. 오히려 우는 것만을 보았다"라는 말이 들어있다. W. E. Lecky(1873), Bd 1, 주석 1, 183.

24) 이 생각은 『안티크리스트』로 그대로 이어져, 예수 그리스도와 그리스도교 교회를 완전히 분리시켜버린다.

25) 『우상의 황혼』, 〈어느 반시대적 인간의 편력〉36: KGW VI 3, 128~130.

26) 『우상의 황혼』, 〈어느 반시대적 인간의 편력〉36: KGW VI 3, 129.

27) 『반시대적 고찰』, 〈방랑자와 그의 그림자〉: KGW IV 3, 271.

라깡의 강박증 임상과
헤겔의 주인 - 노예의 변증법[*]
『에크리』와『세미나 17권: 정신분석의 이면』에 나타난
죽음 및 지배와 종속 개념을 중심으로

홍준기

1. 서론: 라깡은 헤겔주의자인가

라깡은 헤겔주의자인가? 이 질문에는 세 가지 대답이 있을 수 있을 것이다. 첫째, 라깡은 헤겔주의자가 아니라는 것, 둘째, 라깡은 헤겔주의자라는 것, 셋째, 라깡은 어떤 점에서는 헤겔주의자이지만 어떤 점에서는 아니라는 것. 물론 필자는 세 번째 입장의 편을 들 것이다. 왜냐하면 라깡 자신이 이 문제에 대해 세 번째 입장을 취하고 있다는 것이 분명해보이기 때문이다. 라깡이 헤겔의 주인-노예 변증법에 대해 가장 많이 이야기하는 곳은 『에크리』의 「주체의 전복과 욕망의 변증법」, 그리고 『세미나 17권: 정신분석의 이면』이다. 「주체의 전복과 욕망의 변증법」에서 라깡은 헤겔 철학에 대한 자신의 입장을 추측케 하는 다음과 같은 말을 한다.

"기표의 순수한 주체의 선결적(préalable) 장소로서 대타자는 여기에서

주인(maîtresse)의 위치를 차지한다. **헤겔과 더불어, 그리고 헤겔에 반대해 그의 용어[절대적 주인]를 사용한다면** 심지어 [대타자가] 절대적 주인 (maître absolue)으로 존재하기 전에도 말이다."[1]

우리가 보통 라깡의 작업을 프로이트와 더불어, 프로이트에 반대해 그를 읽는 작업으로 표현한다는 것을 염두에 둔다면, 헤겔과 더불어, 헤겔에 반대해 헤겔의 용어를 사용한다는 라깡의 말 역시 아주 강한 의미로 받아들일 수 있지 않을까 한다.

라깡이 자신의 네 가지 담화이론, 그리고 사회, 정치사상을 광범위하게 설명한 매우 흥미로운 세미나인 『세미나 17권: 정신분석의 이면』에서 헤겔은 심지어 프로이트, 맑스와 더불어 가장 중요한 세 명의 참조자 중 하나로 등장한다.

하지만 여기에서도 헤겔에 대한 라깡의 입장은 일의적이지 않다. 라깡에게 헤겔 철학, 혹은 주인과 노예의 변증법은 "절대적 지식(절대지)에서 정점에 달하는…주인(지배자) 담화"[2], 혹은 (과거의 지배 담화였던) 주인 담화를 대체한 새로운 형태의 지배 담화인 '대학 담화'이다.[3] 우리가 잘 알고 있듯이 라깡은 헤겔을 또한 "가장 숭고한 히스테리 환자(le plus sublime des hystériques)"[4]로 간주한다. 어떻게 본다면 이러한 평가는 양립할 수 없는 것 아닌가? 히스테리 환자는 주인의 절대적 권력 혹은 폐쇄된 지식(혹은 절대적 지식)에 구멍을 내고 주인의 완전성에 흠집과 결여를 도입하는 주체이기 때문이다. 하지만 헤겔에 대한 라깡의 이러한 다양한 평가는 라깡 자신의 비일관성이라기보다는 헤겔 철학 자체가 갖고 있는 내적 다양성에서 유래하는 것이라고 말하는 것이 타당할 것이다.

라깡에게 헤겔 철학이 가장 숭고한 히스테리자의 담화인 것은 헤겔의 '철학적 방법론' 때문이다. 라깡이 격찬하고 있듯이『정신현상학』은 정신이 어느 순간에 어떤 특정한 입장을 취하지만 곧 그러한 입장이 갖고 있는 '모순'을 발견하고, 이를 통해 진리를 깨달아 다른 어떤 입장으로 나아가는 정신의 끊임없는 자기도야과정을 서술한다.

『정신현상학』으로부터 예를 들어보자.[5] 감각적 확신만을 신뢰하는 정신은 지금 경험하고 있는 개별적 사물만이 존재한다고 확신하지만, 보편성에 대한 인식 없이는 개별자에 대한 감각적 확신도 존재하지 않는다는 것을 깨닫게 된다. 쉽게 말하면, 개별자로서의 책상을 감각하기 위해서는 '동시에' 책상의 개념, 즉 보편자를 '이미' 알고 있어야 개별적 책상을 감각할 수 있다. 다른 예를 들어보자. 감각적 확신에 근거해 개별자만 존재한다고 믿는 어떤 사람이 '지금은 밤이다'라고 말했다고 하자. 하지만 시간이 지나면 '지금은 밤이 아니라 낮이 된다.' '지금은 밤이다'라고 주장하는 사람은 언젠가 '지금은 밤이 아니다'라는, 앞의 주장의 부정을 반드시 경험할 것이며, '지금은 낮이다'라는 다른 명제를 발화할 것이다. 헤겔에 따르면 개별자 혹은 감각적 확신만을 믿는 사람도 자기도 모르는 사이에 '지금'이라는 보편자를 말하게 된다는 것이다. '이것'이라는 표현도 마찬가지다. 우리는 '이것은 나무다', '이것은 책상이다'라고 개별자를 지칭하지만 사실이 과정에서 우리는 '무의식적으로' 어떤 보편자를 전제하고 있다.

"우리는 감각적인 것을 보편자(ein Allgemeines)로서 언표한다. 우리가 말하는 것은 **이것**, 즉 **보편적인 이것**[이다], 혹은 **그것이 있다**는 것이다. 즉 **존재 일반**이다. 물론 이때[감각적인 것을 언표할 때] 우리는 보편적 이것 혹은 존재 일반을 머리에 떠올리지 않는다. 그러나 우리는 보편자를 언표한다. 혹은 우리는 이 감각적 확신 속에서 뜻하는 것을 똑같이 말로 표현하지 못한다. 그러나 우리가 보고 있듯이 언어는 진리에 더 가까운 것이다. 그러므로 그것[언어] 속에서 우리는 [우리가 표면적으로 제시하는] 견해를 직접적으로 부인한다. 그리고 보편자는 감각적 확신의 진리이고 언어는 단지 이 진리만을 표현하므로, 우리는 우리가 **말하고자 하는** 감각적 존재를 말하는 것은 불가능하다."[6]

헤겔 철학과 라깡 정신분석이 결합될 수 있는 것은 바로 헤겔 철학이 갖고 있는 이러한 '방법론' 때문인 것이다. 위 인용문에서 헤겔이 말하고 있듯이 주체는 "말(언어)"을 통해 "자신도 모르는 사이에(무의식적으로)" 자신의 과거의 입장을 부정함으로써, 즉 "모순적인" 내용의 말을 함으로써 "진리"를 드러낸다. 라깡은 일찍이 『세미나 1권』에서 '헤겔적 문체로' 라깡은 이렇게 말한 바 있다.

"그러므로 프로이트의 발견을 통해서 우리는 담화에서 주체를 뚫고 표출되는, 그리고 심지어 **주체[의 의도]에 반하여** 표출되는 말을 들을 수 있다. …… 주체가 발하는 말(parole)은 그가 알지 못하지만 말하는 주체의 한계를 넘어간다. 물론 말하는 주체의 한계 내에 머물러 있으면서 말이다. …… 우리가 말의 구조와 작용으로 인식했던[간주했던] 것을 통해 주체는 그의 오류의 담화를 통해, 그가 표현하는 모든 것보다 **더 진실한[더 진리적인]** 의미를 발한다."[7]

이러한 맥락에서 라깡은 "진리는 오류로부터 출현한다"[8]라 말하는데, 라깡의 다음 인용문도 헤겔과 관련시킬 때 더 잘 이해될 수 있을 것이다.

"오류는, 어떤 주어진 순간에 그것[오류]이 모순으로 귀결된다는 점에서 자신을 드러낸다. 만일 내가 장미는 일반적으로 물속에서 사는 식물이라고 말함으로써 시작했지만, 그리고 나서 내가 하루 종일 물속에 머물러 있을 수 없다는 것도 다른 한편으로 분명하므로 내가 장미와 같은 장소에 머물러 있었다면, 나의 담화 속에서 **모순**이 드러나 이 모순이 나의 오류를 증명한다. 달리 말하면 담화에서 **모순**은 **진리와 오류 사이**에서 출발한다."[9]

하지만 여기에서 **보다 근본적인 질문**을 제기해야 한다. 라깡에 따르면 진리는 모순 때문에 생겨난다. 하지만 이렇게 생겨난 진리는 그렇다면 전혀 모순을 포함하지 않는 진리인가 그렇지 않은가? 사실 이 문제에 대한 라깡의 입장은 분명하다. 모순이 오류를 증명한다는 라깡의 말을 결코 형식 논리학적 관점에서 이해해서는 안 된다는 것이다. 형식 논리학에 따르면 모순적인 것, 즉 모순율을 위반하는 명제($A=\sim A$)는 항상 거짓(오류)이다. 그러므로 라깡에 따르면 과거의 오류를 대신해 새로이 진리로 등장한 것은 전혀 오류가 없는 '순수한 참', 혹은 모순율을 전혀 위반하지 않는 '순수한' 진리라고 간단히 생각해서는 안 된다.

라깡의 이러한 헤겔적 '제스처'는 형식 논리학에 대한 비판이면서 동시에 융의 무의식 개념에 대한 비판이기도 하다. 라깡에 따르면 융(Jung)의 이론은 '무의식적' 담화가 '의식적' 담화보다 더 많은 진리를 갖고 있다는 식의 '신비적인' 무의식 개념으로 귀결된다는 것이다. 라깡은 이렇게 질문한다. "왜 여러분이 오류의 담화 배후에서 발견하는 담화는 후자(오류의 담화)와 같은 반대에 부딪치지 않는가? 그것(오류의 담화 배후에 있는 담화)도 다른 담화(오류의 담화)와 마찬가지로 [담화일 뿐]이라면, 왜 그것은 …… 오류에 빠져 있지 않은가?"[10)

여기에서 라깡은 '인간은 자신도 모르게(무의식적으로) 진리를 말하고 있다는 헤겔의 『정신현상학』의 논지를 가지고 융의 무의식 개념을 비판한다. 라깡에 따르면 융은 '원형(archetype)'을 "다른[무의식적] 담화의 실재적 [진정한] 장소"로 간주하는데, 이러한 융의 원형 이론은 정확히 앞에서 제기한 반론에 직면할 수밖에 없다는 것이다. 라깡은 융을 이렇게 비판한다. "인간 영혼의 지하실에서 영원히 거주하고 있는 실체화된 상징들인 원형들은 소위 표면에 있는 것보다 더 진리인가?"[11) 여기에서 프로이트적 의미의 무의식 개념은 융의 '신비적인 무의식 개념'과는 완전히 달라지며 오히려 헤겔 철학에 접근한다. 자신도 모르게 하고 있는 말, 즉 무의식적 담화가 의식적 담화에 비해 특별하게 더 진리인 것은 아니다. 무의식적 담화 역시 모순으로부터 자유롭지 못하며, 그러한 한에서 무의식적 담화 역시 오류라는 것이다.

앞에서 인용했듯이 라깡은 "담화에서 모순은 진리와 오류 사이에서 출발한다"고 말했는데, 우리는 이 말을 다음과 같이 '헤겔적으로' 이해할 수 있을 것이다. 진리와 오류는 항상 섞여 있고, 모순이란 이렇듯 진리와 오류가 공존한다는 사실에 있으며, 따라서 여기에서 라깡이 말하는 진리란 진리와 오류의 공존, 즉 모순 그 자체이다.

필자가 아는 한 라깡은 헤겔의 『대논리학』에 등장하는 모순 개념에 대해 상세히 논평한 적이 없고, 모순 개념에 대한 체계적인 이론을 발전시킨

바 없다. 따라서 논리학 혹은 논리학의 근본전제로서의 헤겔 형이상학과 관련해 라깡과 헤겔의 관계에 대한 논의는 심지어 라깡주의자들 사이에서도 서로 상이한 결론을 낳았다. 즉 라깡주의자이면서도 반(反)헤겔주의자도 존재하며, 라깡에 대해 설명할 때 헤겔을 종종 인용하는 '헤겔주의적 라깡주의자'라고 할지라도 라깡과 더불어 헤겔을 받아들이는 이유는 논자마다 달라지곤 한다. 단지 라깡이 『정신현상학』 대한 코제브의 해석을 받아들였기 때문에 그러한 한에서만 헤겔에 관심을 갖는 라깡주의자가 있을 수 있고 『대논리학』의 헤겔에 대해서는 무관심할 수 있다. 필자가 라깡과 헤겔의 관계에 대해서 관심을 갖는 이유는 라깡 정신분석을 보다 명확하게 이해하기 위해서는 헤겔 철학, 특히 모순 개념을 포함해 헤겔 논리학에 대한 이해가 필요하다고 생각하기 때문이다. 뿐만 아니라 라깡과 관련된 현대 철학에서의 논쟁은 정신분석적 욕망 이론의 의미와 본질에 대한 논쟁이기도 하지만, 이와 동시에 그것은 헤겔과 스피노자의 형이상학과 논리학에 대한 논쟁으로 소급된다.

지금까지 언급한 것만 가지고는 라깡과 헤겔의 유사점과 차이점이 무엇인지 명확하게 드러나지 않는다. 라깡과 헤겔 이론을 정확히 비교하기 위해서는 『정신현상학』뿐만 아니라, 『논리학』이 말하는 모순 개념과 절대지식, 그리고 이에 대한 라깡의 평가를 정확히 검토해야 할 것이다.[12] 하지만 한 가지 분명한 것은 앞에서 언급했듯이 '적어도 표면적으로는' 라깡이 헤겔 철학은 '절대 지식', 즉 '상상적 통일성'을 강요하는 폐쇄된 체계를 구축하려는 철학, 혹은 '지배 담화'로서의 철학이라고 말하고 있다는 것은 분명하다.

여기에서의 우리의 관심사는 주인과 노예의 변증법의 내용과 그것이 헤겔『정신현상학』에서 갖는 의미, 그리고 이 변증법에 대한 라깡이 해석이다. 이에 대해 살펴보자.

2. 자기의식과 욕망

헤겔의 『정신현상학』에서 주인과 노예의 변증법은 자기의식(Selbstbewuβ tsein)의 문제를 다루는 부분에서 등장한다. 주인과 노예의 변증법을 다루기 전에 먼저 이 변증법이 등장하는 단계인 자기의식에 대해 살펴보자.

"자기의식"이란 문자적으로만 본다면 "자기 자신"만을 대상으로 의식하고 있는 의식의 형태, 즉 "타자"가 아니라 오직 "자기 자신에 대한 지식의 형태"[13]라고 할 할 수 있을 것이다. 하지만 근대주체 철학의 폐쇄된 자기의식 개념을 넘어서고자 노력했던 헤겔은 "자아는 다만 자아일 뿐이다"[14]라는 식의 무미건조한 동어반복"[15]으로서의 자기의식 개념을 넘어서고자 한다. 즉 헤겔에 따르면 "단지 자기 자신으로서의 자신만을 자신으로부터 구별하는 ……" 자기의식, 달리 말하면 오직 자기 자신만을 대상으로 삼는 자기의식, 혹은 "차이로서의 타자성이 직접적으로 지양된…" 자기의식은 결코 "자기의식이 아니다."

의식이 자기의식이 되려면 자기 자신이외에도 "존재로서의 타자 혹은 구분된 계기로서의 타자가" 반드시 "존재해야 한다." 이러한 (자기의식과) 구분된 계기로서의 타자라는 계기와 더불어 또한 **두 번째 계기**, 즉 "구분[타자]과 자기 자신[자기의식]의 통일성"이라는 계기가 있어야 한다. 첫 번째 계기만 존재한다면 아직 자기의식이 아니라 감각적 세계를 마주보고 있는 **의식**만이 존재하는 것이며, 두 번째 계기가 존재할 때야 비로소 의식은 진정한 **자기의식**이 될 수 있다.[16]

어떤 논의 과정을 거쳐 헤겔은 자기의식 개념에 도달하는가? 감각적 확실성 혹은 지각의 대상, 즉 물리적 사물은 자기의식의 활동성을 제약하는 "부정적 성격"[17]을 갖는데, 이러한 대상이 자기의식과 통일성을 이룰 때 진정한 자기의식이 성립한다고 헤겔은 말한다. 즉 대상이 의식에 대해 갖는 부정성 혹은 대립이 지양될 때 진정한 자기의식의 운동이 등장한다는 것인데 과연 이것이 어떻게 가능한가?

바로 여기에서 헤겔은 욕망(Begierde)[18]이라는 개념을 도입한다. 헤겔은 이 욕망 개념을 통해 물리적 대상과 (자기)의식의 통일성이 확보하고자 한다. 자기의식과 그것의 타자(물리적 대상)는 서로 대립하는 것 같지만 사실은 통일성(Einheit)을 이룬다는 것이다. 헤겔은 이렇게 말한다.

> "…… 그것[자기의식]의 현상과 그것의 진리의 대립은 다음과 같은 진리, 즉 자기의식의 자기 자신과의 통일이라는 진리를 자신[자기의식]의 본질로 갖는다. 그것[통일]은 그것[자기의식]에게 본질적인 것이 되어야 한다. 즉 그것은 **욕망**이다."[19]

여기에서 헤겔이 서술하고 있듯이 자기의식은 자기의 타자와 **대립**하고 있으면서도 **동시에 통일**을 이룬다는 **진리**가 **자기의식의 본질**이며, 그러한 통일을 가능케 하는 인간의 근원적 행위 방식이 다름 아닌 **욕망**이다.

여기에서 라깡의 욕망이론의 중요한 원천 중 하나였던 코제브(Kojève)의 설명을 잠시 상기해보는 것도 흥미로울 것이다. 코제브의 헤겔 해석에 따르면 인간은 폐쇄된 자기 침잠을 통해서가 아니라 무엇보다도 **대상**을 통해서 "자아(자기, Moi)를 발견하게 된다. 인간은 "사유(contemplation)"하는 존재이지만 인간의 사유가 드러내는 것은 처음에는 "주체"가 아니라 "대상"이다. 무반성적 상태에 있는 인간, 즉 아직 자신에 대해 반성적으로 사유하지 않는 인간이 예를 들면 밥을 보았을 때 그것을 먹고 싶다는 욕구(욕망, désir)가 생겨나며, 바로 이러한 욕구를 통해 인간은 비로소 **나**에 대한 감정 (sentiment de soi) 혹은 감정적 인식이 생겨난다. '나는 배가 고프기 때문에 이것을 먹고 싶다'라는 형태로 말이다. 이렇듯 주체로 하여금 처음으로 자기 자신에 대해 사유할 수 있도록 해주는 것은 대상이며, 코제브는 대상에 의해 촉발된 이러한 "인식 행위"를 욕구[욕망]라고 부른다.[20]

코제브가 흥미롭게 서술하고 있듯이 인간 존재는 이렇듯 반드시 욕구[욕망]를 함축하고 전제하지만 이것만으로 끝난다면 인간 존재는 동물과 구분되지 않는다. 인간적 의미의 자기의식은 이러한 생물학적 혹은 동물적 현실을 넘어 이제 "비자연적 대상"으로 나아갈 때 생겨난다.

물론 여기에서 우리는 '인간의 욕망은 타자의 욕망이다'라는 라깡의 정식을 떠올릴 수 있다. 하지만 이 자리에서는 라깡 혹은 코제브의 욕망 개념에 대해 논의하기보다는 헤겔의 자기의식 개념에 대해 좀더 살펴보고자 한다. 헤겔은 이렇게 말한다. 자기의식의 차원에서 자연적 대상은 "……자기 자신으로 되돌아갔다 ……. 그것[대상]은 자기 자신으로의 반성(Reflexion-in-sich)을 통해 생명(Leben)이 되었다." 달리 말하면 "직접적인 욕망의 대상은 살아 있는 것(ein Lebendiges)이"라는 것이다.[21] 헤겔에 따르면 욕망으로서 등장한 이 자기의식은 이제 바로 이 '살아 있는' 대상에서 대상의 **자립성**을 경험하게 된다. 헤겔이 여기에서 자세히 설명하고 있지는 않지만 자연적 대상과 자기의식과의 관계가 어떤 방식으로 발전하며, 자기의식의 본질이 무엇인지를 통찰력 있게 설명하고 있음을 우리는 알 수 있다.

자기의식의 차원에서 대상이 살아있는 것 혹은 생명이 되는 까닭은 자연적 사물이 순수한 자연성 혹은 물성(物性)을 탈피하고 인간적 혹은 상징적 차원에서 위치하고 있기 때문이다. 순수한 자연적 상태의 사물은 파괴적인 인간 욕구(예컨대 먹기)의 대상일 뿐이지만, 상징적으로 매개된 대상, 혹은 의식에 의해 매개된 대상은 순수한 파괴의 대상이 아니라 또 대상으로서 자립성을 갖게 된다.

헤겔이 말하고 있듯이 여기에서 중요한 점은 자기의식은 이 **자립적인** 대상과 구분되면서도 그 대상과 통일을 이루며, 역으로 자기의식은 대상과 통일을 이루면서도 이 통일성 속에서 대상으로부터 분열 혹은 분화된다는 것이다.[22] 요컨대 헤겔이 말하는 **욕망**이란 자기의식으로 하여금 대상과 통일하면서도 구분되도록 하는 **변증법적 운동 그 자체**를 의미한다는 것이다.

이러한 욕망의 변증법에 대해 좀더 자세히 살펴보자. 자기 자신만을 대상으로 삼고자 하는 "순수한[단순한] 자아"[23]는 타자를 파괴함으로써만 자기 자신에 대한 확신을 얻을 수 있다. 그러나 타자를 말살함으로써만 자기 확신을 유지하고자 하는 이 '나르시시즘적 망상적' 자아가 진정한 자기만족에 도달할 수 있는가? 헤겔에 따르면 이러한 단순한 자아는 결국은 자기의 대상이 갖는 자립성을 경험하지 않을 수 없다.[24] 왜냐하면 자아의 자기 확신은 "오직 타자의 지양을 통해서만", 그리고 "이러한 지양이 있으려면[가능하려면], 타자가 존재해야 하기 때문이다."[25] 그러므로 "**자기의식은 다른 자기의식 속에서만 자신의 '만족'에 도달한다.**"[26]

자기의식은 대상이 자립적이고, 이 자립적 대상이 스스로를 부정할 때에만 만족을 누릴 수 있다. 그렇다면 이러한 대상은 어떤 대상인가? 헤겔에 따르면 자립적이면서도 스스로 자기를 부정할 수 있는 대상은 곧 의식, 더 정확히 말하면 자기의식에 다름 아니다.

> "[자신의] 부정이 절대적인 [역할을 하는] 보편적인 자립적 본성은 그 자체로서의 혹은 자기의식으로서의 유(類, Gattung)이다."[27]

여기에서 사람들은 헤겔 철학은 타자의 자립성을 인정하는 듯하지만 '결국은' 그것을 지양하고자 하는 '동일성의 철학', 즉 흔히들 말하듯이 '타자를 일자로 흡수하려는 동일성의 철학'을 주창하고 있을 뿐이라고 비판할 수도 있다. 하지만 이러한 단순한 비판은, 타자의 자립성을 유지하면서도 그것을 지양해야 하는 일은 어떤 특정한 하나의 자기의식에만 해당되는 것이 아니라 **모든 자기의식들**에 '**공통적으로**' 적용되는 일이라는 것을 간과하고 있다. 헤겔이 '하나의 자기의식이 다른 자기의식을 지양한다'고 말하지 않고, '자기의식은 자립적이면서도 스스로를 부정한다'라고 말하는 것은 바로 그러한 이유에서이다. 이렇듯 자기 자신의 부정이 절대적인 역할을 하는 자기의식은 **자립적 본성**을 갖는데, 그 이유는 **모든 다른 의식들도 똑같은 속성을 소유하고** 있기 때문이며, 그러한 한에서 자기의식은 헤겔이 말하듯이 파편화된 개별자가 아니라 "유(類, Gattung)인 것이다. 개별적 자기의식이 또한 동시에 유로서의 자기의식 속에서 이러한 변증법적 통일을 유지할 때, 즉 처절한 투쟁과 갈등, 반목 속에서 서로를 파괴하지 않고 이러한 '**불가능한 통일**'을 **달성할 수 있다면**, 우리는 헤겔이 말하는 정신

(Geist)의 경지에 도달한 것이다. 헤겔은 이렇게 말한다.

"앞으로 의식이 되어야[해야] 할 것은 정신, 절대적 실체가 되는 경험이다. 즉 대립자들의 [완전한 자유와 자립성 속에서], 달리 말하면 대자적으로[자립적으로] 존재하는 상이한 자기의식(들)의 완전한 자유와 자립성 속에서 그것들[대립자 혹은 자립적인 자기의식들]의 통일인 정신, 절대적 실체 말이다. 나는 우리이며, 우리는 나다."[28]

물론 이러한 '불가능한' 이상적 상태는 단번에 도달되는 것이 아니라 자기의식 사이에서 벌어지는 생사를 건 투쟁을 거쳐야 한다. '정신'의 경지에 도달하기 위해서는 이러한 **환상적 투쟁**을 종식시켜야 한다('환상을 가로지르기').

지금까지의 논의를 요약해보자.
1. 자기의식이 직면하는 최초의 대상은 순수한 자연적 대상—욕구의 대상—이다. 이 대상은 인간(의식)에 대립하며, 따라서 따라서 욕구는 그것을 파괴하려고 한다.
   자연적 대상에 대한 파괴로서의 욕구는 동물적 욕망이며, 고유한 의미의 인간적 욕망은 비자연적 대상을 욕망한다. 우선 비자연적 대상은 다른 의식에 의해 매개된 대상으로 등장한다.
2. 순수한 자연적 대상은 궁극적으로 의식 혹은 상징적 질서에 의해 매개된 대상이며 따라서 그것은 "생명"이며 자립성을 가진다.
3. 자기의식이 타자와 구분되면서도 통일을 이룰 수 있는 것은 궁극적

으로 자기의식의 욕망 대상은 자기의식이기 때문이다. 그리하여 인간의 욕망은 자신의 대상과 대립하면서도 통일을 이룬다. 이러한 의식의 활동이 욕망이다. 자기의식이 자신의 대상과 대립하면서도 통일을 이룰 수 있는 까닭은 타자로서의 대상은 자립적이면서도 스스로를 부정하는 것, 달리 말하면 자기의식이기 때문이다. 자기의식으로서의 인간 주체는 다른 자기의식을 통해서만 만족에 도달할 수 있다. 이는 인간이 욕망하는 대상은 궁극적으로 순수한 물리적 대상[29]이 아니라 자기의식에 의해 매개된 대상이라는 것, 그리고 인간의 욕망 대상은 타자―자기의식으로서의 타자―이외에 다름 아니라는 것을 함축한다. 자기의식으로서의 인간은 다른 자기의식 속에서만 **만족**에 도달할 수 있으므로 반드시 자기의식을 마주하고 있는 다른 자기의식이 존재해야 하며, 이러한 조건하에서만 자기의식은 타자 속에서 자기 자신과의 통일을 이룰 수 있다. 그러므로 헤겔이 말하고 있듯이 자기의식이 대상으로 삼는 대상은 사실 대상이 아니며, 자립성을 지닌 또 하나의 자기의식이다. 개별적 자기의식은 다른 자기의식과의 대립을 극복하고, 서로 자립성 속에서 통일을 이룰 때 정신이 되는 경험을 한다.

하지만 자기의식들 간의 이러한 '불가능한 이상적' 상호관계는 자동적으로 도달되는 것이 아니다. 이에 도달하기 위해서 의식은 삶과 죽음을 건 처절한 투쟁, 그리고 이로부터 귀결되는 주인과 노예의 변증법 단계를 거쳐야 한다. 이제 헤겔의 '유명한' 주인-노예의 변증법에 대해 살펴보자.

3. 주인과 노예의 변증법: 지배와 예속

앞에서 논의했듯이 **자기의식**의 특징은 다른 자기의식과의 '구별 속에서의 통일(비구별)'에 있다. 즉 "자기의식이란 타자를 위해서, 그리고 자기 자신을 위해서 존재함으로써 **즉자 대자적으로 존재하[는]**"[30] 의식"인 것이다. 자기의식의 이러한 특징을 달리 표현하면, 이는 "자기의식은 오직 [다른 자기의식에 의해] **인정받는 것**(Anerkanntes)로서만 존재한다"는 것을 의미한다. 타자를 위하여, 그리고 자기를 위하여 존재하는 자기의식의 "이중성"은 다름 아닌 "**인정**(승인, Anerkennung)의 운동"[31]으로 나타난다.

즉 코제브의 헤겔 해석 그리고 이를 받아들인 초기 라깡의 헤겔 해석에 따르면, 동물과 구분되는 인간의 고유한 특징은 인간은 궁극적으로 자연적 사물이 아니라 타자의 욕망을 욕망한다는 것에 있다. "인간의 욕망은 타자의 욕망"이다. 더 알기 쉽게 라깡 식으로 말하면, 인간은 단순히 생물학적 욕구 충족의 대상만을 욕망하는 것이 아니라, 궁극적으로 타자에 의해 욕망되기를 욕망하며 타자가 욕망하는 것을 욕망한다. '나는 누구인가', '나는 무엇을 원하는가'라는 질문에는 '그/그녀는 내가 무엇이기를 원하는가', '그/그녀는 나에게서 무엇을 원하는가'라는 타자의 욕망에 대한 질문이 함축되어 있다. 바로 이것이 자기의식은 '승인의 운동'으로 나타난다는 헤겔의 말에 대한 라깡적 해석이다. 물론 논자에 따라서는 헤겔은 『정신현상학』에서 욕망에 대해 서술할 때 사랑과 (성적) 욕망에 대해 언급하지 않았다는 사실을 지적하면 라깡의 헤겔 수용 방식에 대해 반론을 제기할 수도 있겠지만, 사실 헤겔이 말하는 욕망 개념에 사랑과 (성적) 욕망을 포함시키는 것은 아주 적절한 해석 방향이라고 할 수 있을 것이다.

자기의식과 타자의 관계에 대해 좀더 자세히 살펴보자. 헤겔이 말하고 있듯이 자기의식에는 다른 자기의식이 마주하고 있다. 즉 자기의식은 자기로부터 벗어나 있다(außer sich)[32]는 것인데, 이는 두 가지 의미를 갖는다. 첫째, 이는 자기의식은 타자로 존재하며(나= 타자), 따라서 자기의식은 자신을 상실한다는 것을 의미한다. 둘째, 이를 통해 자기의식은 타자를 지양한다. 자기의식은 타자 속에서 자기 자신을 발견하기 때문이다.[33] 달리 말하면 자기의식은 타자 속에서 자기 자신을 발견하기 때문에, 자신이 타자가 되었다는 것은, 즉 자기로부터 벗어나 있다(außer sich)는 것은 또한 자신의 동일성을 되찾는다는 것을 의미한다는 것이다.

자기의식과 타자(다른 자기의식)의 '구분 속에서의 통일'의 관계를 우리는 '일반적으로' **모순적 관계**라고 명명할 수 있을 것이다. 하지만 여기에서 헤겔 철학에 대한 정확한 이해를 위해서는 이러한 관계를 자기의식과 타자(다른 자기의식) 사이에 (과거에) 존재하던 **모순 혹은 갈등이 극복된 관계**라고 표현하는 것이 타당하다. 앞에서 언급했듯이 '내가 우리이고 우리가 나' 상태, 즉 상호간에 억압은 존재하지 않고 오직 구분 속에서 통일만이 존재하는 '정신'의 경지란 모순적(혹은 갈등적) 관계라기보다는 모순(갈등)이 극복된 상태로 보아야 하기 때문이다. 나중에 다시 상세히 논의하겠지만 실제로 헤겔의 모순 개념을 이해하기 위해 가장 중요한 점은 헤겔에 따르면 **모순은 오직 유한자에게만 귀속되고, 무한자는 모순적이지 않다**는 사실이다. 여기에서 헤겔에서 무한자란 형이상학적인 '완벽한' 실체(일자), 혹은 종교적 의미의 신이 아니다. 그것은 주체와 타자(즉 다른 주체) 사이에, 그리고 한 주체 내부에 존재하는 모순과 갈등이 해소되어 **모순이 더 이상 모순으로 등장하지 않는 '화해'**의 상태를 의미한다. 쉽게 말하면, 헤겔이 말하는 절대적 실체란 하늘 저 멀리 어디엔가 존재하는 '**초월적**' 실체가 아니라 **자연과 인간의 관계망의 총체**, 즉 인간과 자연과 더불어 존재하는, 더 정확히 말하면 **자연과 인간의 관계망 그 자체에 다름 아닌 '내재적' 총체성**을 의미할 뿐이다.

라깡식으로 말하면 절대적 실체란 기표의 그물일 것이다. 물론 여기에서 필자가 기표의 사슬 혹은 그물을 말할 때 라깡이 말하는 '절대자'가 오직 상징계로만 구성되어 있다는 것을 의미하지 않는다. 우리가 잘 알고 있듯이 기표의 그물에는 상징계와 상상계 그리고 실재가 함께 작동하고 있기 때문이다. 그렇다면 유한자와 무한자의 차이는 무엇인가? 간략히 언급해보면, 인간과 세계는 관계망의 총체이므로 우리는 이 총체를 무한하다고 말할 수도 있고 유한하다고 말할 수 있다. 여기에서 관계성의 총체를 유한자로 간주해야 하는가 아니면 무한자로 간주해야 하는가라는 것은 그다지 중요한 문제가 아니다. 헤겔 철학 그리고 이에 대한 필자의 라깡적 해석에서 핵심적인 것은, 인간과 세계, 자연의 이러한 관계망의 총체가 모순과 갈등을 벗어나지 못했을 때 그것은 유한자이며, 모순과 갈등을 극복했을 때 그것은 **무한자**, 즉 **절대적 실체**(혹은 절대적 주체)가 된다는 것이다. 즉 유한자와 무한자의 차이는 양적 크기의 차이, 혹은 내재성과 초월성이라는 차이(즉 유한자는 세계 속에 내재적으로 존재하고, 무한자는 피안에 초월적으로 존재한다는 식의 구분)에 있는 것이 아니라, 인간과 세계의 관계망이 어떤 방식으로 존재하는가에 달려 있다는 것이다.

나는 유한자이다. 나는 신이 아니므로 나는 죽을 수밖에 없는 유한한 존재이지만, 이 유한한 존재 속에 '무한한' 관계망이 존재하므로 나는 또한 무한한 존재이기도 하다. 이렇듯 양적으로 본다면 나는 유한자이기도 하지만 무한자라고 말해도 큰 차이가 없지만, 헤겔식으로 본다면 이 유한하며 무한한 자기의식인 내가 다른 자기의식과의 처절한 모순과 갈등의 관계, 그리고 이로부터 유래하는 죽음과 파괴에의 공포 등 다양한 '병리적' 상태를 극복하고 상호승인의 단계에 '완벽히' 도달했을 때 나는 '진정한' 무한자가 된다. 겉으로 드러난 나의 존재의 '양적 크기'는 달라진 것이 아무것도 없고 나는 여전히 '죽을 수밖에 없고', '결여를 갖고 있는' 유한자로 존재하지만 말이다.

필자는 헤겔 철학에 대한 이러한 독해만이 그것에 대한 진정한 유물론적 독해를 위한 출발점이 될 수 있다고 생각한다. 즉 헤겔이 말하는 절대자는 인간과 세계 너머에 있는 '초월적' 존재가 **아니라** 인간과 세계의 관계망의 총체로서 '**내재적**' 실체이다. 헤겔 철학에 대한 유물론적 독해는 우리가 잘 알고 있듯이 맑스는 물론 맑스 이후의 수많은 맑스주의자들이 수행하고자 했던 작업이었으며, 코제브의 헤겔 해석 역시 그러한 관점에서의 유물론적 해석의 시도에 속한다고 할 수 있다. 헤겔에 대한 해석의 역사를 모두 일일이 검토할 수는 없고, 또 여기에서는 그럴 필요도 없다고 생각한다. 다만 여기에서 반드시 언급해야 할 것이 있다. 지금까지 헤겔 해석을 둘러싼 모든 문제들은 결국 절대자에게서는 왜 모순이 사라지는가라는 문제로 귀결된다는 것이다. 예컨대 헤겔은 한편으로는 모든 것은 모순적이라고 말하면서 다른 한편으로는 모순이 지양된 절대자를 말하므로 헤겔은 자가당착에 빠지고 있다는 비판이 헤겔 철학에 대한 가장 대표적인 비판 중 하나일 것이다. 그리하여 헤겔 철학은 모든 것을 알고 있는 절대지라는 닫힌 체계로 귀결되는 형이상학적 관념론, 혹은 모순이 스스로 지양되어 화해되는 절대자를 향해 가는 목적론적 초월주의 철학이라는 식의 평가를 받을 수밖에 없었다.

하지만 무한자와 유한자의 차이는 내재성과 초월성 등의 차이가 아니라 각 자기의식(주체)이 다른 자기의식(타자)과 맺는 **관계 방식의 차이**로 읽어 낸다면 우리는 헤겔 철학에 대한 많은 비판으로부터 헤겔 철학을 '구해낼' 수 있다고 본다. 달리 말하면 이는 모든 것을 포괄하는 완벽한 절대자를 추구하는 (나쁜 의미의) **형이상학**이 아니라, 자기 자신을 포함해 다른 주체와 세계에 대한 각 주체의 관계 방식 및 태도라는 관점에서 헤겔 철학을 읽을 수 있다는 것을 의미한다. 요컨대 우리는 **라깡 정신분석과 더불어 헤겔 철학을 윤리학**으로 읽을 수 있다는 것이다. 주체는 **자기 자신**과 **타자**에 대한 **관계 방식**에 따라 무한자가 될 수도 있고 유한자로도 계속 머무를 수 있다. 예컨대 헤겔이 말하는 억압 없는 '상호승인'에 도달한 상태에서 각 주체(자기의식)는 절대 정신—나는 우리이고 우리는 나인 상태—이 된다. 이러한 절대 정신의 상태는 곧 라깡이 말하는 '분석의 끝'이며 '여성적 위치'에 다름 아니라고 우리는 해석할 수 있다.[34] 하지만 이러한 무한성에 도달했음에도 불구하고 나는 여전히 '유한한' 주체일 뿐이다.

각 자기의식이 서로로부터 구분되면서 상호승인하는 상태에서 통일을 이루는 것(모순을 극복하는 것)은 도달하기 어려운 '불가능한' 상태이지만 '진정한 자기의식'이 도달해야 할 '이상적' 상태이다. 헤겔은 이러한 '이상적 상태'를 상호인정이라고 부른다. 헤겔은 "그들은 서로를 인정하면서 자기 자신을 인정한다."[35]

그러나 처음부터 자기의식이 이러한 상호인정의 상태에 도달하는 것은 아니다. 자기의식은 처음에는 오직 자신만을 관철시키며 모든 **타자**를 자신으로부터 **배제**함으로써 자신과의 동일성을 유지하는(sichselbstgleich) "단순한 대자적 존재(einfaches Für-sich-sein)" 혹은 "개별자(Einzelnes)"[36)]이다. 바로 여기에서 **생사를 건 투쟁이 시작된다.**[37)] 아직 **보편성에 도달하지 못한 개별자**로서 각 자기의식은 타자 없이 스스로 존재할 수 있다(für sich zu sein). 이러한 개별적 주체는 타자를 배제함으로서만 자기 확실성에 도달할 수 있다는 진리를 타자와 자기 자신에게 보여주고 싶어하기 때문이다. 이러한 일면적 자유의 쟁취를 위해 주체는 목숨을 건 싸움을 시작한다. "자유는 생명을 걺으로써만 확증될 수 있다 ……."[38)] 하지만 상대방의 죽음을 목표로 하는 이러한 투쟁은 막다른 골목에 처하게 된다. 타자가 죽음으로써 이제 자신을 인정해줄 타자가 존재하지 않게 된다면 결국 자신마저도 지양되고 말기 때문이다. 자기의식이 타자에 의한 승인의 상태에 도달하기 위해서는 자기의식은 타자를 지양하면서도 동시에 보존해야 한다.[39)]

주인과 노예가 등장하는 곳이 바로 여기이다. 죽음을 무릅쓰고 투쟁하는 자립적 주체는 주인이 되고, 죽음이 두려워 투쟁을 포기하는 주체는 예속적인 비자립적 의식인 노예가 된다. 그리하여 헤겔에 따르면 주인은 두 계기, 즉 욕망의 대상으로서의 사물과, 물성(物性, Dingheit)을 자신의 본질로 갖고 있는 의식인 노예와 관계한다.[40)] 주인은 대한 사물에 대한 욕망을 쟁취하기 위한 다른 의식과의 투쟁에서 도망치지 않았으므로 주인이 되었다. 주인 혹은 장래 주인이 될 자기의식은 사물과 다른 의식과 직접적으로 관계를 맺을 뿐만 아니라, 또 각각의 것과 간접적으로 관계한다(즉 사물을 통해 다른 의식과, 그리고 역으로 다른 의식을 통해 사물과 관계한다). 하지만 노예 혹은 장차 노예가 될 의식은 자립적 존재—사물—에 속박되어 있다. "그것[자립적 존재]은 그[노예]의 사슬이며, 그는 투쟁을 통해 그것으로부터 빠져나올 수 없었고 따라서 물성 속에서 자신의 자립성을 입증한 비자립적 존재가 되었다."[41]

자립적 의식으로서 주인이 된 자기의식은 **이제** 욕망의 대상인 사물과 직접적으로 관계하지 않고 다른 의식, 즉 사물을 가공하는(노동하는, bearbeiten) 노예를 매개로 욕망의 대상과 관계를 맺으며. 이러한 매개 작용을 통해 그 사물을 **향유**(Genuß)한다. 헤겔은 주인의 특성을 이렇게 표현한다. "이제 그는 욕망이 도달하지 못했던 것을 처리할 수 있으며, 향유 속에서 만족에 도달한다."[42] 즉 주인은 과거에는 사물의 자립성 때문에 욕망을 충족시킬 수 없었지만, 이제 사물과 자신 사이에 노예를 끼워 넣음으로써 그 사물을 순수하게 향유할 수 있다.

반면 노예도 사물과 부정적으로 관계하고 그것을 지양하지만 이 사물은 노예에 대해 여전히 자립적인 것으로 남는다. 노예도 사물을 부정하려고 하지만 주인과 달리 그것을 완전히 멸절시키는 것까지는 나가지 못하고 한편으로는 사물을 가공(노동, bearbeiten)하고 다른 한편으로는 주인에게 의존하는 "비본질적인" 위치를 취하는 주체가 된다.[43]

라깡적 관점에서 볼 때, 헤겔의 이러한 설명에서 흥미로운 점은 노예는 여전히 사물 혹은 물성을 완전히 벗어나지 못하고 그것에 얽매여 있으며, 주인은 사물 혹은 물성으로부터 이제 '거리'를 취할 수 있다는 것이다. 하지만 물론 주인도 노예를 매개로 사물과 여전히 관계하고 있다. 헤겔은 주인이 사물과 맺는 관계를 "순수한 부정으로서의 직접적 관계" 혹은 "향유"라고 부른다. 여기에서 우리는 사물—어머니의 육체 혹은 실재—에 대한 부정적 관계를 기반으로 해서만, 달리 말하면 사물이 상징적으로 매개되었을 때에만 사물에 대한 향유가 가능하다는 라깡적 관점을 읽어낼 수 있다.

다시 '순수한' 헤겔의 관점으로 되돌아가자. 주인은 노예가 자신을 위해 사물에 노동을 가하며 자신에게 종속되어 있다는 점에서 노예에 의해 인정을 받는다. 하지만 노예는 이러한 예속 상태를 빠져 나오지 못하므로, **자신이 주인을 위해서 행했던 동일한 것을 주인도 자기에게 행한다고 생각(상상)함으로써** 자신도 주인에 의해 인정받고 있다고 믿는다.[44] 하지만 헤겔이 지적하듯이 이는 진정한 상호인정이 아니며 일방적이면서 **불평등한 인정**에 지나지 않는다.[45]

하지만 여기에서 '유명한' 주인과 노예의 변증법적 '역전'이 발생한다. "비본질적 의식[노예]은 여기에서 주인에게 자기 확실성의 **진리**를 구성하는 대상이다."[46] 즉 주인은 권력 행사자로서 자신의 지위를 확립했지만 노예의 행위에 의존해 자기 확실성에 도달하므로 주인이 성취한 것은 진정한 자립적 의식이 아니라는 것이다. "그렇다면 자립적 의식[주인]의 **진리**는 **노예의 의식**이다."[47] 이와 마찬가지로 "노예도 …… 자신의 직접적 상태와는 반대의 것이 될 것이다. 자기 자신 속으로 **쫓겨난** 의식인 노예는 자기 자신으로 [되돌아와서 진정한 자립성으로 전환될 것이다."[48]

물론 헤겔에 따르면 이러한 전환이 '저절로' 일어나는 것은 아니다. 처음에 노예는 자신이 주인의 진리라는 것을 여전히 확실하게 경험하지 못한 상태에 있다. 그렇다면 어떤 과정을 통해 노예가 자신의 자립성을 깨닫게 되는가? "노동"[49]을 통해서이다. 노예, 즉 "노동하는 의식은 따라서 이를 통해 자기 자신, 즉 자립적인 존재에 대한 직관에 도달하게 된다."[50] 앞에서 언급했듯이 노예에게는 사물의 자립성 혹은 물성이 유지되고 있으므로, 달리 말하면 노예는 물리적 사물의 직접성에 묶여 있으므로 "사물에 대해 비본질적 [즉 비주체적] 관계"[51]만을 맺고 있는 것처럼 보이지만, 문제가 발생하는 쪽은 궁극적으로는 주인이다. 주인에게는 사물의 "대상성 혹은 항구성(Bestehen)"이 없기 때문에 만족이 사라지고 만다. "[주인의] 욕망은 대상에 대한 순수한 부정[만]을, 그리하여 순수한 [나르시시즘적] 자아감정[만]을 보유하고 있기"[52] 때문이다. 노동하지 않는 주인은 결국은 노예에 의존하게 되며, 따라서 주인의 진리는 노예가 된다.

헤겔에 따르면 "노동은 억제된 욕망이며, [만족의] 사라짐의 제지이다. [혹은 노동은 사물을] 형성한다(bildet)."[53] 그리하여 노예가 노동을 통해 맺는 "사물에 대한 부정적 관계가 사물의 형식이 되며 영속성이 된다." 여기에서 볼 수 있듯이 주인과 노예의 위치의 변증법적 역전은 노동을 통해 사물의 자립성이 다시 등장하는 것에 있다. 과거에 사물은 순수한 자립성을 유지하며 노예를 압도하는 '자연적' 사물이었으나, 이제 등장하는 사물의 자립성 혹은 영속성은 '순수한 물성'이 아니라 노동이라는 **부정성을 통해 매개된 자립성**이라는 점에서 달라졌다. 노예가 사물에 가하는 노동은 사물을 변형시키는 '**부정성**'의 힘 그 자체이며, 이러한 부정성의 힘으로서의 노동이 **주체를 벗어나** 사물 속에 체현됨으로써 주체는 사물과 더불어, 사물 속에서 영속성을 획득하는 **객관적 존재**가 된다. "이러한 **부정적 중심 혹은 형성하는 행위는, 이제 노동 속에서 자기 자신을 벗어나 항구성의 요소가 되는 **개별성**(Einzelheit)이며 동시에 의식의 순수한 대자적 존재이다."[54]

우리가 잘 알고 있듯이 맑스는 상품을 노동의 체현물로 간주한다는 점에서 헤겔을 노동의 본질을 잘 파악한 사상가로 극찬하지만, 다른 한편으로는 오직 정신적 노동 개념밖에 알지 못한다고 헤겔을 비판했다. 뿐만 아니라 맑스는 헤겔이 생각했듯이 노동자가 자신의 산물인 상품 속에서 자기 자신의 객관적 존재성과 영속성을 확보하는 것이 아니라 현실 자본주의에서 노동자는 자신의 생산물로부터 소외되며 임금 노동자로 전락하고 만다고 비판한다.

라깡은 주인과 노예 변증법에서 노예가 **노동을 통해** '자동적으로' 주인이 되거나 혹은 자기의식 사이의 상호인정의 상태에 도달할 수 있다는 생각을 비판한다. 앞에서 살펴보았듯이 헤겔에 따르면 처음에는 노예가 주인에게 의존하지만 주인은 노예의 노동을 통해 사물과 관계하므로 노예에 의존할 수밖에 없다. 주인의 자기 확신의 진리는 노예라는 것이다. 라깡은 이러한 헤겔의 변증법적 역전에 대해 다음과 같이 비판한다.

> "그[헤겔]는 우리에게 이렇게 말한다. 노예가 죽음에 대한 두려움 때문에 향유를 포기하면서 종속해 있는 노동은 그것[길]을 통해 그[노예]가 자유를 실현하게 될 바로 그 길이 될 것이다. 정치적으로, 그리고 동시에 심리적으로 이보다 더 명백한 미끼는 없다."[55]

> "그[주인]의 지식이 그[주인]에게 숨겨져 있다는 것은 분명하다. 헤겔이라는 사람은 그것[진리]은 노예의 노동을 통해 그[주인]에게 전달된다고 말했다. 이것은 단지 주인 담화일 뿐이다. 절대적 지식에 도달하기 위해, 문화의 긴 여정을 통해 주인을 국가로 대체하는 것에 의존하는 헤겔의 담화 말이다. 그것은 맑스의 발견에 의해 결정적으로 논박된 것처럼 보인다."[56]

우리가 잘 알고 있듯이 헤겔은 법치주의적 국민국가에서 각 주체들은 주인과 노예라는 불평등 상태를 극복하고 상호승인의 단계에 들어갈 수 있다고 보았다. 그리고 맑스는 이러한 헤겔의 관념론적 철학은 진정한 불평등을 은폐하는 이데올로기의 역할을 할 뿐이라고 비판한 바 있다. 위의 인용문에서 흥미로운 점은 라깡이 헤겔을 '지배자 담화'라고 비판하는데, 헤겔 철학에 대한 이러한 라깡의 비판이 맑스의 비판과 크게 다르지 않다는 사실이다. 노동을 통해 노예가 절대지에 도달할 수 있다는 헤겔의 생각은 이미 맑스에 의해 논박되었다고 라깡은 말하고 있기 때문이다. 하지만 그럼에도 불구하고 라깡은 맑스 이론도 주인 담화의 역할을 할 수 있다는 점을 암시하는 것을 또한 잊지 않는다.

> "맑스가 투쟁, 계급투쟁의 기능에 관해 언급하고 있는 그러한 이론이 지금 우리 모두에게 제기되고 있는 문제가 발생하는 것, 즉 주인담화가 유지되고 있다는 문제가 발생하는 것을 막을 수 없었다."[57]

이렇듯 맑스와 더불어 라깡은 변증법적 역전을 통해 절대적 지식에 도달하게 된다는 헤겔의 '단순한' 설명으로부터 거리를 취하면서 주인과 노예의 변증법에 대한 새로운 해석을 제시한다. 노예의 변증법에 대한 라깡의 해석을 간략히 미리 정리하면 다음과 같다.

1. 헤겔이 말하는 주인과 노예의 변증법은 결코 '손쉽게' 역전될 수 없으며, 진정한 역전이 일어나기 위해서는 다른 형태의 담화—분석가 담화—가 필요하다. 즉 노예가 해방되기 위해서는 분석가 담화에서 말하는 분석가의 위치로의 이행이 일어나야 한다.

2. 주인과 노예의 관계 및 구조를 보여주는 담화인 주인담화를 **주체들 사이**(intersubjective)의 관계로 해석한다면, ① 그것은 **역사적**으로는 고대 그리스의 지배 형태를 가리키며, 자본주의의 발달과 더불어 고전적 형태의 주인담화는 현대적 지배 담화 형태인 대학담화로 대체된다. ② **임상적으로** 주인과 노예의 변증법은 **강박증** 혹은 **망상증**과 관련해 논의될 수 있다.

3. 주인담화를 각 개별적 주체 내부의(intrasubjective) 구조로 해석한다면, 그것은 **노예**의 관점에서 볼 때에는 주체가 노예, 즉 강박증자의 위치를 차지하는 강박적 구조를 의미하지만, **주인**의 관점에서 볼 때에는 주인 기표의 효과에 의해 생겨나는 **주체의 구조 그 자체**를 보여주는 담화 형태이기도 하다(즉 이때의 지배자는 자아 자신이다[58]).

먼저 여기에서는 주인과 노예의 변증법에 대한 라깡의 논평에 대해 살펴보자.

4. 주인과 노예의 변증법 및 죽음에 대한 라깡의 해석

①-상상적 투쟁: 거울단계와 강박증

라깡은 주인과 노예의 변증법에서 벌어지는 투쟁을 공격성에 기반을 갖는 **상상적** 관계로 해석한다. 그는 「주체의 전복과 욕망의 변증법」에서 이렇게 말한다.

"타자(즉 소문자 a를 의미하는 닮은 사람인 소타자)와의 상상적 관계를 향하도록 정신의 현상의 축을 바꾸어 놓는 바로 그 움직임은 그것[움직임]의 효과, 즉 공격성을 잘 드러내 보여준다. 즉 닮은 사람(semblable)과 닮은 사람의 균형을 주인과 노예의 관계―이 관계는 간지로 가득 차 있는데, 이성은 이 간지를 통해 비인격적 지배를 이루어나간다―로 해체시키는 저울대(재앙, fléau de la balance)가 되는 공격성 말이다."59)

이 인용문에서 우리는 라깡이 주인과 노예 사이에 존재하는 적대감과 공격성을 **거울단계에 내재해 있는 공격성**으로 해석하고 있음을 볼 수 있다. 잘 알려져 있듯이 라깡에 따르면 거울단계에서 주체는 (소)타자와 평화스런 균형관계를 유지하고 있는 것 같지만 사실은 주체와 (소)타자의 평화스러운 관계의 배후에는 대한 엄청난 공격성이 은폐되어 있다.

또한 **발달적 혹은 인간학적 관점**에서 라깡은 헤겔이 '순수한 승인(인정) 투쟁'이라고 부르는 주인과 노예의 투쟁, 혹은 거울단계를 '인간의 조기 출생'의 결과로 해석한다.

"그것[예속]을 발생시키는 투쟁은 정당하게도 순수한 승인 투쟁이라고 불리는데―여기에서 관건은 삶이다―, 이 순수한 승인투쟁은 헤겔이 알지 못했던, [인간은 **일반적으로 너무 빨리 탄생한다는 위험을** 반향하고(faire echo) 있으며, 우리는 그것[순수한 승인 투쟁]을 거울 이미지에의 포획의 역동적 근원으로 간주한 바 있다."60)

"그러므로 자신[개인]의 삶의 최초의 몇 해들의 위풍(당당함, prestance)과 위협(intimidation)의 경험의 중심부에서 개인은 자신의 기능들의 정복이라는 환영을 갖게 된다. 그 기능들 속에서 자신의 주체성이 분열되어 있지만 말이다. 심리학자들이 소박하게(naïvement) 자아의 종합적 기능이라고 객관화시키는 이 상상적 형성물은 오히려 그 개인에게 주인과 노예의 소외적 변증법을 열어주는 조건을 보여줄 뿐이다."[61]

우리는 여기에서 라깡은 헤겔이 서술한 바 있는 주인과 노예의 투쟁관계는 주체와 타자 간에 존재하는 '공격적 관계'에 다름 아니라고 해석하며, 이러한 주인과 노예의 투쟁의 '심리적' 의미를 거울단계 이론과 '인간의 조기 출생' 이론을 통해 설명하고 있음을 알 수 있다.

물론 이러한 공격성이 내재되어 있는 거울단계는 타자와의 관계 속에서 최초의 자아가 형성되는 시기이기도 하다. 라깡에 따르면 자아는 거울단계에서 타자의 이미지와의 동일화를 통해서 비로소 형성된다. 앞에서 살펴보았듯이 헤겔의 『정신현상학』에서도 인간이 진정한 주체성을 획득하기 위해서는 다른 자기의식과 대면하는 자기의식이 되어야 하고 이를 통해 자기의식은 '욕망'하는 주체로 등장한다. 그러나 이러한 자기의식은 정신─진정한 주체─가 되기 전에 승인투쟁이라는 공격적 단계를 거친다.

여기에서 필자는 헤겔의 주인과 노예의 변증법에 대한 라깡의 해석은 헤겔의 논의에 대한 단순한 비판이 아니라 '보완적(그리고 비판적) 해석'이라는 점을 강조하고 싶다. 즉 헤겔의 주인과 노예의 변증법에 대한 라깡의 해석을 단순히 헤겔에 대한 비판으로 간주하거나, 혹은 라깡의 논의는 '정신분석적' 논의이므로 헤겔의 '철학적' 논의와 아무런 상관없는 것으로 간주하는 것은 철학과 정신분석의 거리를 너무 떨어뜨려 놓는 '바람직하지 못한' 결과를 낳을 수 있다. 헤겔의 '형이상학' 체계 속에는 실제로 '인간학'이 있고, 마찬가지로 라깡의 '정신분석'을 우리는 또한 존재론적 관점에서 해석할 수 있기 때문이다.[62]

이제 라깡은 주인과 노예의 변증법에 등장하는 죽음의 문제에 대해 논평을 시작한다. 앞에서 살펴보았듯이 자기의식은 타자로부터의 인정을 얻기 위해 생명을 건 처절한 싸움에 돌입한다. 하지만 주인과 달리 노예가 될 주체는 죽음―헤겔에 따르면 죽음은 "절대적 주인([der] absolute Herr)"[63]이다.―이 두려워 생사를 건 싸움을 회피하거나 중도에 투쟁을 포기한다. 이러한 헤겔의 서술에 대해 라깡은 다음과 같이 말한다.

> "하지만 죽음은 …… 최초의 규칙, 그리고 동시에 결론적 해결이 회피하고 있는 것이 무엇인지 보여준다. 왜냐하면 궁극적으로 패자는 노예가 되어야 하므로 죽어서는 안 되기 때문이다. 달리 말하면 협정(pacte)은 폭력을 영구화하기 전에 모든 곳에서 폭력보다 선행하며, 우리가 상징계라고 부르는 것이 상상계를 지배한다. 바로 이 점에서 우리는 살해가 절대적 주인인지 아닌지 질문할 수 있다.
>
> 그것[살해]의 효과, 즉 죽음에 근거해 이에 대해 결정하는 것은 충분하지 못하기 때문이다. 여기에서 다시 한번 관건이 되는 것은 어떤 죽음인가라는 것이다. 즉 여기에서 죽음이란 삶이 가져다주는 죽음인가 아니면 삶을 가져다주는 죽음인가?"[64]

라깡은 거울단계에서 이루어지는 상상적 게임의 배후에 상징계가 선재한다는 자신의 이론에 따라 헤겔이 말하는 주인과 노예의 투쟁 배후에 이미 상징계, 즉 협약이 존재하는 것으로 해석한다. 위의 인용문에서 볼 수 있듯이 라깡에 따르면 헤겔이 말하는 목숨을 건 투쟁도 실제적으로는 패자의 '죽음'으로 끝나는 것이 아니라 승자를 위해 노동하는 것으로 귀결되므로, 두 자기의식 사이의 투쟁 이전에 **이미, 항상** 협약이 존재한다. 그렇다면 주인과 노예의 변증법에서 중요한 역할을 하는 죽음은 도대체 어떤 죽음인가?

　　바로 여기에서 라깡은 죽음은 "삶이 가져다주는 죽음인가 아니면 삶을 가져다주는 죽음인가"라고 질문한다. 이 질문이 의미하는 바는 무엇인가? 라깡은 여기에서 주인과 노예의 변증법의 시발점을 이루는 죽음의 성격이 무엇인지를 질문하고 있다. 라깡에 따르면 한 주체를 주인 혹은 노예로 만드는 절대적 주인인 죽음이란 **실제적 죽음이 아니라 상상적 죽음**이라는 것이다. 헤겔이 말하듯이 자기의식이 다른 자기의식으로부터 인정을 얻기 위해서는 타자가 **정말로** 죽어서는 안 된다. **이미 작동하고 있는 상징적 협정**은 타자가 살아 있을 것을 요구한다. 「도난받은 편지'에 관한 세미나」에서도 라깡은 "절대적 주인"의 위치를 "상상적"[65] 위치로 간주한다. 강박증 환자(노예)가 진정으로 원하는 것은 죽음이 아니라 삶이며, 삶을 위해 죽음을 받아들인다. 주인-노예의 변증법에 등장하는 죽음이란 **특히 노예**의 관점에서 본다면 **상상적** 죽음이다. 이것이 의미하는 바는 무엇인가? 우선 『세미나 2권』에서의 라깡의 말을 들어보자.

　　"…강박증 환자(의 위치)에 있어서 선물의 질서에 속하는 모든 것은 나르시시즘적 망에 사로잡혀 있고, 그는 이로부터 빠져 나오지 못하고 있다. 그가 출구를 발견하기 위해서는 나르시시즘의 변증법을 그 마지막 순간까지 다 비워야하지 않겠는가? …강박증 환자의 근본적인 역사는 이렇다.

그는 주인이 이미 죽었다는 알지 못한 채 주인의 죽음을 기다리면서 그 주인 속으로 전적으로 소외되어 있다. 그래서 그는 한 걸음도 나아가지 못한다. 그가 무엇의 포로이며 노예인지 그에게 깨닫게 함으로써, 즉 그가 주인의 노예임을 그에게 깨닫게 함으로써 문제를 해결할 수 있지 않겠는가? 그로 하여금 그의 담화를 포기하게 함으로써가 아니라 그의 변증법적 엄격함을 끝까지 밀고 나가게 함으로써 여러분은 어떻게 그가 미리 모든 것으로부터 항상 좌절(frustré)되었는지를 그에게 깨닫게 할 수 있다."[66]

이 인용문에서 볼 수 있듯이 라깡에 따르면 강박증 환자는 **주인이 이미 죽었다는 것을 알지 못하고, 주인의 죽음을 기다리는 주체이다.**[67] 또한 「정신분석에서 말과 언어의 기능과 영역」에서 라깡은 다음과 같은 흥미 있는 논평을 가한다.

"그러므로 강박증 환자는 헤겔이 자신의 주인과 노예의 변증법에서 발전시키지 않은 태도들 중 하나를 보여준다. 노예는 죽음의 위험 앞에서 몸을 피했다. 그리하여 순수한 승인 투쟁 속에서 지배가 그[노예]에게 제공되었다. 하지만 그는 자신이 죽을 수밖에 없는 존재라는 것을 알고 있기 때문에, 또한 주인도 죽을 수 있다는 것을 안다. 그때부터 **그는 주인을 위해 일하고 그러는 동안에 향유를 포기하기를 받아들인다.** 그리고 주인의 죽음이 도래하게 될 순간의 불확실성 속에서 그는 기다린다.

바로 그것이 강박증자의 특징인 의심과 연기(procrastination)의 상호주체적 이성(raison intersubjective)인 것이다.

그러는 동안에 그의 모든 노동은 그러한 의도 하에서 작동하며, 따라서 이중으로 소외된다. 즉 주체의 작품[œuvre]은 타인에 의해 그주체]를 벗어나게 될 뿐만 아니라─바로 이것이 모든 노동의 구성적 관계인 것이다─, 작품[노동 생산물]─여기에서 노동은 자신의 이성을 발견한다─ 속에서의 주체에 의한 자신의 본질의 승인도 마찬가지로 그를 빠져나간다. 왜냐하면 그 자신이 '그것[작품, 노동 생산물] 속에 있지 않기' 때문이다. 그는 주인의 죽음이라는 예기된 순간 속에 있다. 그것[주인의 죽음이라는 예기된 순간]으로 출발해 그는 삶을 살 것이다. 하지만 **그것[주인의 죽음]을 기다리면서** 그는 **죽은 주인과 동일화**하는데, 이 때문에 그 자신[노예]은 **이미 죽은** [존재]인 것이다."[68]

    첫 번째 인용문에서 라깡은 **주인은 이미 죽었다**고 말한다. 이것이 의미하는 바는 무엇인가? 주인은 **상징적으로** 죽은 존재, 즉 거세당한 존재에 지나지 않지만 노예는 이것을 부정하고 주인이 살아 있는 '강력한' 존재라고 믿고 있기 때문에 노예로 살아갈 수밖에 없다는 것이다. 맑스가 말했듯이 '**주인이 커 보이는 것은 노예가 무릎을 꿇고 있기 때문이다.**' 또한 헤겔이 말하고 있듯이 주인의 진리는 노예이고, 주인은 노예의 노동에 의존해서 살아가는 주체일 뿐인데 노예는 이러한 '진리'를 알지 못하고 여전히 주인은 살아 있다고 믿는다. 그러한 과정에서 **노예는 자신의 생산물과 향유를 주인에게 빼앗긴다.**
    라깡은 『세미나 17권』에서 주인의 본질은 거세당했다는 것에 있다고 말한다. "…… 주인의 위치의 본질을 구성하는 것은 거세당했다는 것이다. …… 그것은 거세가 아버지로부터 아들에게 전달되었다는 것을 의미하는 것을 암시하지 않는가?"[69] 그렇다면 **강박적 주체**란 주인이 상징적으로 죽었다는 것(즉 거세당했다는 것)을 알지 못할(알려고 하지 않을) 뿐만 아니라, 오히려 **자신을 거세시킴으로써**(자신의 거세를 받아들임으로써) 주인을 살려 내고 주인의 위치를 **상상적으로** 복원하려는 주체라고 말할 수 있다. 주인 역시 거세당한 존재이지만 이것을 알려고 하지 않는 노예가 주인을 주인으로 만들지만, 불행하게도 노예는 주인 때문에 자기가 노예가 되었다고 생각하므로 또한 주인을 **상상적으로** 살해한다. 그리고 노예가 주인 혹은 주인이 노예에게 가하는 위협(죽음/절대적 주인)을 두려워하는 것은 주인은 모든 것을 할 수 있는 전능한 위치를 차지하고 있으며 따라서 노예는 이 주인으로부터 해방된다면 자신은 아무것도 아니라고 **상상적으로** 믿고 있기 때문이다. 바로 이러한 의미에서 라깡은 헤겔이 말하는 절대적 주인, 즉 죽음은 상상적이라고 말하는 것이다. 노예는 **노예로서의 삶**을 위해 **상상적 죽음**(절대적 주인)을 받아들인다. 혹은 주인에게 아무도 차지할 수 없는 절대적 위치를 상상적으로 부여한다고도 할 수 있을 것이다.[70] 그렇다면 노예가 정말로 두려워하는 것은 죽음이 아니라 삶이라고도 말할 수 있을 것이다.[71] 상상적 죽음은 노예로서의 삶의 조건이며, 노예는 그 죽음을 받아들였고(따라서 이미 죽었으며) 그 속에서 '마조히즘적' 향유를 획득하기 때문에 노예가 진정으로 두려워하는 것은 죽음이 아니라 삶이다. 라깡에 따르면 헤겔은 이러한 강박증의 논리를 주인과 노예의 변증법에서 파악하지 못하고 있는 것이다.

『세미나 2권』에서 라깡은 노예는 주인에게 향유를 빼앗긴다고 말하지만 「주체의 전복의 전복과 욕망의 변증법」에서의 라깡에 따르면 노예는 노동하는 가운데 오히려 자신의 '마조히즘적' 향유를 발견한다. 이러한 (잉여)향유로 인해 노예는 변증법적 역전에 도달하지 못하고 계속적으로 노예로 남는다.

"그[헤겔]는 우리에게 이렇게 말한다. 노예가 죽음에 대한 두려움 때문에 향유를 포기하면서 종속해 있는 노동은 그것[길]을 통해 그[노예]가 자유를 실현하게 될 바로 그 길이 될 것이다. 정치적으로, 그리고 동시에 심리적으로 이보다 더 명백한 미끼는 없다. 향유는 노예에게 쉽디쉽게 획득된다. 그리고 그것[향유]은 노동을 노예[72][의 노동]으로 남게 할 것이다."[73]

노예, 즉 강박적 주체는 '죽은 아버지와 상상적으로 동일화하고, 아버지의 죽음을 기다린다.' 이것은 강박증 환자는 아버지가 **이미 상징적으로 죽었다**는 것을 인정하지 못하고 자신의 실패와 고통, 거세의 책임을 아버지에게 전가한다는 것을 의미한다.(여기에서 아버지가 '생물학적으로' 살아 있어서 현실적으로 강력한 힘을 행사하는 경우 혹은 실제로 사망한 경우가 있을 수 있는데, 어떤 경우든지 '궁극적으로는' 차이가 없다). 노예(강박증 환자)란 향유의 금지를 명령하는(거세를 명령하는) **아버지를 살해할 수만 있다면 빼앗긴 향유를 다시 찾을 수 있다고 믿는**(상상하는) **주체**이다. 실제로는 거세를 명하는 대타자가 사실 존재하지 않음에도 불구하고 강박증 환자는 그 대타자는 '상징적으로' 살아 있다고 믿는다(실제로 강박증 환자에게 대타자는 내면화된 초자아의 형태로 살아 있다). 바로 여기에 강박증 환자가 빠져 나올 수 없는 막다른 골목이 있다. 강박증 환자는 **대타자의 명령**에 따라 '**고통스러운 노역**'(반복강박증상) 혹은 '**노동**'(헤겔)에 종사하면서 고통 받지만, 라깡이 말하듯이 이러한 고통 속에서 여전히 **향유**를 획득한다. 그러므로 우리는 강박증 환자는 오히려 **대타자가 (상징적으로) 죽지 않기를 원하는 주체**라고 말할 수 있을 것이다.

하지만 강박증 환자의 향유는 견딜 수 없는 고통을 동반하므로 그는 자신의 고통의 원인을 대타자에게 전가하며, **그가 죽기를 기다리면서 상상적으로 그를 살해**한다. 강박증 환자는 **대타자**를 자신에게 거세 위협을 가하고 향유를 빼앗아간 소타자로 **상상한다**는 것이다. 강박증 환자가 **대타자를 상상적 소타자**로 만든다는 것은 또한 그 대타자를 **상상** 속에서 살해한다는 것을 의미한다. 바로 이것이 라깡이 주인과 노예의 변증법, 혹은 나르시시즘적 거울단계에 공격성이 내재해 있다고 말했던 이유인 것이다. 하지만 강박증 환자는 주인을 실제적으로 혹은 **상징적으로** 죽이지 못한다. 대타자가 죽는다면 자신의 노예적 향유와 삶이 없어질 것이기 때문에 노예는 주인의 죽음을 끊임없이 **연기**한다.

강박증 환자는 죽은 아버지와 상상적으로 동일화한다. 강박증 환자는 **대타자의 명령**을 수행해야 하는 "의무의 감옥"[74]에 갇혀 있지만 언젠가 대타자가 죽는다면 그 자리를 차지할 수 있기를 기대하며 대타자와 **상상적으로** 동일화함으로써 자신의 강박적 욕망을 유지한다. 강박증 환자가 '죽은 아버지와 동일화'한다는 것은 자신이 (상징적이 아니라) **상상적으로** 살해한 대타자의 위치를 차지한다는 것을 의미하며, '죽은 아버지'(즉 상상적 아버지)와 동일화하는 한에서 강박증 환자 역시 **죽은 존재**인 것이다. 또한 강박증 환자는 대타자가 상징적으로 죽었다는 것을 알려고 하지 않으며 그 대타자의 '**치명적인**' 명령을 받아들였다는 점에서도 이미 죽은 존재이다. "…… 그[강박증 환자]는 가능한 한 죽음에 가까이 가려는 헛된(illusoire) 게임, 공격적 보복의 게임, 속임수의 게임에 참여하고 있다. 타격[공격]의 영향권 바깥에 머물러 있으면서도 말이다. 왜냐하면 주체는 말하자면 미리 자신의 욕망을 **죽였고**(tué), 이렇게 말할 수 있다면 그것[욕망]을 고통에

몰아넣었기(살해했기, mortifié) 때문이다."[75]

하지만 강박증 환자의 죽음은 **상상적** 죽음일 뿐이며 실제로 그는 죽음으로부터 자신을 보호하고 **노예**로서의 **삶**을 유지하기 위해, 삶에 동반되는 커다란 불안으로부터 자신을 지키기 위해 '안전한 곳'으로 도피한다. "강박증 환자란 무엇인가? 한 마디로 그는 자신의 역할을 수행하는 배우이며, **마치 자신은 죽었다는 듯이**[죽은 척하며] 일정 수의 행위들을 확실하게 실행한다. 그가 자신을 맡기는 게임은 어떻게 그가 자신을 **죽음으로부터 보호**하는지를 보여준다. 그것[게임]은 그가 상처를 입을 수 없는 사람이라는 것을 보여주는 **살아있는** 게임이다."[76]

이렇듯 강박증 환자의 질서는 라깡이 말하고 있듯이 "…나르시시즘적 망에 사로잡혀 있고, 그[강박증 환자]는 이로부터 빠져 나오지 못하고 있다."[77]

그렇다면 강박증 환자는 상상적 그물로부터 빠져 어떻게 빠져 나올 수 있는가? 위에서 이미 인용했듯이 여기에서 라깡은 다음과 같은 흥미로운 말을 덧붙인다.

"…그가 무엇의 포로이며 노예인지 그에게 깨닫게 함으로써, 즉 그가 주인의 노예임을 그에게 깨닫게 함으로써 문제를 해결할 수 있지 않겠는가? 그로 하여금 그의 담화를 포기하게 함으로써가 아니라 그의 변증법적 엄격함을 끝까지 밀고 나가게 함으로써 여러분은 어떻게 그가 미리 모든 것으로부터 항상 좌절(frustré)되었는지를 그에게 깨닫게 할 수 있다."

라깡에 따르면 강박증 **담화를 포기하는 것이 아니라** 그 강박증자의 **변**

증법을 끝까지 밀고 나감으로써 그는 자신의 상상적 질곡으로부터 벗어날 수 있다. 물론 이것은 단순히 말하면 분석치료를 통해서 가능하다는 이야기이겠지만 보다 이론적으로 우리는 이를 어떻게 개념화할 것인가? 물론 이는 한참 후에 라깡이 개념화할 수 있었던 '분석의 끝', 혹은 '분석가 담화'에 관한 논의와 관련해 논의 되어야 할 것이다.[78]

우선 여기에서는 우리의 혼동을 야기할 수 있는 문제에 대해 보다 집중적으로 논의하기로 하자. 필자는 위에서 소타자, 대타자라는 용어를 사용해 강박증을 주인과 노예의 변증법과 관련해 설명했으며, 그 과정에서 대타자라는 용어를 사실상 아버지와 동의어인 것처럼 사용했다. 하지만 여기에서 대타자는 아버지만을 의미하는가? 그렇다면 소타자란 누구인가? 여기에서 우리가 염두에 두어야 할 것은 라깡에 따르면 어머니는 반드시 소타자가 아니라 **원초적 대타자**이기도 하다는 사실이다.

강박증에 관한 라깡의 설명에서 소타자를 어머니, 그리고 대타자를 아버지로 간주한다면 사실 강박증의 논리는 매우 간단하게 설명될 수 있다. 강박적 주체란 아버지의 개입을 통해 어머니와의 이자관계로부터 빠져나와야 하는데, 그렇게 하지 못한 주체인 것이다. 물론 이러한 설명은 강박증의 본질을 구체적으로 설명하지 못하는 '형식주의적' 설명일 뿐이다. 이러한 단순한 설명은 강박증의 '구체적인' 내용, 즉 강박증에서의 여자(어머니)의 역할과 아버지의 역할, 강박적 방어 및 욕망의 의미, 강박증 환자의 치료 목표와 과정 등 강박증 임상과 관련해 제기되는 수많은 임상적, 이론적, 윤리적 문제를 해명할 수 없다는 문제가 있다. 뿐만 아니라 어머니를 단순히 상상적인 심급으로, 그리고 아버지를 상징적 심급으로 간주하는 (남성중심주의적) 오류를 범하는 것이기도 하다. 더욱 근본적인 문제로,

소타자(어머니)를 벗어나 대타자(아버지)로 가는 것이 강박증의 치료를 의미하는 것일까 아니면 강박증 상태 그 자체를 의미하는 것일까? 어머니를 벗어나 아버지에게로 간다고 할지라도 아버지가 역시 주인의 역할을 한다면 어찌 되는가? 강박증의 극복이란 대타자 역시 결여를 가지고 있다는 것, 혹은 대타자는 존재하지 않는다는 것(S(A/))을 깨닫는 것에 있다. 달리 말하면 라깡의 강박증 임상에서 말하는 대타자는 어머니일 수도, 아버지일 수도 있으며, 중요한 것은 대타자 자체가 존재하지 않는다는 것을 깨닫는 것이다. 소타자를 어머니, 대타자를 아버지로 간주하는 해석은 지금까지 열거한 이러한 근본적인 문제를 해결하지 못한다는 한계가 있다.[79]

그러므로 필자는 여기에서 드니즈 라쇼를 따라 라깡이 말하는 **대타자는** 반드시 아버지만을 의미하는 것이 아니며 오히려 **어머니를** 의미한다는 논제를 제시하고자 한다.[80] 그러나 또한 우리는 여기에서 대타자는 반드시 생물학적 의미의 어머니를 의미하는 것은 아니라는 사실을 덧붙여야 한다. 물론 (생물학적 의미의) 아버지 역시 **강박증을 유발시키는** 결정적인 요인이 될 수 있다.[81]

우리가 잘 알고 있듯이 라깡에서 어머니는 단순히 소타자인 것이 아니라 아이에게 향유의 금지와 명령을 부과하는 대타자, 달리 말하면 '팔루스를 가진 어머니'이기도 하다. 라깡이 자신의 강박증 환자 사례를 직접적으로 다루고 있는 「치료의 지침과 그 힘의 원리들」에서 강박증 환자는 대타자가 거세당하기를 원치 않는 주체라고 암시한다. "…… 거세의 거부는 …… 우선 **대타자**(일차적으로 어머니)의 거세의 거부이다."[82]

논의를 맺기 전에 주인과 노예의 변증법 혹은 강박증에서 남자와 여자의 위치에 대해 간략히 정리해보자.

1. 보통의 경우 (남자와 여자) 강박증 환자에게 주인의 자리를 차지하는 사람은 여자(어머니)이다.[83]
2. 앞에서 언급했듯이 아버지가 강박증에서 결정적 역할을 할 수 있다.[84] 그러나 보다 일반적으로 말하면, 강박증에서 주인의 자리를 차지하는 대타자가 반드시 (생물학적으로) 여자일 이유는 없다. 정신분석적 의미의 대타자는 (생물학적) 성구분을 넘어선다.[85]
3. 『세미나 17권: 정신분석의 이면』에서처럼 보다 **정치적** 맥락에서 주인과 노예의 변증법의 문제를 다루는 주인 담화에서 주인 역할을 하는 대타자 역시 특정한 생물학적 성에 제한되지 않는다.

대타자와 소타자를 각각 아버지와 어머니로 단순하게 간주하지 않는다는 것은 주체는 동일한 한 사람을 대타자로 혹은 소타자로 파악한다는 것을 의미한다. 앞에서 필자는 주인과 노예의 변증법과 관련해 **동일한 주인**을 **대타자** 혹은 **동시에 소타자**로 파악하는 강박증의 환상의 논리를 상세히 서술한 바 있다.

5. 맺음말

지금까지 필자는 헤겔 철학, 특히 주인과 노예의 변증법과 이에 대한 라깡의 해석을 강박증 임상의 맥락에서 상세히 논의했다. 라깡에 따르면 강박증자는 흔히들 생각하듯이 주인의 위치가 아니라 노예의 위치를 차지한다. 그럼에도 강박증자는 대타자의 요구 그리고 이와 결합되어 있는 향유를 거부한다는 점에서 자유와 해방을 추구하는 주체이며, 그러한 한에서 대타자의 자리를 빈곳으로 놓아두기를 원하는 주체이다. 상징적 거세를 받아들이지 못하기 때문에 여전히 대타자의 포로로 남아있기는 하지만 말이다. 모순적 위치에서 고통 받고 있지만 바로 여기에 강박증자의 윤리성이 존재한다. 그렇다면 강박증자는 자신의 자유를 달성하기 위해 무엇을 더 해야 하는가? 라깡이 말하듯이 강박증자는 자신의 변증법을 끝까지 밀고 나가야 한다. "그가 무엇의 포로이며 노예인지 그에게 깨닫게 함으로써, 즉 그가 주인의 노예임을 그에게 깨닫게 함으로써 문제를 해결할 수" 있다. "그로 하여금 그의 담화를 포기하게 함으로써가 아니라 그의 변증법적 엄격함을 끝까지 밀고 나가게 함으로써" 우리는 "어떻게 그가 미리 모든 것으로부터 항상 좌절(frustré)되었는지를 그에게 깨닫게 할 수 있다." 바로 여기에서 분석가의 적절한 개입이 요구되는 것이다.

1) J. Lacan, *Écrits*, 807. 강조는 필자. 여기에서 절대적 주인이란 죽음을 의미한다.

2) J. Lacan, *Sém XVII*, 90.

3) 라깡의 다음 언급을 참조하라. "헤겔은 지식의 담화와 대학의 지식의 숭고한 대표자이다. 프랑스의 우리들은 다르다. …… [프랑스의] 철학자라는 사람들는 모두 길을 달리며, 지방 모임의 작은 구성원들이다. …… 여기에서우리는 대학에서 철학자들을 발견하지 못할 것이다. 우리는 이것을 장점으로 간주할 수 있다. 하지만 독일에서 [철학자는] 대학에 있다."(*Sém XVII*, 200.)

4) Ibid., 38.

5) 다음 항목에서 다룰 자기의식과 주인과 노예의 변증법에 관한 내용에서 독자들은 헤겔의 『정신현상학』의 '진리를 찾아가는 방법'을 더 구체적으로 파악할 수 있을 것이다.

6) Hegel, S. 85. 강조는 원문.

7) J. Lacan, *Sém I*, 202-203. 강조는 필자.

8) Ibid., 287.

9) *Sém I*, 290. 강조는 필자.,

10) *Sém I*, 293.

11) Ibid.

12) 이에 대한 상세한 논의로는 홍준기, 2006, 특히 251 이하 참조.

13) G.W. F. Hegel, *Phänomenolgie des Geistes*, Werke in zwanzig Bänden 3, Frankfurt am Main: Suhrkamp, 1970, 138.

14) Ibid., p. 237.

15) Ibid., p. 238.

16) Ibid., p. 138~139 참조.

17) Ibid., p. 139. 강조는 원문.

18) 국내의 헤겔 문헌에서 Begierde라는 용어를 일반적으로 욕구라고 번역하고 있으나 라깡의 이론에 비추어 이를 욕망이라고 번역하고자 한다. 뿐만 아니라 독일어 Begierde라는 표현은 성적 욕망을 포함한 인간의 갈망, 탐욕 등을 표현하는 용어로서 욕구보다는 욕망이라는 번역어가 원래의 독일어 뜻에 실제로 더 가깝다. 하지만 Begirde가 자연적 사물과의 관계를 의미할 수도 있으므로 이 경우에는 욕구라고 번역해 사용할 것이다.

19) W.G.F. Hegel, op. cit., 139.

20) A. Kojève, *Introduction à la lecture de Hegel*, Paris: Gallimard, 1994, 11 참조. 여기에서 Désir라는 프랑스 단어는 물론 독일어 Begierde의 번역인데, 라깡적 관점에서 본다면 여기에서 이 Begierde는 자연적 사물과의 관계 속에서 발생하므로 욕구(besoin)라는 표현을 사용할 수 있을 것이다.

21) 여기에서도 우리는 인간의 욕망 대상은 상징계에 의해 매개되어 구성된다는 라깡의 논제를 또한 읽어낼 수 있다. 헤겔은 자기의식을 생명(Leben)으로 간주한다. 그렇다면 물리적 대상이 생명 있는 것이 되었다는 것은 그 물리적 대상이 자기의식의 매개를 통해서 상징화되었다는 것을 의미할 것이다.

22) W.G.F. Hegel, *op. cit.*, 140-141 참조.

23) Ibid., 143.

24) Ibid., 143.

25) Ibid.

26) Ibid., 144. 작은 따옴표에 의한 강조는 필자.

27) Ibid.

28) Ibid., 145.

29) 라깡식으로 말하면 욕구의 대상.

30) Ibid., 145. 강조는 원문.

31) Ibid., 145-146.

32) 'auβer sich'에는 '미친'이라는 의미도 있다.

33) Ibid., 146 참조.

34) 우리는 헤겔의 상호승인의 변증법을 주체와 타자와의 관계로서 뿐만 아니라 주체의 자기 자신과의 관계로 읽을 수 있다. 프로이트, 라깡에 따르면 주체와 주체 **사이의** 관계, 즉 **상호주체적**(intersubjective) 관계는 동시에 주체 **내부**에서의 자기 자신과의 (intrasujective) 관계이기도 하다. 프로이트는 무의식을 '내부에 있는 외국'이라고 불렀고 라깡은 '무의식은 타자의 담화'라고 말한 바 있는데, 이러한 표현들도 이러한 맥락에서 잘 이해될 수 있을 것이다. 필자는 이렇듯 상호승인에 도달한 정신의 상태를 라깡적 의미의 '여성적 위치'로 해석할 수 있다고 본다. 상호주체적 관계 및 주체의 자기 자신과의 관계로서의 여성성에 대한 논의로는 홍준기, 「보론: 라깡의 성구분 공식에 대한 사회철학적 · 논리학적 고찰」, 『오이디푸스 콤플렉스, 남자의 성, 여자의 성』, 아난케, 2005, 특히 325 이하, 특히 348을 참조하라.

35) Ibid., 147.

36) Ibid., 148

37) Ibid., 149 참조.

38) Ibid., 149.

39) Ibid., 150 참조.

40) Ibid., 151~152 참조.

41) Ibid., 151.

42) Ibid., 151.

43) Ibid., 151 참조.

44) 뒤에서 다시 언급하겠지만 라깡은 주인과 노예의 변증법에서 노예(강박증 환자)의
주인(대타자)에 대한 **상상적 동일화**를 지적한다.

45) Ibid., 147, 152 참조.

46) Ibid., 152. 강조는 원문.

47) Ibid. 강조는 원문.

48) Ibid.

49) Ibid., 153.

50) Ibid., 154.

51) Ibid., 153.

52) Ibid.

53) Ibid. 153.

54) Ibid, 154. 강조는 원문.

55) J. Lacan, *Écrits*, 811.

56) J. Lacan, *Sém. XVII*, 90.

57) Ibid., 33.

58) J. Lacan, *Sém XVII*, 32 참조.

59) J. Lacan, *Écits*, op. cit., 810.

60) Ibid., 810. 강조는 필자.

61) J. Lacan, *Écrits*, 345.

62) 이에 대해서는 홍준기, 『라깡과 현대철학』, 문학과지성사, 1999, 3장, 특히 175 참조.

63) G.W.F. Hegel, *Phànomenologie des Geistes*, op. cit., 153.

64) J. Lacan, *Écrits*, op. cit., 810.

65) Ibid., 33.

66) J. Lacan, Sém. II, 253. 강조는 필자.

67) 또한 「주체의 전복과 욕망의 변증법」에서도 라깡은 강박증 환자는 "단순히 그것[주인]
의 죽음]을 기다린다"고 말한다(J. Lacan, *Écrits*, 811).

68) J. Lacan, Écrits, 314. 진한 강조는 필자.

69) J. Lacan, *Sém XVII*, 141.

70) 「도난당한 편지'에 관한 세미나」에 나오는 다음 구절을 참조하라. "그녀[여왕]은, **그것
[위치]이 상상적이기 때문에, 즉 절대적 주인의 위치이기 때문에 아무도 실제적으로
차지할 수 없는 위치**를 그[여왕의 편지를 훔쳐간 장관]에게 부여한다."(J. Lacan, Écrits,
op. cit., 33. 강조는 필자).

71) P. Widmer, Übertragungsfiguren im Kontext der Beziehung von Herr und Knecht(미출간 원고) 참조.

72) 직역하면 농노(필자).

73) J. Lacan, *Écrits*, 811.

74) 드니즈 라쇼(홍준기 옮김), 『강박증: 의무의 감옥』, 아난케, 2005 참조.

75) J. Lacan, *Sém IV*, 27. 강조는 필자.

76) Ibid., 강조는 필자.

77) 죽은 아버지 혹은 거세당한 아버지와의 동일화 때문에 강박증 환자의 욕망은 헤어 나올 수 없는 막다른 골목에 빠진다는 것인데, 필자는 이 문제를 프로이트의 '쥐인간 사례' 및 이에 대한 라깡의 논평과 관련해 다른 곳에서 상세히 논의한 바 있다. 이에 대해서는 홍준기, 『오이디푸스 콤플렉스, 남자의 성, 여자의 성』, 아난케, 2005, 284 이하 참조.

78) 필자는 다른 곳에서 라깡과 헤겔, 스피노자와 이론의 연관성 속에서 이에 대해 상세히 논의한 바 있다. 홍준기, 2006, 262 이하, 그리고 2005, 26 이하 참조.

79) 예컨대 브루스 핑크는 라깡의 강박증에 관한 서술에서 등장하는 소타자를 어머니로, 대타자를 아버지로 단순하게 해석한다. Bruce Fink, *Lacan to the Letter*, Minneapolis: University of Minnesota Press, 2004, 27 참조.

80) 드니즈 라쇼, 앞의 책, 예를 들면, 72, 73 참조.

81) 같은 책, p. 102 참조. 대타자로서의 아버지가 강박증 유발의 결정적 원인으로 작용한 사례로는, 같은 책, 197 이하, 에디트(Édith) 사례를 참조하라.

82) J. Lacan, *Écrits*, 632. 강조는 필자.

83) 예를 들면, **남자 강박증 사례**로 '엄마인간' 사례(드니즈 라쇼, 앞의 책, 167~197), '얀' 사례(같은 책, 99 이하), '태클' 사례(같은 책, 82 이하), '릭' 사례(같은 책, 263~85, 그리 고 115), **여자 강박증 사례**로는 'L.N.' 사례(같은 책, 153 이하), '카린' 사례(같은 책, 219 이하), 'R.L.' 사례(같은 책, 259) 등을 참조하라.

84) 앞에서 언급한 에디트 사례와 더불어 키에르케고르의 경우를 참조하라(같은 책, 79 이하).

85) 다음 언급을 참조하라. "…어머니의 위치가 상징적 위치 [혹은 대타자의 위치]라는 것을 우리가 인정한다면 남자든 여자든 모두 그 위치를 차지할 수 있다…"(같은 책, 102)

* 이 글은 한국현대정신분석학회, 『현대정신분석』9권 2호(2007.12.)에 발표된 논문을 수 정 보완한 것임.

참고문헌

[1부] 서양고전의 생사관 해석

1. 세네카에 있어서 죽음과 자아 / 이창우

이창우, 「스토아철학에 있어서 자기지각과 자기애」, 『철학사상』 v.17, 서울대
학교 철학사상연구소, 2003, 215~243.

Asmis, E., "Seneca on fortune and the kingdom of god", S. Bartsch & D.
Wray(ed.), 2009, 115~138.

Balbo, A., 「Humanitas in Imperial Age: Some Reflections on Seneca and
Quintilian」, 『서양고전학연구』 제47집, 2012, 63~93.

Bartsch, S. & Wray, D.(ed.), *Seneca and The Self,* Cambridge University Press,
2009.

Busch, G., "Fortunae resistere in der Moral des Philosophen Seneca", Original
(1961), in: G. Maurach(hg.)(1987), 1987, 53~94.

Cooper, J., *Knowledge, Nature and Good,* Princeton, 2004.

Gill, Ch., *Personality in Greek Epic, Tragedy, and Philosophy: The Self in Dialogue,*
Oxford, 1996.

Glare, P. G. W., *Oxford Latin Dictionary,* Oxford University Press, 1982.

Griffin, M. T., *Seneca: A Philosopher in Politics,* Oxford, orig. 1976, 1992.

Guillemin, A-M., "Seneca, der Leiter der Seele", aus dem fr. Original (1952)
ins Deutsche übersetzt, in: G. Maurach(hg.)(1976), *Römische
Philosophie,* WdF 193, Darmstadt, 1976, 201~222.

Hadot, I., *Seneca und die griechisch-römische Tradition der Seelenleitung,* Berlin,
1969.

Hadot, P., "Reflections on the Notion of 'The Cultivation of the Self'", in:
*Michel Foucault, Philosopher: Essays Translated from the French and
German,* tr. Timothy J. Armstrong, New York, 1992, 225-231.

Hadot, P., *The Inner Citadel: The Meditations of Marcus Aurelius,* tr. M. Chase,
Cambridge, Mass, 1998.

Inwood, B., "Seneca and self assertion", in: S. Bartsch & D. Wray(ed.), 2009,
39~64.

Maurach, G., *Seneca als Philosoph,* die 2. Auflage, WdF 414, Darmstadt, 1987.

von Currie, H. Mac L., "Der Stil des jüngeren Seneca: Einige Beobachtungen", aus dem eng. Original(1966) ins Deutsche übersetzt, in: G. Maurach (hg.)(1987), 1987, 203-227.

2. 나는 죽는가? / 김태희

김태희, 「후설의 절대의식 – 근원의식과의 연관 하에서」, 『철학과 현상학 연구』 44집, 한국현상학회, 2010, 57~88.
_____, 「예지와 근원현전-후설의 〈베르나우 원고〉를 중심으로」, 『철학사상』 36권, 서울대학교 철학사상연구소, 2010, 313~343.
_____, 「동물의 마음을 어떻게 아는가?–상호주관성의 현상학에 기초하여」, 『철학논총』 86집, 새한철학회, 2016, 101~137.
이남인, 「발생적 현상학과 세대간적 현상학」, 『철학과 현상학 연구』 16집, 한국현상학회, 2000, 205~240.
홍성하, 「후설에서 나타난 무의식의 현상학에 대한 연구–잠과 죽음의 의미에 대하여」, 『철학과 현상학 연구』 21집, 한국현상학회, 2003, 27~48.
Dodd, J., "Death and Time in Husserl's C-Manuscripts", in: *New Contributions to Husserlian Phenomenology of Time*, Ed. by D. Lohmar, I. Yamaguchi, Dordrecht, 2010, 51~70.
Gadamer, H.-G., "Die Phänomenologische Bewegung," in: *Kleine Schriften III, Idee und Sprache, Platon, Husserl, Heidegger,* Tübingen 1972. 150~189.
Geniusas, S., "On Birth, Death, and Sleep in Husserl's Late Manuscripts on Time", in: *New Contributions to Husserlian Phenomenology of Time*, Ed. by D. Lohmar, I. Yamaguchi, Dordrecht, 2010, 71~89.
Held, K., "Phenomenology of 'Authentic Time' in Husserl and Heidegger", in: *International Journal of Philosophical Studies,* 15:3, 2007, 327~347.
Husserl, E., *Cartesianische Meditationen und Pariser Vorträge.* Hrsg. von S. Strasser, Den Haag: Martinus Nijhoff, 1950. (Hua 1, 『데카르트적 성찰』)
_____, *Die Krisis der europäischen Wissenschaften und die transzendentale Phänomenologie. Eine Einleitung in die phänomenologische Philosophie.* Hrsg. von Walter Biemel, Den Haag: Martinus Nijhoff, 1962. (Hua 6. 『위기』)
_____, *Zur Phänomenologie des inneren Zeitbewußtseins(1893-1917).* Hrsg. von Rudolf Boehm. Den Haag: Martinus Nijhoff, 1966. (Hua 10. 『내적 시간의식의 현상학』)

_____, *Analysen zur passiven Synthesis. Aus Vorlesungs-und Forschungsmanuskripten(1918-1926)*, Hrsg. von Margot Fleischer, Den Haag: Martinus Nijhoff, 1966. (Hua 11.『수동적 종합 분석』)

_____, *Zur Phänomenologie der Intersubjektivität. Texte aus dem Nachlass. Dritter Teil: 1929-1935.* Hrsg. von Iso Kern. Den Haag: Martinus Nijhoff, 1973. (Hua 15.『상호주관성의 현상학 III』)

_____, *Formale und transzendentale Logik. Versuch einer Kritik der logischen Vernunft. Mit ergänzenden Texten.* Hrsg. von Paul Janssen. Den Haag: Martinus Nijhoff, 1974. (Hua 17.『논리학』)

_____, *Logische Untersuchungen. Erster Band: Prolegomena zur reinen Logik. Text der 1. und 2. Auflage.* Hrsg. von Elmar Holenstein. Den Haag: Martinus Nijhoff, 1975. (Hua 18,『논리연구 I』)

_____, *Die Krisisder europäischen Wissenschaften und die transzendentale Phänomenologie. Ergänzungsband. Texte aus dem Nachlass 1934-1937.* Hrsg. von R. N. Smid, Dordrecht, 1993. (Hua 29,『위기 보충본』)

_____, *Die ‚Bernauer Manuskripte' über das Zeitbewuβtsein(1917/18),* Hrsg. von Rudolf Bernet, Dieter Lohmar, Dordrecht, 2001. (Hua 33.『베르나우 원고』)

_____, *Späte Texte über Zeitkonstitution(1929-1934). Die C-Manuskripte,* Hrsg. von Dieter Lohmar, Dordrecht, 2006. (Hua Mat 8.『C 원고』)

Kauppinen, J., "Death as a Limit of Phenomenology: The Notion of Death from Husserl to Derrida", in: *The Origins of Life, Vol 1. (Analecta Husserliana Vol. 66)* Dordrecht: Kluwer, 2000, 323~348.

MacDonald, P., "Husserl, the Monad and Immortality", in: *Indo-Pacific Journal of Phenomenology* Vol. 9, 2007, 1~18.

Marbach, E., *Das Problem des Ich in der Phänomenologie Husserls,* Den Haag, 1974.

Micali, S., *Überschüsse der Erfahrung: Grenzdimensionen des Ich nach Husserl,* Dordrecht: Springer, 2008.

Puglise, A., "Triebsphäre und Urkindheit des Ich", in: *Husserl Studies 25(2),* 2009, 141~157.

Staudigl, M., *Die Grenzen der Intentionalität-Zur Kritik der Phänomenalität nach Husserl,* Würzburg: Königshausen & Neumann, 2003.

Steinbock, A., *Home and Beyond: Generative Phenomenology after Husserl,* Evanston: Northwestern University Press, 1995.

Aristotels, 『영혼에 관하여(Peri psychès)』, 유원기 옮김, 서울: 궁리, 2001.

Feuerbach, L., *Gedanken über Tod und Unsterblichkeit,* Sämtliche Werke Band 1, 2. unveraenderte Aufl., Stuttgart: Frommann Verlag, 1960.

_____, *Vorlesungen über das Wesen der Religion,* Sämtliche Werke Band 8, 2. unveraenderte Aufl., Stuttgart: Frommann Verlag, 1960.

Heidegger, M., *Sein und Zeit,* 16. Auflage, Tübingen: Niemeyer, 1986; 번역본 『존재와 시간』, 이기상 옮김, 까치, 1998.

Jaspers, K., *Kleine Schule des philosophischen Denkens,* 11. Auflage, München: R. Piper, 1997.

_____, *Philosophie I: Philosophische Weltorientierung, II: Existenzerhellung, III: Metaphysik,* Vierte, unveränderte Auflage, Berlin/Heidelberg/ New York: Springer, 1973. 번역본 『철학 1: 세계정위』, 이진오&최양석 옮김, 서울: 아카넷, 2017; 『철학 2: 실존조명』, 신옥희&홍경자&박은미, 서울: 아카넷, 2019; 『철학 3: 형이상학』, 정영도 옮김, 서울: 아카넷, 2016.

_____, *Psychologie der Weltanschauungen,* dritte, gegenüber der zweiten unveranderte Auflage, Berlin: Springer, 1925.

Kierkegaard, S., *Der Begriff Angst,* Hrsg. E. Hirsch/H. Gerdes, Gesammelte Werke, Abt. 11 und 12, Gütersloh: Gütersloher Verlagshaus Mohn, 4. Auflage, 1995; 번역본 『불안의 개념』, 임규정 옮김, 서울: 한길사, 1999.

_____, *Die Krankheit zum Tode. Der Hohepriester─ Der Zöllner─ Die Sünderin,* Hrsg. E. Hirsch/H. Gerdes, Gesammelte Werke, Abt. 24 und 25, Gütersloh: Gütersloher Verlagshaus Mohn, 4. Auflage, 1992; 번역본 『죽음에 이르는 병』, 임규정 옮김, 서울: 한길사, 2007.

_____, *Furcht und Zittern,* Hrsg. E. Hirsch/H. Gerdes, Gesammelte Werke, Abt. 4, Gütersloh: Gütersloher Verlagshaus Mohn, 3. Auflage, 1993; 번역본 『공포와 전율/반복』, 키르케고르 선집 4, 임춘갑 옮김, 서울: 다산글방, 2007.

Rahner, K., *Zur Theologie des Todes,* Quaestiones Disputatae 2, Freiburg: Herder, 1958; 번역본 『죽음의 신학』, 김수복 옮김, 서울: 가톨릭출판사, 1987.

Simmel, G., 『렘브란트. 예술철학적 시론(Rembrandt. Ein kunstphilosophischer Versuch)』, 김덕영 옮김, 서울: 도서출판 길, 2016.

Sölle, D., *Die Wahrheit ist konkret,* Olten/Freiburg: Walter, 1967.

Tillich, P.,『존재의 용기(The Courage to Be)』, 차성구 옮김, 서울: 예영커뮤
   니케이션, 2006.

Vorgrimler, H.,『죽음-오늘의 그리스도교적 죽음 이해(Der Tod-Im Denken
   und Leben des Christen)』, 심상태 옮김, 서울: 성바오로출판사, 1982.

Wittwer, H. & Schäfer, D. & Frewer, A., *Sterben und Tod. Geschichte- Theorie
   - Ethik: Ein interdisziplinäres Handbuch,* Stuttgart/Weimar: Verlag J. B.
   Metzler, 2010.

김남수 옮김, 「비그리스교에 관한 선언(Nostra aetate)」,『제2차 바티칸 공의회
   문헌』, 서울: 한국천주교중앙협의회, 1978, 605~612.

_____, 「현대 세계의 사목 헌장(Gaudium et spes)」,『제2차 바티칸 공
   의회 문헌』, 서울: 한국천주교중앙협의회, 1978, 171~290.

박병준, 「불안과 철학상담-불행을 넘어서는 '치유의 행복학'의 관점에서」,『철
   학논집』, 제46집, 서울: 서강대학교 철학연구소, 2016, 9~39.

_____, 「정의와 사랑: 사회적 갈등 해소를 위한 모색의 차원에서」,『해석학연
   구』, 제31집, 서울: 한국해석학회, 2013, 163~191.

_____, 「키르케고르의 '죄(성)'의 개념에 대한 인간학적 해석」,『철학』, 제93
   집, 서울: 한국철학회, 2007, 159~184.

박병준·홍경자,『코로나 블루, 철학의 위안』, 지식공작소, 2020.

박승찬, 「영혼의 불멸성과 육체의 부활이 인격에 대해 지니는 의미」,『철학사
   상』, 제43호, 서울: 서울대학교 철학사상연구소, 2012, 99~151.

이명곤, 「키르케고르: 죽음에 관한 진지한 사유와 죽음의 형이상학적 의미」,『철
   학연구』, 제131집, 대한철학회, 2014, 303~330.

이재경, 「부활, 분리된 영혼 그리고 동일성 문제-토마스 아퀴나스의 경우」,『철
   학연구』, 제98집, 서울: 철학연구회, 2012, 73~100.

한국천주교 주교회의 성서위원회 편,『성경』, 서울: 한국천주교중앙협의회,
   2005.

홍경자, 「한계상황으로서의 죽음의식이 삶에 미치는 영향과 의미」,『철학논집』,
   제33집, 서울: 서강대학교 철학연구소, 2013, 9~36.

4. 야스퍼스의 죽음과 불사 / 홍경자

정동호 외 편,『죽음의 철학』, 서울: 청람, 1992.
정동호 외,『철학, 죽음을 말하다』, 서울: 산해, 2005.
조가경 저,『실존철학』, 서울: 박영사 1995.

F. 짐머만 지음, 『실존철학』, 이기상 옮김, 서울: 서광사, 1987.

S. 케이건, 『죽음이란 무엇인가』, 박세연 옮김, 서울: 엘도라도 2012.

F. 하이네만 지음, 『실존철학』, 황문수 역, 서울: 문예출판사, 1983

Derunner, G., *Zum philosophischen Problem des Todes bei Karl Jaspers*, Bern: Peter Lang AG, 1996.

Eckermann, J. P., *Gespräche mit Goethe*, Berlin: Deutscher Klassiker Verlag, 1970.

Jaspers, K., *Philosophie I*, Vierte Auflage, Berlin/Heidelberg/New York: Springer, 1973.

_____, *Philosophie II*, Vierte Auflage, Berlin/Heidelberg/New York: Springer, 1973.

_____, *Philosophie III*, Vierte Auflage, Berlin/Heidelberg/New York: Springer, 1973

_____, *Die geistige Situation der Zeit*, Berlin: de Gruyter, 1931.

_____, *Der philosophische Glaube angesichts der christlichen Offenbarung*, In: "Philosophie und christliche Existenz", Basel-Stuttgard: Helbing & Lichtenbahn, 1960.

_____, *Allgemeine Psychopathologie*, 9. Aufl. Berlin-Heidelberg-New York: Springer, 1973.

_____, *Psychologie der Weltanschauungen*, Berlin-Heidelberg-New York: Springer, 1973.

_____, *Von der Wahrheit, Philosophische Logik*, Erster Band München-Zürich: R. Piper, 1983.

_____, *Kleine Schule des philosophischen Denkens*, München: R. Piper, 1974.

Saner, H., *Jaspers*, Hamburg: rororo, 1996.

[2부] 삶과 죽음에 관한 서양고전의 가르침

1. 칸트 3비판서의 철학 사상 / 백종현

Kant, *Gesammelte Schriften*[AA], hrsg. v. der Kgl. Preußischen Akademie der Wissenschaft // v. der Deutschen Akademie der Wissenschaft zu Berlin, Bde. 1~29, Berlin 1900~2009.

이 가운데서 특히

____, 『순수이성비판』/『비판』: *Kritik der reinen Vernunft*[*KrV*], AA III~IV(백종현 역, 아카넷, 2006).

____, 『형이상학 서설』/『서설』: *Prolegomena zu einer jeden künftigen Metaphysik, die als Wissenschaft wird auftreten können*[*Prol*], AA IV(백종현 역, 아카넷, 2012).

____, 『실천이성비판』: *Kritik der praktischen Vernunft*[*KpV*], AA V(백종현 역, 아카넷, 2002 · 2019[개정2판]).

____, 『윤리형이상학 정초』/『정초』: *Grundlegung zur Metaphysik der Sitten*[*GMS*], AA IV(백종현 역, 아카넷, 2005 · 2018[개정2판]).

____, 『윤리형이상학』: *Die Metaphysik der Sitten*[*MS*], AA VI(백종현 역, 아카넷, 2012).

『법이론의 형이상학적 기초원리』/『법이론』: *Metaphysische Anfangsgründe der Rechtslehre*[*RL*](백종현 역, 아카넷, 2012).

『덕이론의 형이상학적 기초원리』/『덕이론』: *Metaphysische Anfangsgründe der Tugendlehre*[*TL*](백종현 역, 아카넷, 2012).

____, 『판단력비판』: *Kritik der Urteilskraft*[*KU*], AA V(백종현 역, 아카넷, 2009).

「판단력비판 제1서론」: Erste Einleitung in die Kritik der Urteilskraft [*EEKU*], AA XX(백종현 역, 아카넷, 2009).

____, 『이성의 한계 안에서의 종교』: *Die Religion innerhalb der Grenzen der bloßen Vernunft*[*RGV*], AA VI(백종현 역, 아카넷, 2011 · 2015[개정판]).

____, 『실용적 관점에서의 인간학』: *Anthropologie in pragmatischer Hinsicht* [*Anth*], AA VII(백종현 역, 아카넷, 2014).

____, 『유작 I』: Opus postumum[OP], AA XXI(백종현 역, 아카넷, 2020).

F. Kaulbach, 『임마누엘 칸트 − 생애와 철학 체계』: *Immanuel Kant*(백종현 역, 아카넷, 2019).

백종현, 『시대와의 대화: 칸트와 헤겔의 철학』, 아카넷, 2017[개정판].

____, 『이성의 역사』, 아카넷, 2017.

____, 『인간이란 무엇인가 − 칸트 3대 비판서 특강』, 아카넷, 2017.

____, 『한국 칸트사전』, 아카넷, 2019.

____, 『인간은 무엇이어야 하는가』, 아카넷, 2021.

2. 자유로운 죽음의 방식 / 남기호

남기호, *Hegels Begriff der Sittlichkeit in dessen Genese und in den Jenaer Systementwürfen*, Digitale Bibliothek Ruhr Universität Bochum 2008.

_____, 「헤겔의 '사랑' 개념과 그 철학적 위상 변화」, 『시대와 철학』 제19권 4
호, 한국철학사상연구회, 2008.

_____, 「헤겔 인정 이론의 구조」, 『사회와 철학』 제18호, 사회와 철학 연구회,
2009.

박병철, 「자살의 사회적 이해」, 『자살의 이해와 예방』, 한국자살예방협회 편,
학지사, 2009.

빅토르 프랑클, 『삶의 물음에 '예'라고 대답하라』, 남기호 옮김, 산해, 2009.1.

서동·정상혁, 「자살의 실태와 문제점」, 『자살의 이해와 예방』, 한국자살예방
협회 편, 학지사, 2009.

서정혁, 「헤겔의 『법철학』에서 '자살'의 문제」, 『철학』 제92집, 한국철학회,
2007.

알프레드 알바레즈, 『자살의 연구』, 최승자 옮김, 청하, 2006.

에밀 뒤르켐, 『자살론』, 황보종우 옮김, 황보종우 옮김, 청아출판사, 2010.

이정은, 「역사 발전에서 혁명(가)의 역할」, 『헤겔연구』 제28호, 한국헤겔학회,
2010.

Hegel, *Hegels Theologische Jugendschriften,* Hg. Nohl, Herman. Tübingen 1907.

_____, *Frühe Schriften, Gesammelte Werke* Bd.1, Hg. Nicolin, Friedhelm u.
Schüler, Gisela. Hamburg 1989.

_____, *Jenaer kritische Schriften, Gesammelte Werke* Bd.4, Hg. Buchner, Hartmut
u. Pöggeler, Otto. Hamburg 1968.

_____, *Vorlesungen über Naturrecht und Staatswissenschaft Heidelberg 1817/18,
Vorlesungen. Ausgewählte Nachschriften und Manuskripte* Bd. 1, Hg.
Claudia Becker u. a. Hamburg 1983.

_____, *Grundlinien der Philosophie des Rechts, Theorie Werkausgabe* Bd.7, Rd.
Moldenhauer, Eva u. Michel, Karl Markus. Frankfurt am Main 1986.

_____, *Vorlesungen über die Philosophie der Geschichte, Theorie Werkausgabe*
Bd.12, Rd. Moldenhauer, Eva u. Michel, Karl Markus. Frankfurt am
Main 1986.

_____, *Vorlesungen über die Geschichte der Philosophie III, Theorie Werkausgabe*
Bd.18, Rd. Moldenhauer, Eva u. Michel, Karl Markus. Frankfurt am
Main 1986.

_____, *Enzyklopädie der philosophischen Wissenschaften im Grundrisse(1830),
Gesammelte Werke* Bd. 20, Hg. Bonsiepen, Wolfgang u. Lucas,
Hans-Christian. Hamburg 1992.

Lamb, Davis., *Hegel on civil disobedience in Hegel-Studien* 21, Bonn, 1986.

WebSite: Online Etymology Dictionary, suicide와 -cide 항목.

3. 죽음을 알고 싶다면, 삶을 보라! / 백승영

Nietzsche, F., *Sämtliche Werke, Kritische Gesamtausgabe*, G. Colli & M. Montinari (Hg.) (Berlin: De Gruyter 1967ff). (=KGW)

Nietzsche, F., *Briefwechsel, Kritische Studienausgabe*, G. Colli & M. Montinari (Hg.) (Berlin-New York: De Gruyter 1975). (=KSB)

_____, 『인간적인 너무나 인간적인』 II 〈방랑자와 그의 그림자〉 (KGW IV 3)

_____, 『반시대적 고찰』 (KGW IV 3)

_____, 『즐거운 학문』 (KGW V 2)

_____, 『차라투스트라는 이렇게 말했다』 (KGW VI 1)

_____, 『유고』 (KGW VII 3, VIII 1, VIII 2, VIII 3)

_____, 『우상의 황혼』 (KGW VI 3)

_____, 『이 사람을 보라』 (KGW VI 3)

von Aquin, Thomas: *Summa theologica*(1485), *Die deutsche Thomas-Ausgabe*, (Graz, Wien, Köln, 1933ff), 34 Bde. 『신학대전』.

Hölderlin, F.: 〈Der Tod des Empedokles〉 in: Theodor Schwab(Hg.), *Sämtliche Werke*, 2 Bde, (Stuttgart 1874).

Lecky, W. E.: *Geschichte des Ursprungs und Einflusses der Aufklärung in Europa* (Deutsch von H. Jolowicz), 2Bde., (Leipzig/Heidelberg 1873).

Unamuno, M de.: The Tragic Sense of Life (London 1962).

아리스토텔레스 『니코마코스윤리학』, 강상진 외 옮김 (길 2011/2015).

4. 라깡의 강박증 임상과 헤겔의 주인─노예의 변증법 / 홍준기

라쇼, 드니즈, 『강박증: 의무의 감옥』, 홍준기 옮김, 아난케, 2007.

홍준기, 「정신분석의 목표(끝): 환상의 통과, 주체적 궁핍, 증상과의 동일화」, in: 조엘 도르, 『프로이트·라깡 정신분석임상』, 홍준기 옮김, 아난케, 2005.

_____, 「맑시즘과 정신분석: 알튀세르 맑시즘에 관한 새로운 정치·윤리적 독해의 시도」, in: 한국라깡과정신분석학회 편, 『라깡과 현대정신분석』, 8권 2호, 라깡과 현대정신분석학회, 2006 겨울.

Fink, B., *Lacan to the Letter*, Minneapolis: University of Minnesota Press, 2004.

Hegel, G. W. F. *Phänomenolgie des Geistes*, Werke in zwanzig Bänden, Bd 3, Frankfurt am Main: Suhrkamp, 1970.

Kojève, A., *Introduction à la lecture de Hegel,* Paris: Gallimard, 1994.

Lacan, Jacques, *Écrits,* Paris: Seuil, 1966.

_____, Le Séminaire livre I, Les écrits techniques de Freud, Paris: Seuil, 1975.

_____, Le Séminaire livre II: Le Moi dans la théorie de Freud et dans la technique de la psychanalyse, Paris: Seuil, 1978.

_____, Le Séminaire livre IV, La Relation d'objet, Paris: Seuil, 1994.

_____, Le Séminaire livre XVII: L'envers de la psychanalyse, Paris: Seuil, 1991.

Widmer, P., "Übertragungsfiguren im Kontext der Beziehung von Herr und Knecht"(미출간 원고).

저자소개

이창우 가톨릭대 철학과 교수

김태희 건국대학교 모빌리티인문학 연구원 조교수

박병준 서강대학교 신학대학원 철학과 교수

홍경자 한림대학교 생사학연구소 HK교수

백종현 서울대학교 명예교수, 한국포스트휴먼연구소 소장

남기호 연세대학교 철학과 부교수

백승영 홍익대학교 미학대학원 외래교수

홍준기 차의과학대학교 대학원 임상미술치료학과 강사

생명교육총서 **7**

서양고전 속의 삶과 죽음

초판인쇄 2022년 05월 10일
초판발행 2022년 05월 17일
엮 은 이 한림대학교 생사학연구소 홍경자
지 은 이 이창우·김태희·박병준·홍경자
　　　　　백종현·남기호·백승영·홍준기

발 행 인 윤석현
책임편집 최인노
발 행 처 도서출판 박문사
주　　소 서울시 도봉구 우이천로 353
전　　화 (02) 992-3253(대)
전　　송 (02) 991-1285
전자우편 bakmunsa@hanmail.net
홈페이지 http://jnc.jncbms.co.kr
등록번호 제2009-11호

ⓒ 생사학연구소 2022 Printed in KOREA.

ISBN 979-11-92365-06-0 04100
　　　979-11-87425-84-7 (set)
정가 19,000원